Norbert Sommer-Stumpenhorst

Rechtschreiben lernen mit Modellwörtern

Cornelsen
SCRIPTOR

Die in diesem Werk angegebenen Internetadressen haben wir geprüft (Redaktionsschluss Mai 2005). Dennoch können wir nicht ausschließen, dass unter einer solchen Adresse inzwischen ein ganz anderer Inhalt angeboten wird.

http://www.cornelsen.de

Bibliografische Information: Die Deutsche Bibliothek verzeichnet diese Publikation in der Deutschen Nationalbibliografie; detaillierte bibliografische Informationen sind im Internet über http://dnb.ddb.de abrufbar.

Dieses Werk berücksichtigt die Regeln der reformierten Rechtschreibung und Zeichensetzung.

5.	4.	3.	2.	1.	Die letzten Ziffern bezeichnen
09	08	07	06	05	Zahl und Jahr der Auflage.

Redaktion: Daniela Brunner, Düsseldorf
Herstellung: Brigitte Bredow, Berlin
Satz: FROMM MediaDesign GmbH, Selters/Ts.
Umschlagfoto: KUNTERBUNT, Heidi Velten, Leutkirch-Ausnang
Druck und Bindung: Clausen & Bosse, Leck
Printed in Germany
ISBN 3-589-05102-7
Bestellnummer 51027

Gedruckt auf säurefreiem Papier,
umweltschonend hergestellt aus chlorfrei gebleichten Faserstoffen.

Inhalt

1 Grundlagen

1.1 Einführung

In diesem Kapitel gebe ich eine Einführung in das Konzept der „Rechtschreibwerkstatt". Leserinnen und Leser, die es nicht kennen, finden hier eine kurze Zusammenfassung.

Ich betrachte den Rechtschreiblernprozess als einen qualitativen Entwicklungsprozess (ähnlich dem Sprechenlernen), in dem die Kinder die Ordnung der Rechtschreibung (siehe S. 12 ff.) verinnerlichen. Ihre Vorerfahrungen, ihr unterschiedliches Lerntempo und ihre individuelle Lernstruktur machen einen differenzierten Rechtschreibunterricht (siehe S. 23 ff.) erforderlich. Die innere Ordnung der Rechtschreibung muss für die Kinder transparent und verstehbar sein.
Die Rechtschreibwerkstatt (siehe S. 14 f.) ist ein Bild, das den Kindern eine Übersicht über den Aufbau und die Lernbereiche (siehe S. 15 f.) vermittelt. Die Funktion der Rechtschreibwerkstatt ist es aber auch, die Zielmotivation *(Ich will so schreiben können wie die Erwachsenen)* zu erhalten, indem der Lernprozess in zu bewältigende Lerneinheiten unterteilt (Zimmer in der Rechtschreibwerkstatt) und ein möglicher Lernweg (siehe S. 16 f.) aufgezeichnet wird. Sie wird durch die Ordnung des Lernweges, die konsequente Rückmeldung über den Lernfortschritt und über das Interesse an der Rechtschreibung (siehe S. 23 ff.) aufgebaut und aufrechterhalten.

Die Übungen mit dem Modellwortschatz sind ein Lernangebot. Es gibt andere (Abschreiben, Textkorrektur usw.), die ich hier nicht weiter beschreibe. Die Orientierung an Modellen erweist sich allerdings als ein „Königsweg". Dabei gibt es durchaus andere Sichtweisen, mit Wortschätzen zu üben (siehe S. 20 ff.). Rechtschreiben verfolgt keinen Selbstzweck. Ziel ist es, das Lesen zu erleichtern. Andererseits können auch die Ordnung der Rechtschreibung und die Rechtschreibprinzipien Gegenstand der Betrachtung im Unterricht sein.

Sprachentwicklung und Schreiblernprozess

Kinder lernen, richtig zu sprechen, indem sie immer wieder ihre eigene Sprache mit der Sprache der Eltern vergleichen. Dabei lernen sie nicht, ein Wort nach dem anderen richtig auszusprechen (additiv), sondern gleichen ihre Aussprache der gehörten Sprache immer weiter an (qualitative Entwicklung der Aussprache). Die Sprache der Erwachsenen bildet dabei gleichsam das Modell, an dem sich die Kinder in ihrer Sprachentwicklung orientieren.

Indem die Kinder Sprache hören und ihre Umgebung aktiv wahrnehmen, bilden sich Bedeutungen für die gehörten Lautfolgen (Wörter). Diese werden immer differenzierter und umfangreicher. Dabei ist der passive Wortschatz (das Sprachverständnis) zunächst um ein Vielfaches größer als der aktiv beherrschte. So kann ein Kind beispielsweise verschiedene Obstsorten auseinander halten, sagt aber zu allen noch *nana* oder *huna*.

Die Sprachentwicklung eines Kindes ist nicht nur ein komplexer Lernprozess des Gehirns. Eng hiermit verbunden ist die Entwicklung und Reifung der Artikulationsorgane (Kehlkopf, Lippen- und Zungenbeweglichkeit usw.). Indem die Kinder sprechen (brabbeln), trainieren sie auch gleichzeitig die Steuerung dieser Sprechwerkzeuge. Das wiederum ermöglicht eine Weiterentwicklung und Verbesserung der Aussprache.

Festzuhalten ist: In allen Bereichen, dem Wortschatz, der Artikulation, dem Sprachverständnis usw. entwickelt sich die Sprache in einem qualitativen Prozess. Beim Sprechenlernen geht es immer um komplexe bedeutungstragende Äußerungen. Dabei bilden die Kinder zunächst nur klangähnliche Gestalten *(nana, mama, dada)*, die jedoch schon deutlich erkennen lassen, was sie meinen. Es folgen dann bedeutungstragende Einzelwörter, die später in kurze und noch später in grammatikalisch richtige Sätze überführt werden. Dabei können die Kinder bereits Zweiwortsätze bilden (erste Stufe grammatikalischer Kompetenz), obwohl sie Wörter noch nicht „richtig" sprechen können (z. B. *nana ham*).

Die qualitative Entwicklung der Sprache:

Bääää
...
Mamama
...
Hapapa
...
Happa hunna
...
nana ham
...
ich huna bana ham
...
ich hab hunga
...
Ich habe Hunger und möchte gerne eine Banane essen.

Sprachentwicklung

Sie vollzieht sich auf drei verschiedenen Ebenen, die zum Teil aufeinander aufbauen: Innerhalb dieser drei Ebenen können wir eine qualitative Entwicklung und eine immer weitergehende Verfeinerung und Ausdifferenzierung der Strukturen beobachten (siehe Abb. S. 10).

Ähnlich wie das Sprechen- verläuft auch das Schreibenlernen, wenn Kinder von Beginn an alles schreiben dürfen. Über eine Anlauttabelle lernen die Kinder die Zuordnungsprinzipien zwischen Lauten und Buchstaben kennen. Diese Verschriftung der gehörten Laute ist dem „Brabbeln" des

Lautkompetenz
Einfache Vokal-Dauerkonsonant-Folgen …
Plosiva am Anfang, Konsonantfolgen …

Wortkompetenz
Wortfragmente, Echolalie, Klangähnlichkeiten …
richtige Aussprache einzelner Wörter

Satzkompetenz
Einzelwörter, Zweiwortsätze … grammatikalisch richtige Satzkonstruktionen

Kleinkindes recht ähnlich. Zunächst sind es nur Einzelbuchstaben aus einem Wort, die stellvertretend für das Wort geschrieben werden (*K* oder *KO* für Kreuz). Es folgen lauttreue (lautähnliche) Schreibweisen der Wörter (*Kois* oder *Krois*). Aus dieser Aneinanderreihung einzelner Buchstaben baut sich mit der Zeit ein „inneres Regelwerk" für die Laut-Buchstaben-Zuordnung auf (*er* anstatt *a* am Wortende, *eu* anstatt *oi* usw.).

Die qualitative Entwicklung des Schreibens:

fa fata fater Vater
KS KOIS Kreus Kreuz
Aka Angker Anker

Später werden auch wortbezogene „Regelungen" verinnerlicht: die Wortgrenze, die Gleichschreibung des Wortstammes, Auslautverhärtung usw. Noch etwas später werden einfache kontextbezogene Vereinbarungen (Satzanfang mit Großbuchstaben, am Satzende ein Punkt) angewendet, bis die Kinder letztendlich zu einer orthografisch weitgehend richtigen Schreibung kommen. Auch beim Schreibenlernen können wir drei Ebenen der Schreibkonstruktion beobachten:

Lautkompetenz
Laut-Buchstaben-Zuordnung, lautgemäße Buchstabenfolgen, Kennzeichnung lang oder kurz gesprochener Vokale

Wortkompetenz
Wortstammprinzip, Wortarten (Großschreibung der Nomen), Wortbildung

Satzkompetenz
einfache Satzzeichen, grammatikalische Struktur, kontextbezogene Schreibungen

Rechtschreiblernprozess

Er ist wie der Sprachlernprozess nicht additiv. Die Kinder lernen nicht einzelne Wörter auswendig. Vielmehr wenden sie implizite Rechtschreibkonstruktionen an (Rechtschreibgespür). Dabei verändert sich die Qualität der Verschriftung auf den drei Ebenen (Laut-, Wort-, Kontextebene). Diese qualitative Entwicklung des Rechtschreibens wird angeregt und unterstützt, wenn die Kinder viel schreiben und ihre eigenen Schreibergebnisse immer wieder mit richtigen Vorgaben vergleichen.

Es gibt jedoch auch wichtige Unterschiede zwischen der Sprachentwicklung und dem Rechtschreiblernprozess. Beim Sprechen erfahren die Kinder eine sofortige Korrektur ihres Sprechens. Aus der Sprachentwicklungsforschung wissen wir, dass die Entwicklung bei Kindern schneller verläuft, wenn die Eltern die Sprache der Kinder in korrekter und abgewandelter Form wiederholen. Die Kinder sagen: „*nana ham.*" Die Eltern wiederholen in korrekter Aussprache: „*Du möchtest eine Banane haben?*" Dieser unmittelbare Vergleich beschleunigt die Entwicklung deutlich. Eine solche sofortige Korrektur ist jedoch beim Schreiben (ohne den Einsatz eines Computers) nicht möglich.

Die Entwicklung der Sprache ist darüber hinaus viel komplexer als die Schreibentwicklung. Beim Sprechenlernen können die Kinder noch nicht auf Bekanntes zurückgreifen. Der Wortschatz, die Steuerung der Artikulationsorgane, das Sprachverständnis, die Spezialisierung der beiden Gehirnhälften und weitere Sprachfunktionen sind noch nicht ausgebildet. Die Reifung und Entwicklung der Artikulationsorgane und des Gehirns läuft parallel zum Sprechenlernen. Beides entwickelt sich gleichzeitig und diese Entwicklungen unterstützen sich gegenseitig.

Beim Schreibenlernen ist vieles einfacher. Hier kann das Kind auf diese ausgebildeten Strukturen, insbesondere die Sprachkompetenz, zugreifen. Das Schreiben wird als eine Erweiterungskompetenz zur bestehenden Sprachkompetenz ausgebildet.

Schreiben

Betrachten wir die neurophysiologischen Abläufe beim Schreiben, so sind neben den Zentren für die motorische Steuerung drei weitere Areale mitbeschäftigt (siehe Abb. S. 12).

Es sind also beim Schreiben weitgehend die gleichen Areale im Gehirn aktiv wie beim Sprechen. Auch hier finden wir wieder drei Bereiche, die den grundlegenden Regelungen auf der Laut-, Wort- und Satzebene entsprechen. Es ist aus neurophysiologischer Sicht also kein Zufall, dass es drei Grundprinzipien in der Rechtschreibung gibt, die ich im Folgenden beschreibe.

Lesezentrum
Laut-Buchstaben-Zuordnung, Lautfolgen

Wernicke Areal
Wortstammprinzip, Wortbedeutung

Broca Areal
grammatikalische Struktur, Syntax

Die Ordnung der Rechtschreibung

Wir können die gesamte deutsche Orthografie auf drei Ebenen zurückführen und drei grundlegende Rechtschreibprinzipien beschreiben, die eine bestimmte immer zu beachtende Abfolge implizieren. Bei jedem Grundprinzip sind in der deutschen Rechtschreibung Besonderheiten und Ausnahmen zu unterscheiden.

Die drei Grundprinzipien

- **Lautebene:** Schreib, wie du sprichst, wenn du deutlich und hochdeutsch sprichst!
- **Wortebene:** Schreib den Wortstamm über alle Ableitungen und Umformungen hinweg gleich!
- **Satzebene:** Gliedere einen Text so, dass der Leser möglichst schnell versteht, was du sagen willst!

Neben diesen grundlegenden Prinzipien sind auf jeder Ebene bestimmte Abfolgen zu berücksichtigen. So gilt es auf der Lautebene neben den Prinzipien der Laut-Buchstaben-Zuordnung auch zu beachten, dass die gesprochene Lautfolge in eine passende Folge der Buchstaben übertragen wird. Gesprochene Laute können in der Verschriftung nicht nach Belieben ausgelassen oder Buchstaben für nicht gesprochene Laute hinzugefügt werden. Eine solche Gesetzmäßigkeit für die Folge gibt es auch auf der Wortebene (Präfix – Stammmorphem – Suffix) und der Satzebene (Subjekt – Prädikat – Objekt). Auch hier sind bestimmte Reihenfolgen festgelegt.

Besonderheiten
Für die richtige Schreibung auf den ersten beiden Ebenen ist vor allen Dingen die Bildung eines Rechtschreibgespürs wichtig. Auf den Ebenen der Besonderheiten und Ausnahmen kommt es hingegen auch darauf an, bestimmte Verschriftungsprinzipien zu reflektieren. Auf der Lautebene müssen Kinder berücksichtigen, dass in der deutschen Rechtschreibung die

kurz gesprochenen Vokale regelhaft gekennzeichnet werden. Auf der Wortebene ist es die Großschreibung der Nomen, die sich Kinder über die „kognitive" Bestimmung der Wortart erschließen müssen. Die wortbezogene Schreibung wird in der deutschen Rechtschreibung vom Kontextbezug überformt. Es gibt eine ganze Reihe gleich lautender, aber bedeutungsverschiedener Wörter *(der Leiter – die Leiter; das Tor – der Tor)*. Viele dieser Homonyme werden zur leichteren Sinnentnahme beim Lesen unterschiedlich geschrieben *(weise/Weise/Waise; dass/das; wieder/wider)*. Welche Schreibung gewählt werden muss, lässt sich nur aus dem Satzzusammenhang erschließen.

Ausnahmen
Die Ausnahmeschreibungen sind historisch gewachsen. So führten beispielsweise die Buchdrucker verstärkt ästhetische Aspekte in die Rechtschreibung ein (z. B. das Dehnungs-*h*, *y* anstatt *i*). Die meisten Ausnahmeschreibungen sind jedoch durch die Übernahme von Wörtern aus anderen

Qualitative Entwicklung →

Entwicklungsstufen ↓

	Grundprinzip	Folgen	Besonderheiten	Ausnahmen (AF)
Laute	**LB** = einem Laut wird ein Buchstabe (eine Buchstabenfolge) zugeordnet	**LD** = eine Lautfolge wird in eine analoge Buchstabenfolge übertragen	**LV** = regelhafte Kennzeichnung langer und kurzer Vokale	y, pf, v, chs/ks, ai; Dehnungs-h, Doppelvokal; Fremdwortschreibungen
Wörter	**WU** = der Wortstamm bleibt bei Ableitungen/ Umformungen erhalten; a → ä; au → äu; -b, -d, -g	**WZ** = Wortbildung, Zusammensetzungen; Vorsilben	**WA** = Nomen werden mit großem Anfangsbuchstaben geschrieben	nicht regelhafte Ableitungen, Fremdwortschreibungen
Kontext	**SZ** = Gliederung des Satzes durch Satzzeichen	**SA** = grammatikalische Struktur des Satzes (SPO, Satzglieder)	**SW** = Schreibung eines Wortes hängt von der Bedeutung im Satzzusammenhang ab	Besonderheiten bei der Groß-/ Klein-, Getrennt-/Zusammenschreibung
	Entwicklung eines Rechtschreibgespürs Bildung impliziter Konstruktionsprinzipien Hilfen: Schreibsprache, Ableiten, Zerlegen		Rechtschreibgespür + Rechtschreibwissen	Gruppierungen Merkhilfen Nachschlagen

Übersicht über die Ordnung der Rechtschreibung

Sprachen entstanden (Lehnwörter und Fremdwörter). Viele dieser Wörter erkennen wir heute nicht mehr als Fremdwörter (z.B. Bus, Lärm) und behandeln sie daher als Ausnahmen zu den Rechtschreibregeln.

Die Ordnung der Rechtschreibung lässt sich in zwölf Lernbereichen zusammenfassen (siehe Abb. S. 13).

Der Rechtschreiblernprozess folgt im Wesentlichen dieser Ordnung der Rechtschreibung. Die qualitative Entwicklung des Schreibens vollzieht sich von der „lauttreuen" Verschriftung der Sprache (Lernbereich LB) bis hin zu den Besonderheiten auf der Kontextebene. Im Laufe von zehn Schuljahren soll ein Kind diese zwölf Lernbereiche kennen lernen und verinnerlichen. Darüber hinaus gehören noch die Beherrschung verschiedener Lernmethoden und Techniken der Textkorrektur zum Rechtschreiblernprozess.

Rechtschreibwerkstatt

Die Rechtschreibwerkstatt ist ein Bild, das den Kindern die Ordnung der Rechtschreibung und den Verlauf des Rechtschreiblernprozesses überschaubar macht. Die drei Etagen stehen für die drei grundlegenden Recht-

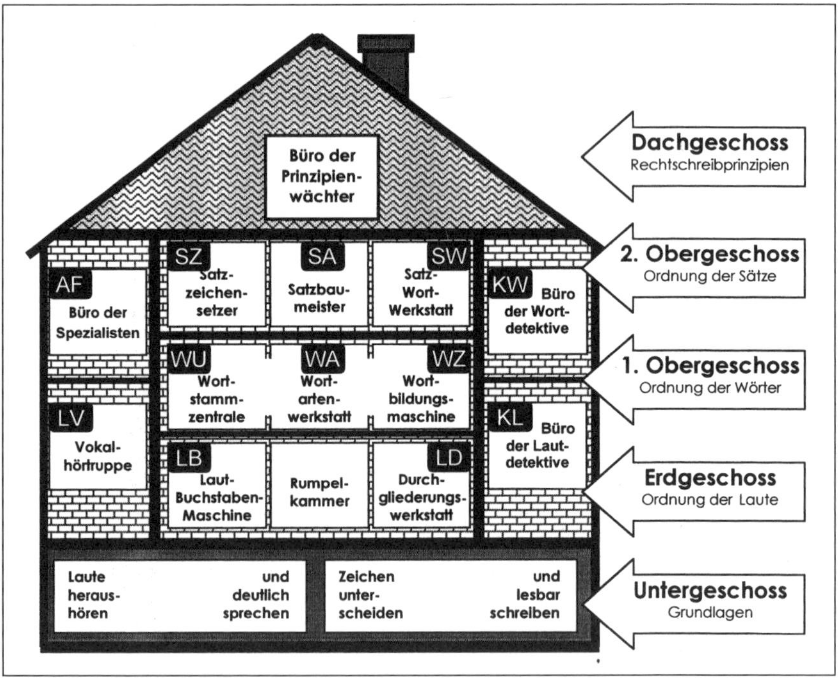

Die Rechtschreibwerkstatt

schreibprinzipien. Die Zimmer der Rechtschreibwerkstatt geben die einzelnen Lernbereiche an. Im Untergeschoss sind grundlegende Kompetenzen aufgeführt, die immer wieder geübt werden müssen.

In der Rechtschreibwerkstatt lernen die Kinder zunächst die Ordnung der Laute, dann die der Wörter, die Ausnahmeschreibungen auf der Laut- und Wortebene sowie die Ordnung der Sätze kennen. In jedem Zimmer der Rechtschreibwerkstatt wird jeweils ein zentrales Rechtschreibprinzip vermittelt. Im Mittelpunkt des Lernens steht die Bildung eines Rechtschreibgespürs. Hierbei spielen Sprachübungen und die Orientierung an Rechtschreibmodellen eine besondere Rolle. Erst wenn dieses Gespür in einem Lernbereich vorhanden ist, kann das Kind das dazugehörige Prinzip auch „verstehen“. Dabei haben das Entdecken und die eigene Formulierung von Rechtschreibprinzipien (Eigenregeln) Vorrang im Unterricht.

In seinem individuellen Lerntempo erarbeitet sich jedes Kind die verschiedenen Konstruktionsprinzipien der deutschen Rechtschreibung. Um ein hohes Maß an Differenzierung zu erreichen, müssen die Übungsmaterialien so gestaltet sein, dass die Kinder selbstständig arbeiten können. Die Arbeit mit dem Modellwortschatz (siehe Kap. 1.2) auf Karteikarten ist eine Übungsmethode, die leicht zu differenzieren ist und die die Kinder trotz der vielfältigen Übungen (Schreib-, Sortier-, Such-, Denkaufgaben) selbstständig einsetzen können.

Die Stufen des Rechtschreiblernprozesses

Folgt man im Rechtschreiblernprozess der Ordnung der Rechtschreibung, so ergeben sich die in der Tabelle gezeigten Lernschritte (siehe Tab. S. 16).

Diese Lernschritte sind nicht als starre Abfolge zu verstehen. Alle drei Ebenen entwickeln die Kinder kontinuierlich (qualitativ) und gleichzeitig weiter. Die Unterteilung in Lernschritte sorgt lediglich dafür, dass sie irgendwann einmal einen Bereich so weit beherrschen und absichern, dass Privatschreibungen in diesem Bereich nicht mehr vorkommen.

Zwar gibt es eine gewisse Entwicklungslogik: So sollte zuerst der Bereich der Laut-Buchstaben-Zuordnung abgesichert sein, bevor man zur Unterscheidung lang und kurz gesprochener Vokale übergehen kann. Andererseits sollte die Reihenfolge der Lernschritte auch flexibel gehandhabt werden. Für manche Kinder ist der Lernbereich der Wortumformung viel leichter als die Bestimmung der Wortart oder der langen und kurzen Vokale.

Es ist also nicht erforderlich, die Reihenfolge der Lernschritte strikt einzuhalten. Da die Wortart Voraussetzung für die Umformung der Wörter ist, wird hier ohnehin beides zugleich geübt. Weiterhin ergibt sich

	Abk.	Lernbereich	Zimmer in der Werkstatt
Lautebene	**LB**	Laut-**B**uchstaben-Zuordnung	Laut-Buchstaben-Maschine
	LD	**D**urchgliederung der Wörter	Durchgliederungswerkstatt
	KL	Text**k**orrektur (1)	Büro der Lautdetektive
	LV	lang und kurz gesprochene **V**okale	Büro der Vokalhörtruppe
Wortebene	**WA**	Bestimmung der Wort**a**rten	Wortartenwerkstatt
	WU	Wortstamm, **U**mformung, Ableitung	Wortstammzentrale
	WZ	Wortbildung, **Z**erlegung von Wörtern	Wortbildungsmaschine
	KW	Text**k**orrektur (2)	Büro der Wortdetektive
	AF	**A**usnahmeschreibungen, **F**remdwörter	Büro der Spezialisten
Satzebene	**SZ**	Satz**z**eichen	Satzzeichensetzer
	SA	Satz**a**ufbau, Syntax, Satzgrammatik	Satzbaumeister
	SW	Kontextbezogene **W**ortschreibungen	Satz-Wort-Werkstatt

die Wortart bei Wortzusammensetzungen aus der Endung, sodass auch in diesem Bereich die Wortart wieder eine Rolle spielt. Um die Bedeutsamkeit der Wortart hervorzuheben, wurde dieser Lernbereich in die Mitte der Rechtschreibwerkstatt gesetzt – mit offenen Verbindungen zu beiden Seiten.

Der Weg durch die Rechtschreibwerkstatt

In der Regel gebe ich den Kindern die ersten Lernschritte vor. Alle beginnen im Lernbereich LB (Laut-Buchstaben-Zuordnung). Hier lernen sie die Standardübungen (Modellwortschatz, Abschreibtexte, Denkaufgaben) kennen. Sobald die Kinder die Regelhaftigkeiten der Laut-Buchstaben-Zuordnung sicher beherrschen, gehen sie zum Lernbereich LD (Durchgliederung der Wörter) über und lernen dann bei den Lautdetektiven (KL) die ersten Korrekturtechniken.

In der Regel können die Kinder nun frei entscheiden, wie sie weiterarbeiten wollen. Dabei stelle ich ihnen drei Zimmer zur Auswahl: WU, WA und LV. Meine persönliche Empfehlung ist: *Mach zunächst die Lautübun-*

gen im Lernbereich LV! Gehe dann zu WU oder WA! Kehre später noch einmal ins LV-Zimmer zurück und mache dann die Sortieraufgaben und die Schreibübungen!

Die Übungen zur Wortbildung (WZ) sind erst sinnvoll, wenn die Kinder die Wortart sicher bestimmen können und die Schreibung der lang oder kurz gesprochenen Vokale auch bei den Umformungen und Ableitungen beherrschen.

Die Ausnahmeschreibungen und Fremdwörter (AF) sollten die Kinder erst bearbeiten, wenn sie die Regelhaftigkeiten und Besonderheiten der Laut-Buchstaben-Zuordnung sicher beherrschen und die Ableitungen und Umformungen bilden können.

In der Grundschule spielen die kontextbezogenen Regelungen (mit Ausnahme der einfachen Zeichensetzung) noch keine Rolle. In einem „Schnupperkurs" im 2. Obergeschoss werden die wichtigsten Satzzeichen zwischendurch besprochen.

In jedem Lernbereich werden den Kindern Übungen zur Verfügung gestellt, durch die sie

- ihr Sprachgespür verbessern und
- hierauf aufbauend ihr Rechtschreibgespür weiterentwickeln,
- das dem Lernbereich entsprechende Rechtschreibprinzip verstehen und
- auf alle analog zu schreibenden Wörter übertragen können.

Neben der in diesem Buch beschriebenen Arbeit mit dem Modellwortschatz werden Abschreibübungen, lernbereichsbezogene Wörterlisten, Aufgaben für Spürnasen und Übungen zur Textkorrektur eingesetzt.

Über Modellwörter Rechtschreiben lernen

Der Rechtschreiblernprozess ist ein qualitativer Entwicklungsprozess. In dieser Lernentwicklung von der Privatschreibung des Kindes hin zur angemessenen, orthografischen Schreibung der Erwachsenen orientieren sich die Kinder (wie bei der Sprachentwicklung) an orthografisch richtigen Modellvorgaben. Dabei gibt es drei Probleme:

- **Das Schreiben eigener Texte führt nicht automatisch zu richtigem Schreiben:** Beim Schreiben eigener Texte wie auch beim Schreiben nach Diktat greifen die Kinder auf bereits gebildete (verinnerlichte) Konstruktionsprinzipien zurück. Damit üben und festigen sie das, was sie schon zum Teil verinnerlicht haben. Eine Weiterentwicklung dieser verinnerlichten Konstruktionsprinzipien kann an den eigenen Schreibprodukten jedoch nur begrenzt stattfinden. Um die eigene Rechtschreibkompetenz weiterentwickeln zu können, müssen die Kinder auf jene Stellen aufmerksam werden, wo ihre Privatschreibung von der Erwachsenenschreibung abweicht. Dies erreichen sie nicht durch Lesen, sondern nur durch *richtiges Schreiben.*

Daher können orthografisch richtig geschriebene Texte der Erwachsenen als Rechtschreibmodell nur dann wirksam werden, wenn die Kinder diese Texte oder Wörter *abschreiben.*

■ **Das Lesen von Texten führt nicht automatisch zu richtigem Schreiben:** Kinder müssen die *Texte oder Wörter lesen*, bevor sie diese anschließend aufschreiben. Beim Lesen ist jedoch die Aufmerksamkeit auf die Inhaltsentnahme ausgerichtet. Wir lesen nicht die „Schreibung" des Wortes, sondern seine Bedeutung.

Daher führt das Abschreiben nicht automatisch auch zu einer Weiterentwicklung der Rechtschreibkompetenz. Um dies zu erreichen, gilt es vor und beim Abschreiben eine andere *Aufmerksamkeitsausrichtung* herzustellen: Die Kinder müssen ihre Aufmerksamkeit auf die konkrete Schreibung eines Wortes ausrichten. Dabei müssen sie auf jene Stellen aufmerksam werden, die entgegen der eigenen Schreiberfahrung anders geschrieben werden.

■ **Das Abschreiben von Texten oder Wörtern führt nicht automatisch zu richtigem Schreiben:** Betrachten wir die Folge der qualitativen Entwicklung der Rechtschreibkompetenz, dann wird bei beliebigen *Abschreibtexten* oder Wörterlisten immer eine Reihe verschiedener Konstruktionsprinzipien gefordert, die über die aktuelle Kompetenz des Kindes weit hinausgehen. Die Kinder können Rechtschreibmodelle nur dann zur Weiterentwicklung ihrer individuellen Rechtschreibkompetenz nutzen, wenn sie in die bestehenden Konstruktionsprinzipien eingeordnet werden können.

Daher sind die verwendeten Texte und Wörter an die aktuelle Stufe der Rechtschreibentwicklung anzupassen. Es dürfen vor allen Dingen keine Ausnahmeschreibungen zur aktuellen *Lernstufe* verwendet werden.

Texte und Wörter als Modelle für das richtige Schreiben

Kinder lernen am Vorbild orthografisch richtig geschriebener Texte und Wörter. Die effektivsten Übungsformen hierfür sind:

- Abschreiben von Texten, die nur lernbereichsbezogene Schreibungen enthalten,
- Übungen mit einem lernbereichsbezogenen, aufbauenden Modellwortschatz oder Modellwörterlisten und
- Übungen zur Textkorrektur.

Beim Abschreiben von Texten wird immer die gesamte Breite der rechtschriftlichen Regelungen (Laut-, Wort- und Kontextebene) berücksichtigt. Bei der Arbeit mit Modellwörterlisten und dem Modellwortschatz wird demgegenüber die Aufmerksamkeit auf einzelne Konstruktionsprinzipien (auf der Laut- oder Wortebene) ausgerichtet.

Ein Beispiel: Die Kinder sollen lernen, dass der Laut [ɐ] am Wortende immer mit *er* verschriftet wird. Um ein Gespür für diese Laut-Buchstaben-Zuordnung zu bekommen, ist es hilfreich, viele Wörter mit dieser Endung zu schreiben und zu sprechen (mitsprechen). Wenn die Kinder hierfür Wörter aus einem Grund-, Häufigkeits-, Klassen- oder Individualwortschatz heraussuchen, so werden sie auch viele Wörter finden, die an anderer Stelle noch nicht verstehbare Schwierigkeiten enthalten, z. B. das *v* bei *Vater* oder *tt* bei *Mutter*. Solche Besonderheiten und Ausnahmen lenken das Kind von dem aktuellen Lernfokus ab. Der Vorteil bei der Benutzung eines aufbauenden Modellwortschatzes oder vorgefertigter Wörterlisten ist, dass hierbei solche zusätzlichen Schwierigkeiten vermieden werden können.

Modellwortschatz

Die Verwendung eines Modellwortschatzes in Form von Wörterlisten oder Wörterkarten ist nicht gleichwertig, sondern hat einen unterschiedlichen Effekt. Das Abschreiben nach Rechtschreibphänomenen geordneter Wörterlisten ist immer eine passive, reproduktive Tätigkeit. Demgegenüber hat ein Modellwortschatz in Form von Wörterkarten den Vorteil, dass Kinder Wörter mit einem bestimmten Rechtschreibphänomen selbst aktiv heraussuchen können. Wird diese Sortieraufgabe als Partnerarbeit angeboten (ein Kind spricht das Wort, das andere Kind entscheidet, ob ein bestimmter Laut vorkommt), so wird am ehesten sichergestellt, dass die Sortieraufgabe nicht visuell, sondern über die Sprache gelöst wird. Auf diese Weise kann aus dem Sprachgespür ein Rechtschreibgespür entwickelt werden.

Der Vorteil des Modellwortschatzes in Form von Wörterkarten liegt darin, dass

- die Kinder aktiv Wörter mit bestimmten Rechtschreibphänomenen heraussuchen,
- die Wörterkarten nach verschiedenen Gesichtspunkten immer wieder neu geordnet werden können,
- die Kartei durch eigene Wörter der Kinder ergänzt werden kann.

Über Such- und Sortieraufgaben können sich die Kinder alle regelhaften Prinzipien auf der Laut- und Wortebene selbstständig (mit einem Partner oder in kleinen Gruppen) erarbeiten.

Mit dem Modellwortschatz werden den Kindern Wörtergruppen zum Üben angeboten, die auf jeweils ein bestimmtes Verschriftungsprinzip aufmerksam machen. Indem die Kinder solche Wörter gehäuft abschreiben, dabei immer wieder neu konstruieren und ihre Verschriftungen mit der Vorlage vergleichen, entwickeln sie unbewusst nach und nach ein Regelsystem (Eigenregeln, Konstruktionsprinzipien) für die Verschriftung von Sprache.

Wortschatz-Konzepte

Der Aufbau und die Arbeit mit einem Wortschatz sind mit einem theoretischen Konzept des Rechtschreiblernprozesses eng verknüpft. In der aktuellen Diskussion werden verschiedene „Wortschatzkonzepte" diskutiert: *Klassenwortschatz, Fehlerwortschatz, Häufigkeitswortschatz, Grundwortschatz, Modellwortschatz.*

Klassenwortschatz
- Konzept: Die Kinder merken sich solche Wörter bevorzugt, die einen aktuellen Bezug zu dem haben, was sie gerade interessiert. Die zu übenden Wörter werden aus den aktuellen Themen des Unterrichts, aus der Werkstatt oder aus den Projekten abgeleitet.
- Problem: Nicht alle Kinder sind in ihrem Lernprozess gleich weit fortgeschritten. Einige Kinder üben Wörter, die sie in ihr Rechtschreibwissen noch nicht einordnen können. Eine Differenzierung bringt einen erheblichen Arbeitsaufwand mit sich und schwächt die Methodenkompetenz der Kinder, da sie für sich nicht einordnen können, warum sie diese Wörter und andere Kinder andere Wörter üben sollen.

Die Arbeit mit Klassenwortschätzen ist nur bei sehr homogenen Lerngruppen sinnvoll (die wir aber in der Grundschule kaum vorfinden dürften).

Fehlerwortschatz
- Konzept: In den Fehlern der Kinder zeigt sich am ehesten ihr Entwicklungsstand. Indem sie solche Wörter gehäuft üben, die sie falsch geschrieben haben, entwickeln sie ihre Rechtschreibkompetenz genau an den Stellen weiter, an denen sie Schwierigkeiten haben.
- Problem: Bei dieser Sicht wird übersehen, dass es durchaus sehr verschiedene Verschreibungen gibt, auch innerhalb eines Wortes. Weiterhin wird nicht berücksichtigt, dass es eine ganze Reihe produktiver Fehler gibt.

Die Arbeit mit Fehlerwortschätzen ist nur dann sinnvoll, wenn die Kinder in ihrem Rechtschreiblernprozess schon sehr weit fortgeschritten sind und nur noch wenige nicht kategorisierbare Verschreibungen machen.

Häufigkeitswortschatz

- Konzept: Die Kinder üben häufig vorkommende Wörter.
- Problem: Die Rechtschreibung wird als das Auswendiglernen individuell geschriebener Wörter gesehen. Aber gerade die Verschreibungen der Kinder zeigen, dass wir die Wörter beim Schreiben herstellen. Unser Gehirn wendet hierbei Konstruktionsprinzipien an. Man muss sich keine hunderttausend Wörter merken, wenn man „weiß“, wie Wörter aus der Sprache heraus abgeleitet werden.
  In der Häufigkeitspyramide der in Kindertexten vorkommenden Wörter finden sich unter den hundert wichtigsten Wörtern vor allen Dingen Funktionswörter (Partikel und Adverbien). Diese werden aber (regelhaft) nicht den allgemeinen Regelungen entsprechend geschrieben (z. B. und [unt], das [dass], ob [op], wir [wier], es [ess] usw.). Die Aufmerksamkeit wird so immer wieder auf Ausnahmeschreibungen gelenkt und die Entwicklung eines Gespürs für die Regelungen und Regelhaftigkeit der deutschen Rechtschreibung verhindert.

Die Übungen mit einem Häufigkeitswortschatz lassen die Entwicklungsschritte des Rechtschreiblernprozesses außer Acht und erschweren somit das Erlernen der Rechtschreibung.

Grundwortschatz

- Konzept: Die Kinder prägen sich Wörter ein und reproduzieren sie dann aus dem Gedächtnis. Nach der rechtschriftlichen Sicherung des grundlegenden Wortschatzes sollen sie ihr Wissen auf andere Wörter übertragen.
- Problem: Die Grundwortschätze folgen keiner erkennbaren Ordnung der Rechtschreibung. Wörter für die Klasse 1 wie z. B. *Baby*, *Christkind*, *Vogel*, *Blatt*, *Apfel*, *sechs*, *Kuh*, *Ohr*, *Hund*, *Lehrerin* sind eine Ansammlung von Besonderheiten. Dies verwirrt die Kinder und führt sie zu der Vorstellung, die Rechtschreibung lasse sich vornehmlich über das Auswendiglernen vieler Einzelschreibungen (eben der Grundwortschatzwörter) lernen.

Die Arbeit mit Grundwortschätzen wird zunehmend durch Rechtschreibwortschätze ersetzt. Hier werden die zu übenden Wörter, nach rechtschriftlichen Gesichtspunkten geordnet, zum Üben angeboten.

Modellwortschatz

Grundlage des Modellwortschatzes ist die Sicht einer qualitativen Entwicklung der Rechtschreibkompetenz. Demzufolge unterscheidet sich ein Modellwortschatz wesentlich von anderen Wortschatz-Konzepten. Der Aufbau des Modellwortschatzes folgt

- **der Logik des Rechtschreiblernprozesses:** Der Modellwortschatz ist nach Lernstufen geordnet. Wörter der unteren Lernstufen sollten keine Schwierigkeiten enthalten, die von den Kindern erst auf einer höheren Lernstufe bearbeitet werden können.
- **der Ordnung der Rechtschreibung:** Der Modellwortschatz bildet alle rechtschriftlichen Prinzipien auf der Laut- und Wortebene ab. Hierbei müssen alle Regelhaftigkeiten, aber auch die Besonderheiten und die Ausnahmen in der Laut-Buchstaben-Zuordnung durch angemessen viele Wörter repräsentiert werden. Darüber hinaus sind auch die Besonderheiten und Ausnahmen bei den Ableitungen und Wortumformungen durch entsprechende Beispielwörter darzustellen. Kontextbezogene Schreibungen lassen sich durch einen Modellwortschatz nicht erfassen. Die Schreibung der Wörter lässt sich in diesem Fall nur aus dem Zusammenhang des Satzes oder des Textes erschließen.
- **dem Prinzip des Modelllernens:** Es werden für die einzelnen Bereiche Beispielwörter vorgegeben. Diese Sammlung sollte jedoch nicht erschöpfend sein. Wichtig ist es, eine ausreichende Anzahl von Wörtern vorzugeben, an denen die Kinder das rechtschriftliche Konstruktionsprinzip erfahren können. Genauso wichtig ist es aber auch, dass die Kinder dann weitere Wörter suchen, die nach dem gleichen Prinzip gebildet werden. Nur so lässt sich, von den Beispielen ausgehend, ein Prinzip verinnerlichen und übertragen.
- **dem Prinzip vom Leichten zum Schweren:** Zunächst werden Beispielwörter zu den
  - Regelhaftigkeiten, dann zu den
  - Besonderheiten und erst danach zu den
  - Ausnahmeschreibungen aufgeführt.

  So wird sichergestellt, dass die Kinder zunächst ein Gespür für die Regelhaftigkeiten entwickeln und nicht von Beginn an durch Sonderfälle verwirrt werden.

In der folgenden Tabelle (siehe S. 23) zeige ich, dass Wörter mit dem Buchstaben *B/b* im Modellwortschatz verschiedenen Lernbereichen zugeordnet werden können.

Den hier vorgestellten Modellwortschatz (siehe Kap. 3) bearbeiten die Kinder in Form einer Wörterkiste. Es ist von Vorteil, wenn jedes Kind über eine eigene Wörterkiste mit seinen Modellwortschatzwörtern verfügt. Hierdurch sind die Übungen einfach zu differenzieren und von den Kindern leicht zu handhaben. Die vorgegebenen Karteikarten bieten darüber hinaus eine Vielzahl von Übungen mit Lösungskontrolle, die sonst nur mit großem materiellen Aufwand (Kopierkosten, Arbeitsblätter) herzustellen wären.

LB	*B/b* vor und zwischen Vokalen, Umlauten, Doppellauten	Boden, baden, leben, geben, heben, haben, beten, Beruf, böse, üben, Baum, rauben, Taube, Bein, bereit, Beule, Beute
LB/LD	*B/b* in Konsonanten-verbindungen	blau, bleiben, Blume, Blut, braun, breit, bremsen, Brot, Bruder, brechen, brauchen, bringen, Farbe
LV	*bb* nach kurzem Vokal	Ebbe, knabbern, krabbeln, schrubben
WU	*b* am Wortende	Gelb, Dieb, Stab
AF	*b* nicht ableitbar im Wort	selbst, Erbse, Herbst, hübsch, Obst, Urlaub
AF	*b* in Fremdwörtern	Baby, Hobby, Cowboy, Alphabet, Bibliothek, Kilobyte, brutal, Tablett, probieren, objektiv, Substantiv, Fabrik, Pubertät, Problem

Die Kinder ergänzen den Modellwortschatz durch Wörter, die sie im freien Schreiben kennen lernen und gerne richtig schreiben wollen. Wenn diese Wörter nicht zu den bisher bearbeiteten Lernstufen passen, werden sie in einem besonderen Fach (Rumpelkammer) gesammelt *und nicht weiter geübt*. Diese Kombination von Modellwortschatz mit individuellen, lernstufenbezogenen Erweiterungen durch eigene Wörter des Kindes und der vorläufigen Zurückstellung von „Rumpelkammerwörtern" hat sich in der schulischen Arbeit für die Entwicklung eines Rechtschreibgespürs als optimal erwiesen (siehe S. 45 ff.).

Schreibenlernen und Rechtschreiben

Der Sinn des Rechtschreibens: Erleichterung des Lesens

Im Mittelpunkt des Schreiblernprozesses steht die Kommunikationsfunktion der Schrift. Kinder lernen, sich eine ganz neue Dimension zu erschließen, wenn sie lesen und schreiben können. Sie können Gedanken festhalten, sich mitteilen und etwas von anderen erfahren, unabhängig von Raum und Zeit. Es gilt, diese Grundmotivation *(Ich will lesen und schreiben lernen)*, mit der die meisten Kinder in die Schule kommen, zu erhalten und zu stärken oder dort, wo sie noch nicht gegeben ist, aufzubauen.

Das Lesen eines Textes wird wesentlich erleichtert, wenn sich die Schreiber an bestimmte Vereinbarungen halten. Das ist der Sinn der Rechtschreibung. Die Motivation, so zu schreiben wie die Erwachsenen, ergibt sich aus diesem Ziel: Die anderen sollen lesen, was ich zu erzählen habe. Schreibenlernen ist daher immer auch zugleich Rechtschreiben lernen. Beim Schreiben geht es darum, dass Kinder

- sich mitteilen und sich mit anderen verständigen,
- etwas schriftlich festhalten (Merkfunktion),
- kreativ mit Schriftsprache umgehen und zugleich
- verschiedene Textformen kennen lernen und anwenden.

Das ist das Eigentliche. Die Rechtschreibung hat hierbei eine dienende Funktion. Sie soll die Verständigung (Lesen) erleichtern. Das Rechtschreibenlernen verfolgt keinen Selbstzweck, sondern ist eingebettet in das Schreibenlernen.

Das bedeutet andererseits nicht, dass konkrete Rechtschreibübungen nur und immer aus dem Schreibzusammenhang heraus erwachsen müssen. Im Gegenteil: Die Verinnerlichung von Rechtschreibmustern (Rechtschreibgespür) bildet sich am leichtesten über das häufige Anwenden bestimmter Konstruktionsprinzipien von Schrift.

Vorerfahrungen beim Schreibenlernen

Wie bei allen anderen Lernprozessen beginnt auch die Rechtschreibung nicht ohne Vorerfahrung. Sie baut auf dem auf, was Kinder wissen und können, wenn sie in die Schule kommen:

- Die Kinder können sprechen und kennen die Bedeutung von Wörtern.
- Sie haben gesehen, wie Erwachsene schreiben und lesen, „wissen" also um die Bedeutung von Schrift.
- Sie haben schon vieles gelernt (laufen, sprechen, spielen, essen usw.) und „wissen", wie Lernen funktioniert.
- Sie bringen auch eigene Schrifterfahrungen mit ein (logographemische Schrift, Kritzelschrift).

Diese Vorerfahrungen sind sehr unterschiedlich ausgeprägt und von Kind zu Kind verschieden. Die Schwierigkeit des Unterrichts besteht darin, diese sehr verschiedenen Vorerfahrungen zu nutzen und weiterzuentwickeln. Dies ist nur in einem differenzierten und individualisierten Unterricht möglich.

Rechtschreibregelungen

Unsere Schrift ist eine alphabetische Schrift (keine Lautschrift), die von der Sprache abgeleitet und durch Regelungen überformt ist. Diese Regelungen beziehen sich auf die Zuordnung von Lauten und Buchstaben (Lautebene), auf die Schreibung von Wörtern (Wortebene) und auf die Gestaltung von Texten (Kontextebene).

Ohne die wichtigsten Zuordnungen von Lauten und Buchstaben zu kennen, können Wörter nicht konstruiert werden. Kinder, die noch keine Wortgrenzen einhalten, werden schwerlich Prinzipien der Satzgestaltung verinnerlichen können. Insofern folgt der Rechtschreiblernprozess zunächst einer Stufung. Kinder lernen die Rechtschreibung nicht Wort für Wort, sondern in einer qualitativen Weiterentwicklung ihrer Schreibkompetenz. Am Anfang steht die Privatschreibung der Kinder, die zunehmend an die Erwachsenenschreibung angenähert wird.

Indem Kinder schreiben, wenden sie ein inneres Regelsystem an (Eigenregeln). Dabei stoßen sie in der Schrift der Erwachsenen auf hiervon abweichende Schreibungen. Zunächst werden solche Abweichungen wortbezogen gemerkt, dann aber zunehmend in das eigene Regelsystem integriert. Damit verändert sich das innere Regelsystem und wird weitergeführt.

Der Rechtschreibunterricht stärkt die Bildung von Eigenregeln und führt sie zu tragfähigen orthografischen Prinzipien.

Schreiben und Rechtschreibübungen

Um die unterschiedlichen Lernvoraussetzungen der Kinder angemessen aufgreifen zu können und das Interesse der Kinder am Schreiben durch sinnvolle Schreibanlässe zu stärken, ist es erforderlich, den Unterricht in der Grundschule weiterzuentwickeln. Eine Möglichkeit besteht darin, die notwendigen individualisierten Übungen in gesonderte Trainingsphasen zu verlegen.

Motivation

Jedes Lernen verläuft effizienter, wenn es auf ein Eigeninteresse des Kindes stößt. Eine wortbezogene Motivation *(Wie schreibt man Computer/Pferd/ Puppe/Zoo usw.?)* reicht für das Rechtschreibenlernen nicht aus. Ziel des Rechtschreibenlernens ist es nicht, dass die Kinder ihre „Lieblingswörter" richtig schreiben. Vielmehr müssen die Kinder letztlich alle Wörter, die beispielsweise mit Doppelvokal geschrieben werden, richtig schreiben können und nicht nur das Wort *Zoo*. Aus diesem Grunde muss die Motivation nicht aus einzelnen Wörtern, sondern aus dem Ziel heraus erwachsen: *Ich will so schreiben können wie die Erwachsenen.* Diese grundlegende Zielmotivation ist nur tragfähig, wenn sie durch drei Bedingungen ergänzt wird:

- **Übersichtliche Lernschritte:** Der Weg zum Ziel muss für Kinder überschaubar sein. Sie müssen eine Vorstellung davon haben, was auf sie zukommt, wenn sie lernen wollen, so wie die Erwachsenen zu schreiben. Diese Funktion übernimmt das Bild der Rechtschreibwerkstatt mit den einzelnen Zimmern. Sie ordnet die Rechtschreibung und macht den Lernweg überschaubar. Dabei muss die Schrittfolge nicht zwingend für jedes Kind die gleiche sein.
- **Erfolgsrückmeldung:** Die Kinder brauchen konsequente Rückmeldung darüber, wie weit sie auf dem Weg zum orthografisch richtigen Schreiben vorangekommen sind. Die qualitative Analyse von Kindertexten (SOMMER-STUMPENHORST: Testauswertung, Warendorf 2001) ermöglicht hier eine konkrete Rückmeldung über den Lernertrag. Sie zeigt den Kindern zugleich, was sie durch ihr Üben erreicht haben. Indem die Analyse an den gleichen Kriterien orientiert ist wie die Ordnung der Rechtschreibung, strukturiert sie auch den weiteren Lernweg.
- **Interesse am Lerngegenstand:** Lerngegenstand ist die Rechtschreibung und sind nicht einzelne, richtig zu schreibende Wörter. Bei den Kindern ist ein Interesse für diesen Lerngegenstand zu wecken. Ihnen muss vermittelt werden, dass es in der Ordnung der Rechtschreibung viele interessante Dinge zu entdecken gibt.
  Beispiele: Warum schreiben wir am Wortanfang *st* und *sp*, andererseits aber *schl, schm, schn* usw.? Warum kennzeichnen wir nur das lang gesprochene /:i/ ganz regelhaft mit *e*? Wo kommen die Buchstaben her und wie sind sie entstanden? Warum gibt es in anderen Ländern andere Buchstaben? Wie kommt es, dass wir den Konsonanten verdoppeln, wenn der Vokal kurz gesprochen wird? (Hinweise hierzu finden Sie bei Graf Ortho: www.rechtschreibwerkstatt.de.)
  Dabei gibt es durchaus auch auf einzelne Wörter ausgerichtete, spannende Entdeckungen zu machen. Warum schreiben wir *Lärm* (und nicht

Lerm), *Bus* (und nicht *Buss*), *Vater* (und nicht *Fater*), *Computer* (und nicht *Kompjuter*), *Katze* (und nicht *Kazze*) usw.?
Es kommt darauf an, bei den Kindern ein Interesse dafür zu wecken, die Rechtschreibung zu hinterfragen und ein Gespür für durchgängige Prinzipien zu entwickeln.
Die Arbeit mit einem Modellwortschatz bietet viele Möglichkeiten, dem Sinn der Rechtschreibung auf die Spur zu kommen und dadurch die Zielmotivation aufrechtzuerhalten.

1.2 Modellwortschatz und Materialien

Um mit den Modellwörtern sinnvoll arbeiten zu können, ist es hilfreich, diese auf Karteikarten zu schreiben. So können immer wieder neue Gruppierungen und eigene Wörterlisten mit besonderen rechtschriftlichen Phänomenen erstellt werden (siehe Kap. 1.3 und Kap. 2). Damit sich die Kinder auch selbstständig und in Partnerarbeit die verschiedenen rechtschriftlichen Phänomene erarbeiten können, ist es notwendig, dass sie für die verschiedenen Übungsaufgaben Lösungsvorgaben zur Verfügung haben. Wenn die Kinder beispielsweise die Modellwörter nutzen wollen, um die Bestimmung der Wortart zu üben, dann benötigen sie auch die Lösung. Um diese selbstständige Arbeit zu ermöglichen, habe ich Karteikarten mit den Modellwörtern erstellt. Diese enthalten auf der Vorderseite das Wort (siehe S. 28 ff.) und auf der Rückseite die Lösungen für die verschiedenen Übungen zu den Lernbereichen (siehe S. 30 ff.). Die Karteikarten des Modellwortschatzes und Zusatzmaterialien sind erhältlich im „Colli-Online-Shop" unter: www.rechtschreib-werkstatt.de.

Natürlich können Sie auch eigene Karten mit den Wörtern des Modellwortschatzes erstellen. Allerdings stehen den Kindern dann keine Lösungskontrollen für die verschiedenen Übungen zur Verfügung.

Aufbau des Modellwortschatzes

Der Modellwortschatz, den ich hier vorstelle, enthält zu allen rechtschriftlichen Regelungen, Besonderheiten und Ausnahmeschreibungen auf der Laut- und Wortebene, die Kinder bis zur Klasse 6 lernen sollen, prototypische Wörter. In seinem Aufbau folgt er den Lernstufen und der Ordnung der Rechtschreibung. Er ist in drei Teile mit jeweils 320 Modellwörtern unterteilt (siehe Kap. 3):

Teil 1:	LB	=	Laut-Buchstaben-Zuordnung
Teil 2:	LD	=	Durchgliederung
	LV	=	lang und kurz gesprochene Vokale
	WU	=	Ableitungen und Wortumformungen
	WZ	=	zusammengesetzte Wörter
Teil 3:	A	=	Ausnahmeschreibungen
	F	=	Fremdwörter

Für den Lernbereich WA (Wortart bestimmen) gibt es keine eigenen Modellwörter. Hierfür können alle Wörter des Modellwortschatzes genutzt werden (siehe die Beschreibung zu den Übungen in den Einführungen zu den Lernbereichen).

Die Wörter der einzelnen Lernbereiche sind so ausgewählt, dass sie weitgehend keine Schwierigkeiten aus höheren Lernstufen enthalten. Dieses Prinzip ist jedoch nicht ganz durchzuhalten. Einzelwörter, die auch Prinzipien von höheren Lernbereichen enthalten, sind in der Zusammenstellung kursiv gedruckt.

Aufbau der Karteikarte – Vorderseite

Auf der Vorderseite der Karteikarte ist das Übungswort durch fette Druckschrift hervorgehoben. Darüber hinaus enthält die Karteikarte das Übungswort im Satzzusammenhang, Piktogramme für die verschiedenen Übungen und ein Feld mit Übersetzungen des Übungswortes in 14 verschiedene Sprachen (siehe Abb. S. 29).

Name des Kindes: Wenn die Karteikarten als Wörterkarten für die Kinder eingesetzt werden, sollten die Kinder auf jeder Karteikarte eine Abkürzung ihres Namens oder eine Zahl vermerken. So können versehentlich gemischte Karteikartensätze mit wenig Mühe wieder getrennt werden.

Das Wort im Satz: Es werden nach Möglichkeit Sätze verwendet, die mit der bis zu diesem Zeitpunkt aufgebauten Rechtschreibkompetenz korrekt geschrieben werden können. Die Sätze sollen vor allem Kindern mit anderer Muttersprache helfen, die Bedeutung des Wortes zu verstehen.

Piktogramme: Für die verschiedenen Übungen, die mit dem Modellwortschatz durchgeführt werden können, sind auf der Karteikarte verschiedene Piktogramme angegeben. Sie bedeuten:

Wort abschreiben/kennen lernen

Partnerdiktat

Such- und Sortieraufgaben

LV Übungen zu lang oder kurz gesprochenen Vokalen

WA Übungen zur Bestimmung der Wortart

WU Übungen zur Wortumformung

WZ Übungen zur Wortbildung (zusammengesetzte Wörter)

Bearbeitung der weiterführenden Hinweise

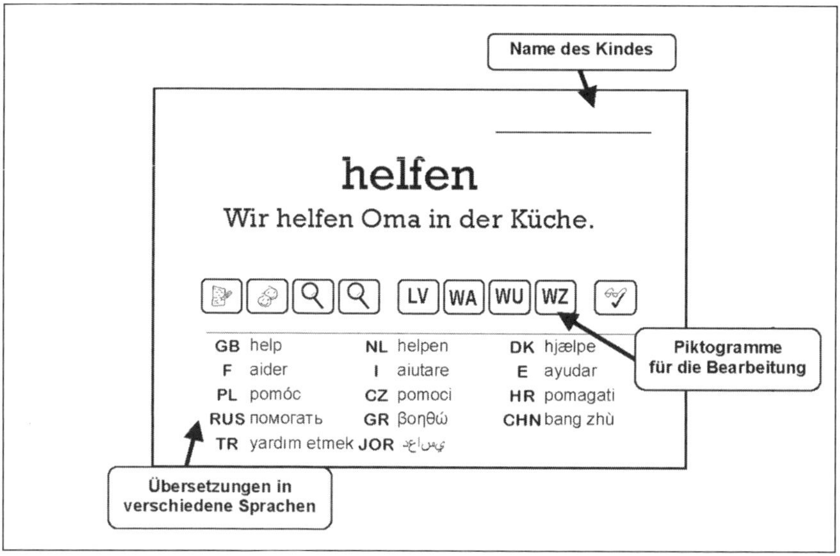

Übersetzungen: Für zwölf europäische Sprachen sowie für eine arabische Sprache (Silbenschrift) und das Chinesische (Wortzeichen) ist die Übersetzung des Wortes angegeben. Diese Übersetzungen können für vielfältige

Übungen verwendet werden: für die Begegnung mit Sprachen, für ausländische Kinder und für die Untersuchung von Schriftsprache in anderen Ländern usw. Folgende Länderkennzeichen wurden verwendet:

Germanische Sprachen		Romanische Sprachen		Slawische Sprachen		Sprachen mit anderen Buchstaben/Zeichen	
GB	Englisch	F	Französisch	PL	Polnisch	RUS	Russisch
NL	Niederländisch	I	Italienisch	CZ	Tschechisch	GR	Griechisch
DK	Dänisch	E	Spanisch	HR	Kroatisch	CHN	Chinesisch
						TR	Türkisch
						JOR	Jordanisch

Aufbau der Karteikarte – Rückseite

Auf der Rückseite der Karteikarte sind Lösungshilfen für verschiedene Übungen aufgeführt.

Nummerierung: Alle Wörter des Modellwortschatzes sind fortlaufend nummeriert (von 1 bis 960). Dies erleichtert bei einigen Übungen die Lösungsangabe und das Auffinden einzelner Karteikarten. Neben der Nummerierung ist der Lernbereich angegeben, dem dieses Wort zugeordnet wurde. Sollen die Kinder beispielsweise alle Wörter mit *ng* heraussuchen, dann können ihnen anschließend als Lösung der Lernbereich (LB 11) und die Kartennummern 276 bis 287 angegeben werden.

Wortart: Oben rechts auf der Karteikarte ist die Wortart angegeben: Nomen/Verb/Adjektiv/sonstige Wörter. Die Ziffern hinter der Bezeichnung Nomen kennzeichnen verschiedene Gruppen der Nomen (1 = Namen, 2 = Konkreta, 3 = Abstrakta, 4 = Kollektivbezeichnungen, Maße, Zeiten usw.). Die Übungen werden beim Lernbereich WA näher erläutert.

Lang/kurz gesprochener Vokal: Für die Übungen zum Heraushören lang und kurz gesprochener Vokale ist in der zweiten Zeile eine Lösungshilfe angegeben. Eine genauere Beschreibung der Übung finden Sie in der Anleitung zum Lernbereich LV.

Wortumformungen: Zu Nomen, Adjektiven und Verben sind Flexionsformen angegeben. Bei Nomen: Artikel, Singular und Plural; bei Verben: 1., 2. und 3. Person Singular; bei Adjektiven: Grundform, Komparativ und Superlativ. Die Übungen hierzu sind in der Anleitung zum Lernbereich WU beschrieben.

Wortbildung: Im mittleren Feld sind beispielhaft einige, mit dem Stammwort zusammengesetzte und von diesem abgeleitete, Wörter aufgeführt. Die Wortbildungen sind in folgende Bereiche unterteilt:

V = Verben und Wörter mit Vorsilben
N = Nomen zum Stammwort und Nomenbildungen durch Nominalsuffixe (hier sind auch Nomen mit Vorsilben aufgeführt)
A = Adjektive zum Stammwort und Adjektivbildungen durch Adjektivsuffixe
P = Personenbezeichnungen zum Stammwort
S = Sonstige Wortbildungen, Kollektivbezeichnungen und Verkleinerungsformen
Z = Wortzusammensetzungen

Weitere Hinweise und Übungsmöglichkeiten finden Sie in der Anleitung zum Lernbereich WZ.

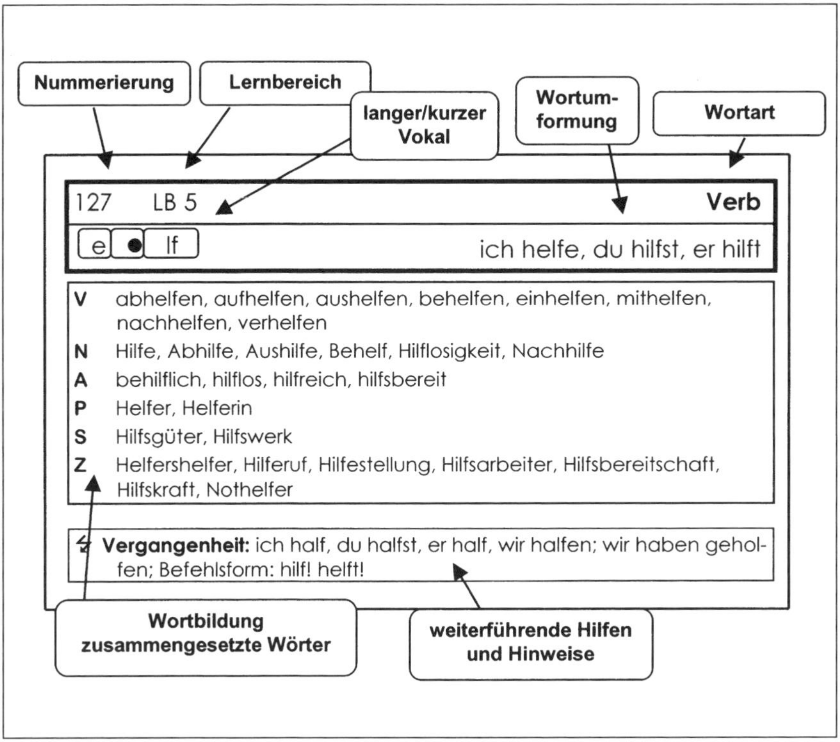

Weiterführende Hinweise: Im unteren Feld sind weiterführende Hinweise zur Rechtschreibung, zur Herkunft des Wortes und zu den Übersetzungen. Die verwendeten Piktogramme bedeuten:

☺ Hinweise zur Rechtschreibung
↯ unregelmäßige Verben
👍 Erläuterungen zur Herkunft des Wortes
✈ Hinweise auf Fremdsprachen
☯ gleich klingende Wörter mit verschiedenen Bedeutungen

Diese Hinweise bieten vor allem schnell lernenden und sprachlich begabten Kindern Anreize zum Nachdenken und Weiterlernen.

1.3 Grundübungen mit dem Modellwortschatz

Die Wörter des Modellwortschatzes können für verschiedene Übungen genutzt werden. In diesem Kapitel beschreibe ich die Handhabung im Unterricht (siehe S. 34 f.), den Umgang mit der Wörterkiste (siehe S. 48 ff.) und die Grundübungen (siehe S. 34 ff.), die mit den Wörterkarten des Modellwortschatzes durchgeführt werden können:

- Abschreibübung
- Partnerdiktat
- Sortieraufgaben
- Suchaufgaben und Aufgaben zum Nachdenken

Setzen Sie vorgefertigte Karteikarten ein, stehen den Kindern auf der Karteikartenrückseite Lösungshilfen zur Verfügung. Die meisten Übungen werden als Partnerübungen durchgeführt. Dies ist insbesondere für Übungen in den Lernbereichen auf der Lautebene sinnvoll.

Rechtschreibgespür entwickeln

Die Arbeit mit einem Modellwortschatz unterscheidet sich grundlegend von der Wörterarbeit mit einer herkömmlichen Lernkartei. Bei einer Lernkartei werden die Wörter mehrfach (meist auf gleiche Weise) mit dem Ziel geübt, dass die Kinder lernen, *dieses* geübte Wort richtig zu schreiben. Nach diesem Prinzip ist auch das Üben mit der Fünf-Fächer-Lernkartei aufgebaut.

Der Sinn der Übungen mit einem Modellwortschatz ist dagegen, dass die Kinder ein bestimmtes Konstruktionsprinzip der Rechtschreibung immer wieder anwenden und damit verinnerlichen, also ein Rechtschreibgespür entwickeln. Darüber hinaus sollen die Kinder durch Such- und Sortieraufgaben die Wörter nach bestimmten Verschriftungsprinzipien ordnen und Regelhaftigkeiten selbst herausfinden (Eigenregeln formulieren). Der Modellwortschatz bietet den Kindern ein Lern- und Erfahrungsangebot, das sie für die verschiedenen Lernbereiche nutzen können.

Bei der Auswahl der Übungen lassen sich die Kinder von den Lernbereichen (Zimmer in der Rechtschreibwerkstatt) leiten. Die Übungen zu einem Lernbereich werden nur so lange durchgeführt, bis das Kind die Rechtschreibprinzipien dieses Lernbereichs verinnerlicht hat und keine Privatschreibungen mehr in diesem Lernbereich vorkommen.

Auf der Vorderseite der Karteikarten ist vermerkt, welche Übungen mit dieser Wörterkarte durchgeführt werden können. Dasselbe Wort kann in mehreren Lernbereichen genutzt werden.

Es gibt zwar für die einzelnen Lernbereiche sinnvolle Übungsfolgen. Dennoch wird man die Kinder, um sie zu eigenverantwortlichem Üben anzuleiten, in der Regel selbst entscheiden lassen, welche Übungen sie durchführen wollen. Die Lernverlaufskontrolle und die Rückmeldung über den Lernfortschritt können dann genutzt werden, um bei den Kindern eine Methodenkompetenz aufzubauen: *Welche Übungen haben mir geholfen, besser zu werden?*

Organisation im Unterricht

Für die Arbeit mit der Lernkartei braucht jedes Kind einen Kartensatz des Modellwortschatzes und einen Karteikasten. Der Karteikasten sollte so groß sein, dass etwa 1000 Karteikarten darin Platz haben.

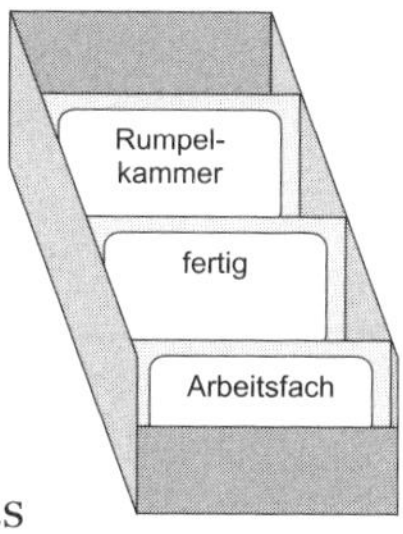

Der Karteikasten wird in drei Fächer unterteilt. Das erste Fach enthält die Wörterkarten, die von dem Kind gerade bearbeitet werden. Im zweiten Fach werden die fertig bearbeiteten Karten abgelegt. Im letzten Fach sammeln die Kinder „ihre" Rumpelkammerwörter (siehe S. 45 ff.).

Zunächst werden **alle** Wortkarten eines Lernbereichs (z. B. alle Karteikarten aus dem Lernbereich LB) in das „Arbeitsfach" gelegt.

Sie zeigen den Kindern nun die erste Übung (z. B. abschreiben) und üben sie mit ihnen ein. Ebenso vermitteln Sie ihnen, welches Piktogramm sie auf der Karteikarte durchstreichen sollen und wie sie die durchgeführte Übung in einen Protokollbogen (den Rechtschreibpass) eintragen. Auf gleiche

Weise vermitteln Sie den Kindern auch die zweite Übung (Partnerdiktat) und zum Schluss den Umgang mit Such- und Sortieraufgaben. Jede einzelne Übung üben Sie mit den Kindern so lange ein, bis der Übungsablauf von ihnen sicher beherrscht wird.

Bei jeder Übung sortieren die Kinder die bearbeiteten Wörterkarten in das Fach „fertig". Beginnen sie mit einer neuen Übung, werden alle Wörter zurück ins „Arbeitsfach" gelegt. Da die Kinder auf der Vorderseite der Karteikarte bei jeder Übung, die sie durchgeführt haben, das dazugehörige Piktogramm durchgestrichen haben, können sie jederzeit mit einer Übung weiterarbeiten, auch wenn die Karteikarten durch eine andere Übung in der Zwischenzeit vermischt wurden (siehe Beispiel S. 48 ff.).

Durch diese Vorgehensweise wird es möglich, dass die Kinder mit den Wörtern verschiedene Übungen durchführen, bis sie in einem bestimmten Lernbereich sicher sind. Andererseits brauchen die Kinder aber auch keine Wörter zu üben, die sie im Prinzip schon richtig schreiben (konstruieren) können. Damit werden unnötige Übungen vermieden.

Standardübungen

Abschreiben

Ziel der Abschreibübung ist es, dass die Kinder eine effiziente Arbeitstechnik kennen lernen und so verinnerlichen, dass Verschreibungen gar nicht erst vorkommen: *„Versuche das Wort direkt richtig zu schreiben; überprüfe sofort, was du geschrieben hast!"* Folgende Vorgehensweise wird mit den Kindern eingeübt:

1. Wort so lesen, wie es geschrieben wird (z. B. [l-e-s-e-n] und auf Besonderheiten im Wort achten. Die Kinder sollten solche Besonderheiten entweder markieren oder verbalisieren, z. B. *Haus* wird groß geschrieben oder *Mutter* mit zwei *t*.
   Die Karteikarte umdrehen oder weglegen.
2. Das Wort schreiben und beim Schreiben mitsprechen.
3. Das geschriebene Wort noch einmal genau lesen: *„Lies genau, was du geschrieben hast!"*
   Nicht korrekt geschriebene Wörter werden mit einem Lineal durchgestrichen und neu geschrieben.
4. Nach der Bearbeitung wird das Aufgabensymbol durchgestrichen.
   Die Karteikarte in das Fach „fertig" einsortieren.

Ziel dieser Übung ist es, dass die Kinder die Handhabung und den Umgang mit den Karteikarten des Modellwortschatzes kennen lernen. Es ist wichtig, nach der Einführung den Prozess bei den Kindern zu beobachten und unterstützend einzugreifen, wenn es zu Verschreibungen kommt.

Beispiel Das Kind hat beim Schreiben eines Wortes einen Buchstaben ausgelassen. Hilfestellung durch die Lehrerin oder den Lehrer: *Lies dieses Wort* (auf das geschriebene Wort des Kindes zeigen) *noch einmal genau! – Nun lies noch einmal das Wort von der Karteikarte! – Wie kannst du eine solche Verschreibung vermeiden?* Mögliche Lösungen mit dem Kind besprechen. Lösungen könnten sein: *a) Lies das Wort so, wie es geschrieben wird! b) Sprich beim Schreiben mit! c) Lies nach jedem Wort, das du geschrieben hast, noch einmal genau, was du geschrieben hast!*

Die Abschreibübung sollte so lange mit den Kindern eingeübt werden, bis diese die Handhabung verinnerlicht haben und mit großer Sicherheit richtig abschreiben können. Erst dann sollte mit den Kindern die nächste Übung, das Partnerdiktat, eingeübt werden.

Wenn die Kinder das Abschreiben richtig eingeübt und die Vorgehensweise automatisiert haben, werden auch Kontrollen der abgeschriebenen Wörter überflüssig. Ich kontrolliere die Abschreibübung nur sehr selten und – wenn überhaupt – nur in kleinen Stichproben, weil ich mich weitgehend darauf verlassen kann, dass die Kinder die Wörter richtig abschreiben.

Wesentliches Ziel beim Durcharbeiten eines Lernbereichs ist, dass die Kinder das Gestaltungsprinzip verinnerlichen. Wirksamer als das gehäufte Schreiben der jeweiligen Modellwörter ist es, die Kinder analoge (also nach gleichen Prinzipien aufgebaute), schreibähnliche Wörter suchen und schreiben zu lassen. Beispielaufgaben zur Analogiebildung sind in den Beschreibungen zu den einzelnen Lernbereichen aufgeführt.

Wörter schreiben

Bei der Abschreibübung wird zugleich auch das lesbare Schreiben der Wörter mit geübt.

Die Kinder schreiben die Wörter untereinander in ihr Abschreibheft, jeweils ein Wort pro Zeile. Dann ziehen sie neben dieser Wörterliste einen senkrechten Strich und schreiben die nächsten Wörter in die zweite Spalte.

Bach	frech
Bank	Geschichte
Bauch	Gesicht
~~bauchen~~	
brauchen	
bringen	
Buch	
danken	
denken	
einfach	
eng	
Fach	
fangen	

Das Schreiben in Spalten ist übersichtlich und die Anzahl der geübten Wörter kann sehr schnell zusammengezählt und in den Rechtschreibpass eingetragen werden.

Mit den Kindern wird vereinbart, dass sie bei Verschreibungen das Wort sauber (mit dem Lineal) durchstreichen und darunter noch einmal neu schreiben. So kann die Lehrerin leicht sehen, bei welchen Wörtern das Kind noch Schwierigkeiten hat.

Diese Arbeitstechniken sollten mit den Kindern genau eingeübt werden. So ist es beispielsweise für Kinder nicht selbstverständlich, Wörter lesbar untereinander zu schreiben und für den senkrechten Strich ein Lineal zu benutzen. Je mehr bei der Einführung auf solche „Kleinigkeiten" Wert gelegt wird, desto eher werden Kinder eine Gewohnheit ausbilden und das Lineal benutzen. Es sind gerade diese „Kleinigkeiten", die letztlich zu einem genauen Arbeiten und damit zu einem sauberen und ordentlichen Schreibprodukt führen.

Die Abschreibübung ist im Vergleich zu den anderen Standardübungen weniger ertragreich. Sie ist jedoch gerade deshalb am Anfang wichtig, da hier in Einzelarbeit der Umgang mit einer Wörterkartei und die verschiedenen benötigten Arbeitstechniken mit den Kindern eingeübt und Gewohnheiten gebildet werden können.

Wenn das Übungsheft nicht nur für die Lernkarteiübungen, sondern auch für die Abschreibübungen genutzt und als Schönschreibheft eingeführt wird, haben die Kinder alle wichtigen Übungen zum Rechtschreiben in einem Heft gesammelt. Dies erleichtert es der Lehrerin, einen Überblick darüber zu erhalten, was das Kind in den Trainingsstunden gearbeitet hat.

Partnerdiktat

Das Partnerdiktat hat **keine Kontrollfunktion**. Es ist eine eigenständige Übungsform, mit der die Kinder (je nach Lernstand) verschiedene Schreibtechniken, vor allem aber das Mitsprechen beim Schreiben, üben können. Die Aufgabe beim Partnerdiktat lautet:

Diktiere so, dass dein Partner das Wort mit Sicherheit richtig schreibt. Sprich das Wort so, wie es geschrieben wird.

Um dies zu erreichen, muss das diktierende Kind das Wort buchstabengenau lesen, deutlich sprechen (dehnsprechen) und dabei das gelesene Wort in eine „Schreibsprache" übertragen. Damit bekommt das schreibende Kind eine lautgetreue Vorgabe für das eigene Mitsprechen beim Schreiben. Implizit werden beide Kinder auf die Abweichung zwischen dem gesprochenen und geschriebenen Wort aufmerksam. Das führt zu einer sofortigen Korrektur auf beiden Seiten. Das eine Kind wird lernen noch deutlicher zu sprechen, das andere Kind lernt, beim Schreiben genauso deutlich mitzusprechen.

Solange ein Kind noch nicht im Lernbereich WA (Wortart bestimmen) arbeitet, wird die Großschreibung mitdiktiert. Das diktierende Kind ist dafür verantwortlich, dass das diktierte Wort richtig geschrieben wird. Es muss sofort eingreifen und weitere Hilfen geben, wenn das andere Kind etwas nicht korrekt schreibt.

Beispiel Kind 1 diktiert: [les n], [l-e-s-e-n] oder: [mut] – [m-u-t t-e-r] mit großem [m] am Anfang. Kind 2 schreibt und spricht leise mit.

Wie ertragreich diese Übung insbesondere in den Lernbereichen auf der Lautebene ist, hängt beim diktierenden Kind davon ab, ob es durch das deutliche Vorsprechen auf Abweichungen zwischen dem gesprochenen und geschriebenen Wort aufmerksam wird. Der Ertrag des schreibenden Kindes hängt wesentlich davon ab, ob das Kind beim Schreiben mitspricht.

Am Anfang kommt es zwischen Kindern bei Verschreibungen gelegentlich zu Unstimmigkeiten. Kind 2 behauptet, dass Kind 1 nicht richtig diktiert hat, was von Kind 1 natürlich bestritten wird. Mein Standardkommentar hierzu ist:

Wer schreibt, hat Recht. Also sprich so deutlich und gib so viele Hilfen, dass Verschreibungen nicht vorkommen.

Diese Festlegung soll dazu führen, dass die Kinder beim Diktieren deutlich und in einer Schreibsprache sprechen. Nur dadurch werden sie auf Abweichungen zwischen gesprochenem und geschriebenem Wort aufmerksam und können so ihr Sprachgespür und ihre Aussprache verbessern.

Einigen Kindern gelingt das Mitsprechen beim Schreiben nicht. Dies sind einerseits Kinder mit motorischen Schwierigkeiten und andererseits Kinder mit Sprachproblemen. Beiden gelingt die Koordination von Mund- und Handmotorik nicht, da ihr Gehirn zu sehr mit der Steuerung der Sprache (Kinder mit Sprachschwierigkeiten) oder der Schreibung (Kinder mit motorischen Schwierigkeiten) beschäftigt ist.

Hier gebe ich den diktierenden Kindern den Hinweis: *Setze dich so, dass du mitverfolgen kannst, was dein Partner schreibt (setz dich also beim Rechtshänder links neben ihn), und sprich genau, was er schreibt. Halte den Klang des Buchstabens so lange an, bis dein Partner den Buchstaben zu Ende geschrieben hat.*

Durch diese erweiterte Anweisung wird das Partnerdiktat zur besten Übung zum Aufbau des Mitsprechens.

Detaillierte Anweisungen zu den Partnerdiktatübungen sind in den Beschreibungen zu den einzelnen Lernbereichen aufgeführt.

Wenn das Kind das Wort geschrieben hat, kann das diktierende Kind das Piktogramm für die Partnerübung durchstreichen. Da es bei Verschreibungen sofort eingreift, muss demnach jedes Wort richtig geschrieben sein. Demzufolge wird das Piktogramm auch immer durchgestrichen.

Damit die Kinder und die Lehrerin einen schnellen Überblick darüber gewinnen können, was das Kind geübt hat, werden alle Übungen in ein Protokollheft (Rechtschreibpass) eingetragen. Es ist sinnvoll, für die verschiedenen Übungen auch verschiedene Protokollbögen anzufertigen.

Hier ein Beispiel für einen Protokollbogen zur Abschreibübung und zum Partnerdiktat:

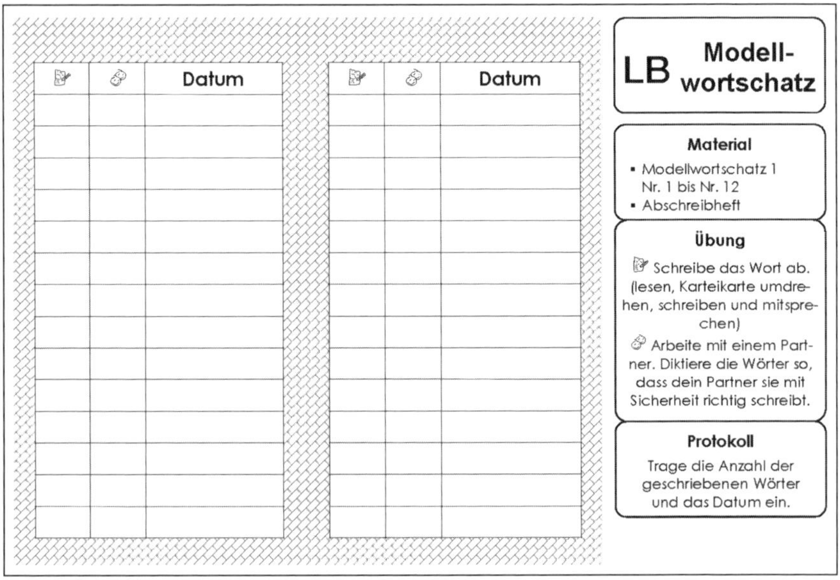

		Datum			Datum

LB Modell-wortschatz

Material

- Modellwortschatz 1 Nr. 1 bis Nr. 12
- Abschreibheft

Übung

Schreibe das Wort ab. (lesen, Karteikarte umdrehen, schreiben und mitsprechen)

Arbeite mit einem Partner. Diktiere die Wörter so, dass dein Partner sie mit Sicherheit richtig schreibt.

Protokoll

Trage die Anzahl der geschriebenen Wörter und das Datum ein.

In die linken beiden Spalten können die Kinder die Anzahl der geschriebenen Wörter und rechts das Datum eintragen. So haben die Kinder und die Lehrerin einen schnellen Überblick über die durchgeführten Übungen.

Sortieraufgaben

Die Wirksamkeit der Abschreibübungen wird verstärkt, wenn Kinder durch gezielte Arbeitsaufträge Wörterlisten mit bestimmten Rechtschreibphänomenen selbst erstellen. Dabei wird die Aufmerksamkeit des Kindes auf ein spezifisches Phänomen ausgerichtet. Diese aktive Auseinandersetzung ist sehr ertragreich. Am besten ist es, diese Übungen in Partnerarbeit durchzuführen. Ein Kind liest das Wort, das andere Kind spricht es nach und löst die Aufgabe. Das erste Kind kontrolliert die Lösung anhand der Schreibung oder durch die Lösungshilfen auf der Karteikartenrückseite.

Um die Handhabung der Sortieraufgabe zu vereinfachen, ist es sinnvoll, den Kindern für die Aufgabe passende Sortiertafeln zur Verfügung zu stellen. Diese können allgemein gehalten werden und lediglich aus einem „Ja-Feld“ und einem „Nein-Feld“ bestehen.

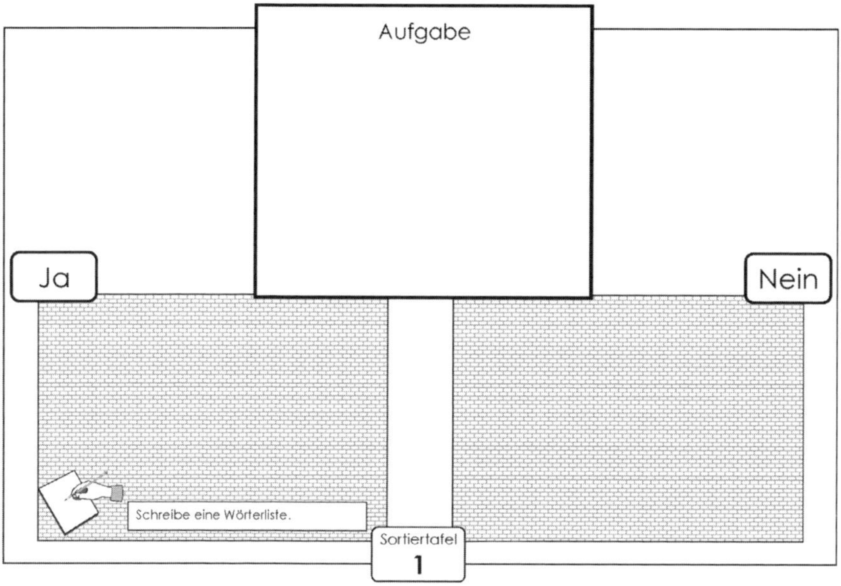

Die Sortieraufgaben können entweder durch Aufgabenkarten oder durch Übersichten im Rechtschreibpass gestellt werden. Hier ein Beispiel für eine Übersichtstabelle zum Lernbereich LD:

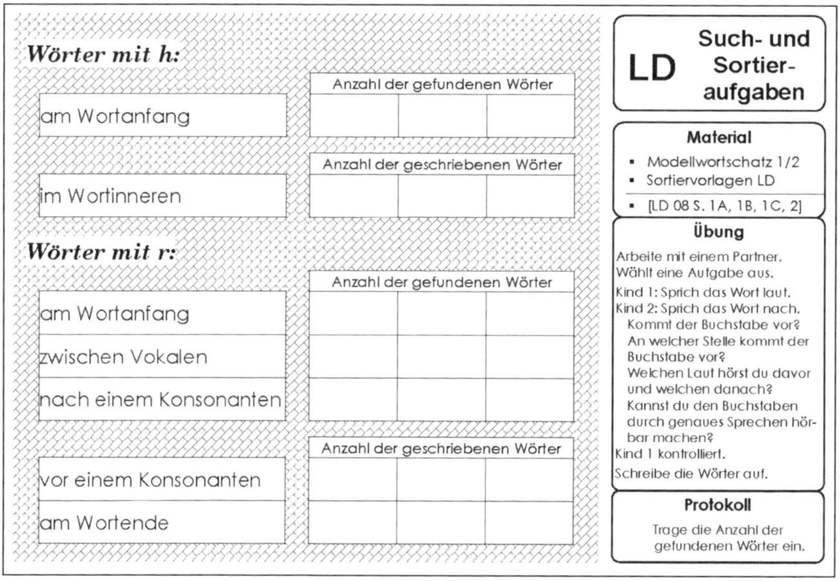

LD **Such- und Sortier-aufgaben**

Wörter mit h:

- am Wortanfang
- im Wortinneren

Anzahl der gefundenen Wörter		

Anzahl der geschriebenen Wörter		

Wörter mit r:

- am Wortanfang
- zwischen Vokalen
- nach einem Konsonanten
- vor einem Konsonanten
- am Wortende

Anzahl der gefundenen Wörter		

Anzahl der geschriebenen Wörter		

Material

- Modellwortschatz 1/2
- Sortiervorlagen LD
- [LD 08 S. 1A, 1B, 1C, 2]

Übung

Arbeite mit einem Partner.
Wähle eine Aufgabe aus.
Kind 1: Sprich das Wort laut.
Kind 2: Sprich das Wort nach.
Kommt der Buchstabe vor?
An welcher Stelle kommt der Buchstabe vor?
Welchen Laut hörst du davor und welchen danach?
Kannst du den Buchstaben durch genaues Sprechen hörbar machen?
Kind 1 kontrolliert.
Schreibe die Wörter auf.

Protokoll

Trage die Anzahl der gefundenen Wörter ein.

Nach der Aufgabenstellung im Protokollbogen des Rechtschreibpasses (siehe Beispiel oben) suchen die Kinder zunächst Wörter, in denen das [r] gesprochen wird (*r* am Wortanfang, zwischen Vokalen und nach einem Konsonanten), und dann Wörter, in denen es normalerweise nicht gesprochen wird, aber durch überdeutliches Sprechen hörbar gemacht werden kann (*r* vor einem Konsonanten und am Wortende). Indem die Kinder die aussortierten Wörter sprechen und aufschreiben, entwickeln sie ein Gespür für das vokalische *r*.

In den unteren Klassen der Grundschule kann es aber auch sinnvoll sein, für die einzelnen Aufgaben in den Lernbereichen differenzierte Sortiertafeln anzubieten. Hier ein Beispiel für eine Sortiertafel aus dem Lernbereich LV. Die Kinder sortieren zunächst die Wörter nach der Länge des Vokals.

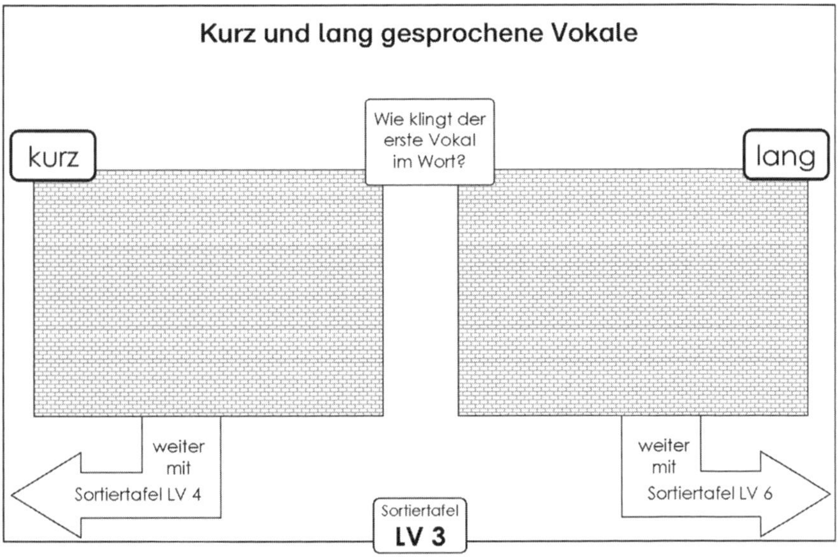

Die auf das Feld „kurz" sortierten Wörter mit kurz gesprochenem Vokal werden dann in einem nächsten Schritt erneut bearbeitet (siehe Abb. S. 41, oben).

In diesem zweiten Schritt achten die Kinder nun darauf, wie viele Konsonanten sie nach dem kurz gesprochenen Vokal hören. Auf dem linken Feld haben die Kinder nun alle Wörter mit Doppelkonsonantenschreibung erfasst (siehe Abb. S. 42, unten).

In einem letzten Schritt können diese Wörter nun nach dem Vokal oder dem Folgekonsonanten sortiert und dann als Wörterliste geschrieben wer-

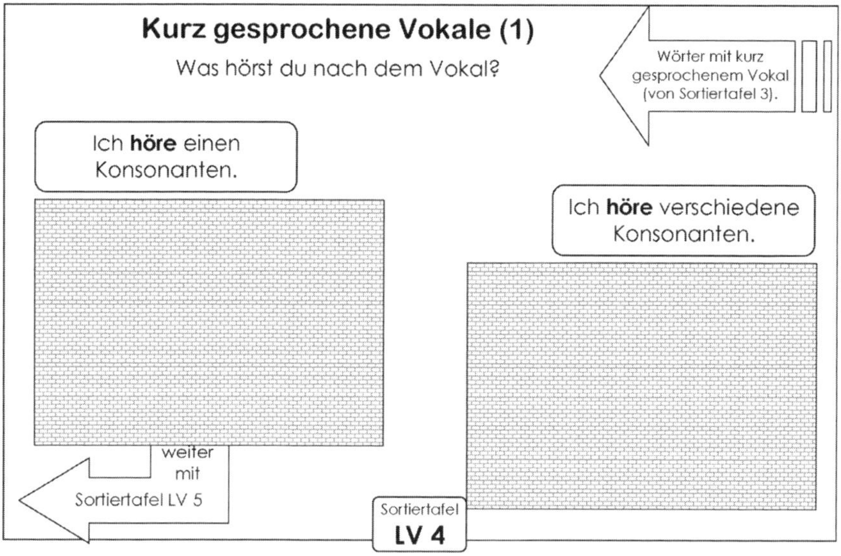

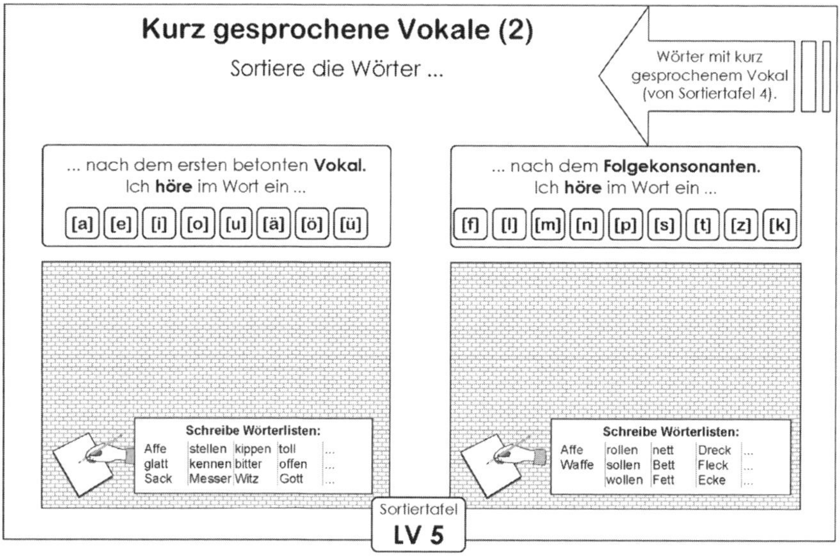

den. Durch die mehrfache Sortierung der Wörter werden die Kinder auch auf das der Doppelkonsonantenschreibung zu Grunde liegende Prinzip aufmerksam gemacht.

Es ist wichtig, die Sortieraufgaben immer durch eine Schreibaufgabe zu ergänzen: *Schreibe die gefundenen Wörter als Wörterliste auf!* Auf der Karteikarte streichen die Kinder das Bearbeitungssymbol für die Sortieraufgabe erst dann durch, wenn sie das Wort auch geschrieben haben.

Wenn das Wort bei mehreren Suchaufgaben gefunden und geschrieben wurde, werden die Piktogramme für die Suchaufgabe mehrfach durchgestrichen.

Die Sortieraufgaben sind die wichtigsten und ertragreichsten Übungen mit dem Modellwortschatz. Da hier die Aufmerksamkeit der Kinder auf ein spezifisches Phänomen der Rechtschreibung ausgerichtet wird, können sie leicht ein Gespür für dieses Phänomen entwickeln.

Diese Übung ist dann besonders wirksam, wenn …

- … das Wort deutlich vorgesprochen wird.
  So nutzen die Kinder diese Übung zugleich auch als Sprachübung zur Ausbildung einer hochdeutschen und deutlichen Aussprache.
- … das Wort deutlich nachgesprochen wird.
  Das Nachsprechen des Wortes ist als Korrektiv für das Vorsprechen äußerst wichtig. Es führt zudem dazu, dass die Kinder die Suchaufgabe nicht vom *Hören*, sondern vom selbst gesprochenen Wort ausgehend lösen.
- … die Aufmerksamkeit auf ein bestimmtes Phänomen ausgerichtet wird.
  Diese Umorientierung der Aufmerksamkeit wird durch die Entscheidung, ob das gesuchte Phänomen im Wort vorkommt oder nicht, erreicht.
- … die aussortierten Wörter anschließend geschrieben werden.
  Indem die Kinder die aussortierten Wörter schreiben, können sie das zuvor durch die Sprech- und Sortierübung gestärkte Sprachgespür zu einem Rechtschreibgespür weiterentwickeln.

Auch bei dieser Übung ist es wichtig, in der Einführungsphase den genauen Ablauf der Übung mit den Kindern so weit einzuüben, dass er automatisiert abläuft. Hilfreich ist es hierfür, den Ablauf durch *Signalwörter* zu strukturieren:

- **vorsprechen:** Kind 1 liest das Wort deutlich vor.
- **nachsprechen:** Kind 2 spricht das Wort deutlich nach.
- **entscheiden:** Kind 2 entscheidet, ob der gesuchte Laut/Buchstabe usw. in dem Wort vorkommt oder nicht.
- **schreiben:** Die Kinder schreiben die aussortierten Wörter als Wörterliste auf und sprechen beim Schreiben mit. Gegebenenfalls kann auch die besondere Stelle im Wort noch zusätzlich farbig unterstrichen werden.

Wenn Kinder diesen Ablauf nicht korrekt durchführen, setze ich mich für eine kurze Zeit neben sie und spreche die *Signalwörter*. Damit bekommen sie eine erneute Anleitung zum Ablauf der Übung. Dieses *Vormachen* korrigiert das Arbeitsverhalten sehr viel wirksamer als jede Ermahnung *(Das ist falsch, wie ihr das macht ...)* oder Korrektur *(Ich zeige euch noch einmal, wie ihr es richtig machen sollt ...).*

Besondere Schwierigkeiten: Kinder, die in einigen Rechtschreibbereichen besondere Schwierigkeiten haben, erhalten auf ihr spezifisches Problem ausgerichtete Suchaufträge.

Beispiel Ein Kind verwechselt häufig die Buchstaben *g* und *k*. Arbeitsauftrag: *„Suche alle Wörter mit K/k am Wortanfang! Sprich das Wort deutlich! Halte die Hand vor den Mund! Spürst du den Luftstrom? Dann wird auch ein k geschrieben. Schreibe das Wort auf!"* (Weitere Hinweise finden Sie ab S. 52).

Eigenregeln entwickeln: Mit Hilfe solcher Suchaufgaben können Kinder auch selbst Rechtschreibregelungen und -prinzipien herausfinden bzw. formulieren. Die aktive Rolle, die sie hierbei übernehmen, führt dazu, das implizite Rechtschreibgespür bewusst zu machen und Eigenregeln zu finden und zu überprüfen.

Beispiel *Wenn ich am Ende eines Wortes ein* [ɐ] *höre, dann schreibe ich immer* ***er***.

Anregungen für Aufgaben zur Entwicklung von Eigenregeln finden Sie in den Beschreibungen zu den einzelnen Lernbereichen (siehe Kap. 2).

Nicht immer müssen die Aufgaben mit Schreibübungen verbunden sein. Manchmal ist das Heraus**hören** lang und kurz gesprochener Vokale wichtig, bei anderen Regelungen muss ein kognitives Prinzip angewendet werden (z. B. Großschreibung der Nomen). Weitere ausführliche Beispiele für Such- und Sortieraufgaben werden in den Kapiteln zu den einzelnen Lernbereichen beschrieben.

Suchaufgaben und Aufgaben zum Nachdenken

Neben dem Sprachgespür ist es auch wichtig, dass die Kinder sukzessive ein Rechtschreibwissen aufbauen. Grundlage für die Entwicklung von Rechtschreibwissen ist das Rechtschreibgespür. Daher sollten die Aufgaben zum Nachdenken immer erst als letzte Übung in einem Lernbereich gestellt werden.

Ziel dieser Aufgaben zum Nachdenken ist es, dass die Kinder „Eigenregeln" entwickeln. Auf diese Eigenregeln können sie dann bei der Überarbeitung der selbst geschriebenen Texte (Textkorrektur) zurückgreifen. Damit die Kinder selbstständig arbeiten können, müssen die Aufgaben immer auch mit Hinweisen zur Lösung versehen werden. Hier ein Beispiel für eine Aufgabenkarte (Vorder- und Rückseite) nebst der zugehörigen Lösungskarte aus dem Lernbereich LB (siehe Abb. S. 44).

Aufgabenkarte

Vorderseite

1/3 **Lautfolge *st***

Material: Modellwortschatz Teil 1

1. suchen und entdecken **Partnerarbeit**
Erstellt eine Liste mit der Buchstabenfolge *st*:

Wortanfang	Wortinneres	Wortende
Stein	*Fenster*	*Ast*
...	...	...

Wie viele Wörter hast du im Modellwortschatz gefunden?

Wie klingt die Buchstabenfolge am Wortanfang, im Wortinneren und am Wortende?

Rückseite

1/3 **Lautfolge *st***

Sucht weitere Wörter mit *st*.
Prüft, ob *st* am Wortanfang immer anders klingt als im Wortinneren oder am Wortende.

Schreibt eure Beobachtung auf und besprecht sie mit anderen Kindern.

L

Lösungskarte

Vorderseite

1/3 **Lautfolge *st***
Lösung

Lösungen Lautfolge *st*

Wortanfang	Wortinneres	Wortende
stark	flüstern	Ast
stechen	gestern	Faust
steigen	Kasten	fest
Stein	Meister	Gast
Stift	pusten	Lust
stolz	Schwester	Post
stören	Westen	Rest
Strafe		
streichen		
streiten		
streng		
Stunde		
Sturm		
stürzen		

Am Wortanfang sprechen wir <sch>, im Wortinneren und am Wortende sprechen wir ein stimmloses <s>.

Rückseite

1/3 **Lautfolge *st***
Hinweis für Experten

Bei zusammengesetzten Wörtern (z. B. *Bun**st**ift, Edel**st**ein, auf**st**eigen*) ist dies anders. Hier sprechen wir auch im Wortinneren <sch>. Diese Wörter wirst du im Lernbereich WZ kennen lernen.

Die Aufgaben zum Nachdenken können aber auch zur Differenzierung für sprachlich begabte Kinder genutzt werden. Hier können sich die Kinder selbstständig ein Rechtschreibwissen aneignen, das über das hinausgeht, was für die Rechtschreibung selbst benötigt wird.

Für die Aufgaben zum Nachdenken können oft die Sortieraufgaben (siehe S. 38 ff.) genutzt und weiterentwickelt werden. An dem folgenden Beispiel zum Protokollbogen aus dem Rechtschreibpass sehen Sie, wie eine Aufgabenserie zum Lernbereich AF (Ausnahmeschreibungen) entwickelt werden kann.

Ausnahmen LB - Laut- Buchstabenzuordnung:

		pf	v	ai	dt
1	Datum				
	Anzahl				

		1 sortieren Datum	2 sammeln Anzahl	3 schreiben Anzahl	4 nachdenken Datum
2	pf				
3	v				
4	ai				
5	chs				
6	dt				

AF Such- und Sortieraufgaben

Material

- Modellwortschatz 3
- Sortiertafel 1 bis 3
- [AF 08 S. 1 bis S. 7]

Einzelarbeit:

Wähle einen Bereich aus.

1. Suche aus dem Modellwortschatz Wörter.
2. Suche weitere Wörter mit der gleichen Schwierigkeit.
3. Schreibe die Wörter auf.

Partnerarbeit:

Wählt einen Bereich aus.

1. bis 3. siehe Einzelarbeit
4. Löst gemeinsam die Aufgaben zum Nachdenken.

Protokoll

1. Trage das Datum ein,
2. die Anzahl der neuen und
3. der geschriebenen Wörter.
4. Datum der Aufgabe zum Nachdenken.

Weitere Aufgabenbeispiele finden Sie in Kapitel 2 bei den Übungen zu den Lernbereichen.

Hilfreich ist es, wenn die Kinder ihre Beobachtungen und Diskussionsergebnisse bzw. die erstellten „Eigenregeln" in ein „Spürnasenbuch" eintragen. Dies kann ein ganz normales Schreibheft (DIN-A5) oder eine dickere Kladde sein. Die Kinder tragen zunächst den Lernbereich und dann die erstellte Eigenregel ein. Es ist sinnvoll, immer nur eine Regel auf eine Seite zu schreiben, damit diese später noch ergänzt oder verändert werden kann.

Die Rumpelkammer

Im Modellwortschatz sind häufig vorkommende Wörter zusammengestellt. Im Sachunterricht, in Projekten, Werkstätten, Lesetexten usw. lernen die Kinder viele andere Wörter kennen, die sie in eigenen Texten verwenden. Natürlich ist es nicht sinnvoll, den Kindern die richtige Schreibung von Wörtern vorzuenthalten, wenn sie diese mit ihrem bisherigen Rechtschreibwissen noch nicht korrekt schreiben können. Andererseits ist es auch nicht sinnvoll, die Kinder Wörter üben zu lassen, die sie in ihrer Schreibung noch nicht verstehen können. Wenn ein Kind beispielsweise im Lernbereich LB übt und gerade lernt, dass der Laut [f] mit dem Buchstaben *f* geschrieben wird, wäre es eher hinderlich, Wörter mit Ausnahmeschreibungen, wie ***Vater***, ***Phillip***, ***Pferd*** usw. üben zu lassen.

Um dieses Dilemma zu lösen, habe ich in der Wörterkiste, in der die Kinder die Wörterkarten des Modellwortschatzes aufbewahren, ein besonderes Fach eingerichtet: die „Rumpelkammer". In der Rumpelkammer sammelt jedes Kind Wörter, die Schwierigkeiten enthalten, die es mit seinem Rechtschreibwissen noch nicht erklären oder verstehen kann. Wörter, die die Kinder selbst in der *Erwachsenenschrift* schreiben wollen, werden auf Karteikarten geschrieben und ins *Rumpelkammerfach* des Karteikastens einsortiert. (Der Begriff „Rumpelkammer" wurde zuerst von Prof. NAUMANN, Hannover, in seinem *Haus der Orthografie*, das parallel und unabhängig von der *Rechtschreibwerkstatt* entwickelt wurde, verwendet. Dort hat dieser Begriff allerdings eine andere Funktion und Bedeutung.) Die Rumpelkammer wird mit Wörtern aus drei Bereichen gefüllt:

- **Klassenwörter:** Dies können Wörter sein, die in Projekten und Werkstätten besonders wichtig sind und von den Kindern häufig geschrieben werden.
- **Individuell wichtige Wörter:** Wörter aus dem Interessenbereich des Kindes. Dies können Wörter aus dem Hobbybereich sein, bzw. wichtige Namen oder Wörter, die sich das Kind besonders merken will.
- **Rumpelkammerübungen:** Mit Texten, die für die Werkstatt oder Projektarbeit wichtig sind, werden gelegentlich „Rumpelkammerübungen" durchgeführt. Die Kinder markieren in dem Text Wörter, die sie mit ihrem bisherigen Rechtschreibwissen noch nicht erklären können. Sie schreiben diese Wörter auf Karteikarten oder Zettel und sammeln diese in dem Rumpelkammerfach.

Wichtig ist: Die Wörter werden in der Rumpelkammer gesammelt, aber nicht geübt!

Die Rumpelkammer darf nicht als „versteckte" Lernkartei zum Üben dienen! Je verschiedener die Wörter in den Rumpelkammern der Kinder sind, desto ertragreicher sind die spätere Besprechung und das Aussortieren der erfolgreich geübten Wörter.

Bevor ein Kind einen Lernbereich abschließt, durchsucht es die Wörter seiner Rumpelkammer. Es sortiert alle Wörter aus, die mit dem bisher aufgebauten Rechtschreibwissen richtig geschrieben werden können. Diese Wörterkarten werden dann in das Fach *fertig* sortiert oder können weggelegt werden: *„Diese Wörter brauche ich jetzt nicht mehr. Ich kann sie sicher richtig schreiben."*

Beispiel Ein Kind hat die Wörter *Vater, Bruder, Mutter, Schwester, Stadt, Berg, Hände, Oma, Handball, spielen, gehen, verlaufen, Karte* auf Karteikarten geschrieben und ins Rumpelkammerfach sortiert.

Das Kind ist inzwischen im Lernbereich LB (Laut-Buchstaben-Zuordnung) sicher und soll im Lernbereich LD weiterarbeiten. Es sortiert folgende Wörter aus: *Oma*, *Bruder*, *Schwester*. Mit dem Wissen um die regelhafte Laut-Buchstaben-Zuordnung können diese Wörter sicher richtig geschrieben werden.

Ist der Lernbereich LD (Durchgliederung) abgeschlossen, kennt das Kind auch jene Buchstaben, die es beim Sprechen nicht hört, aber hörbar machen kann (Silben trennendes *h* und vokalisches *r*). Folglich werden Wörter wie *gehen* und *Karte* aus der Rumpelkammer entfernt.

Nachdem das Kind im Lernbereich LV die Kennzeichnung der kurz gesprochenen Vokale und das lang gesprochene [i] kennen gelernt hat, wird es die Wörter *spielen* und *Mutter* aussortieren.

Beim Verlassen des Zimmers WU werden Wörter aussortiert, die durch die Umformung erschlossen werden können: *Berg*, *Hände*.

Nachdem dann die Wortbildung (WZ) geübt wurde, werden die zusammengesetzten Wörter aus der Rumpelkammer entfernt: *Handball*, *verlaufen*.

Im Büro der Spezialisten (AF) schließlich werden die Ausnahmeschreibungen und die Fremdwörter gruppiert und zusammengefasst. Jetzt erst werden der *Vater* und die *Stadt* aus der Rumpelkammer entfernt.

Es hat sich bewährt, das Aussortieren der Karteikarten aus dem Rumpelkammerfach in kleinen Gruppen zu diskutieren. Jeweils zwei, drei oder vier Kinder schauen sich gemeinsam die Karteikarten im Rumpelkammerfach eines Kindes an und besprechen, ob das Wort (bezogen auf den abgeschlossenen Lernbereich) aussortiert werden kann oder in der Rumpelkammer verbleiben soll.

Auf diese Weise reflektieren die Kinder noch einmal zum Abschluss eines Lernbereichs, was sie in dem entsprechenden Lernbereich gelernt haben.

So wird aus dem Rechtschreibgespür ein implizites Rechtschreibwissen.

In der Regel führen die Diskussionen der Kinder untereinander dazu, dass kaum Fehleinschätzungen bei der Einordnung der Wörter vorkommen.

Man kann die aussortierten Wörter von den Kindern auch noch einmal aufschreiben lassen. An diesen Wörterlisten ist dann schnell zu erkennen, wie genau die Kinder den abgeschlossenen Lernbereich erfasst haben.

Das Aussortieren der Rumpelkammerwörter hat sich als besonders ertragreich erwiesen. Hier schärfen die Kinder das Gespür dafür, was sie sicher wissen und was sie noch nicht wissen. Genau dieses Gespür ist später notwendig, wenn für Zweifelsfälle das Wörterbuch genutzt werden soll.

Die gemeinsamen Diskussionen festigen darüber hinaus auch das Gespür für die Regelhaftigkeiten der deutschen Rechtschreibung. So wird mit der Zeit der Kreis der Wörter, die sich ein Kind auf andere Weise merken muss oder die noch mit dem Wörterbuch überprüft werden müssen, immer kleiner.

Bei den ersten Lernbereichen ist es sinnvoll, als Lehrerin oder als Lehrer die Bearbeitung der Rumpelkammerwörter zu begleiten. Dabei helfen den Kindern gleich bleibende Fragestellungen, die sich auf den jeweiligen Lernbereich beziehen. Beispiel zum Lernbereich LB (Laut-Buchstaben-Zuordnung): *Sprich das Wort deutlich. Wird das Wort genauso geschrieben, wie du es sprichst?* Später können auch erfahrene Schülerinnen und Schüler, die schon weiter fortgeschritten sind, andere Kinder bei der Besprechung der Rumpelkammerwörter als „Experten" begleiten.

Die Rumpelkammer und die Rumpelkammerübungen (Aussortieren der Wörter) gehören ganz zentral zur Arbeit mit dem Modellwortschatz hinzu. Über diese gesammelten Wörter erfahren die Kinder immer wieder, dass ihr aktuelles Rechtschreibwissen noch begrenzt ist. Auf diese Weise wird auch verhindert, dass die Kinder zum Beispiel auf der Lautebene glauben, Wörter würden grundsätzlich so geschrieben, wie sie gesprochen werden. Die in der Rumpelkammer gesammelten Wörter verhindern vorschnelle Verfestigungen einzelner Rechtschreibprinzipien.

Ein Beispiel zur Vorgehensweise

Nach der Einführung der drei Grundübungen (Abschreiben, Partnerdiktat, Such- und Sortieraufgabe) überlasse ich es den Kindern, selbst zu entscheiden, welche Übung sie in der Trainingsstunde durchführen und wie lange sie mit einer Übung arbeiten. Nur wenn die Kinder selbst ein Gespür dafür entwickeln, welche Übung ihnen am besten hilft und mit welchem Partner sie am meisten lernen, können sie eine Methodenkompetenz aufbauen.

Für Lehrerinnen und Lehrer, die bislang mit einem Grund- oder Klassenwortschatz gearbeitet haben, ist die veränderte Sichtweise des Umgangs mit einem Modellwortschatz häufig recht schwierig. Das folgende Beispiel für die Arbeit eines Kindes soll erleichtern, das Prinzip des Hin-und-Her-Sortierens zwischen zwei Fächern statt der fünf Fächer anderer Lernkarteien zu verstehen.

1. Die Abschreibübung wird eingeführt

- Das Kind arbeitet im **Lernbereich LB** und soll in die Arbeit mit dem Modellwortschatz eingeführt werden. Alle 320 Karteikarten des Modellwortschatzes Teil 1 werden in das Arbeitsfach gelegt.
- Mit den Kindern wird die Übung „abschreiben" eingeübt.

- Das Kind beginnt mit der Übung. Wenn es ein Wort richtig abgeschrieben hat, streicht es auf der Karteikarte das Piktogramm „abschreiben“ durch. Die Karteikarte wird dann in das Fach „fertig“ sortiert.

- Nach einigen Tagen sind 100 Karteikarten im Fach „fertig“ und noch 220 im „Arbeitsfach“.

2. Das Partnerdiktat wird eingeführt

- Alle Karteikarten aus dem Fach „fertig“ werden zurück ins Arbeitsfach sortiert. Jetzt sind im Fach „fertig“ = 0 und im „Arbeitsfach“ = 320 Wörterkarten.
  Für die Weiterarbeit gibt es zwei Möglichkeiten. Das Kind kann sich vom Partner neue oder bereits geschriebene Wörter diktieren lassen.
  Fall A: bekannte Wörter diktieren: Der Partner nimmt die Karteikarten aus dem Arbeitsfach und diktiert nur jene Wörter, bei denen das Piktogramm „abschreiben“ bereits durchgestrichen wurde. Die geschriebenen Wörter kommen ins Fach „fertig“.
  Fall B: neue Wörter diktieren: Das Kind lässt sich von den Karteikarten aus dem „Arbeitsfach“ nur die Wörter diktieren, bei denen das Piktogramm „abschreiben“ noch nicht durchgestrichen wurde.
- Auf den diktierten Wörterkarten wird das Piktogramm „Partnerdiktat“ durchgestrichen.

3. Die Sortierübungen werden eingeführt

- Zunächst werden wieder alle Karteikarten ins Arbeitsfach gelegt. Das Fach „fertig“ ist wieder leer.
- Als Beispiel sollen die Kinder in Partnerarbeit alle Wörter mit *sch* heraussuchen.
- Am Ende der Trainingsstunde haben die Kinder 210 Karteikarten bearbeitet und 26 Karteikarten mit *sch* aussortiert, aber noch keine Wörter geschrieben. Die bearbeiteten Karteikarten kommen ins Fach „fertig“. Die „*sch*-Wörter“ werden quer in das Fach „fertig“ gestellt oder mit einem Gummiband versehen. In der nächsten Trainingsstunde (oder als Hausaufgabe) werden die *sch*-Wörter geschrieben.
- Wenn die *sch*-Wörter geschrieben wurden, wird das Piktogramm für die Such- und Sortieraufgabe auf den entsprechenden Karteikarten durchgestrichen. Die Anzahl der gefundenen Wörter und das Datum werden in den Protokollbogen des Rechtschreibpasses eingetragen. Auf diese Weise behält das Kind (und die Lehrerin) den Überblick darüber, welche Sortieraufgabe schon erledigt wurde.

4. So geht es weiter im Lernbereich LB

- In der nächsten Trainingsstunde möchte das Kind (nachdem die *sch*-Wörter geschrieben wurden) Wörter mit *au* heraussuchen. Alle Wörter kommen zurück ins „Arbeitsfach". Die *au*-Wörter werden in Partnerarbeit herausgesucht und anschließend geschrieben. Dabei trifft das Kind auf die Wörter *Schaum*, *schauen* und *schlau*, die es schon beim Aussortieren der *sch*-Wörter geschrieben hat. Bei diesen Wörtern wird nach dem Schreiben das zweite Such- und Sortierpiktogramm durchgestrichen.

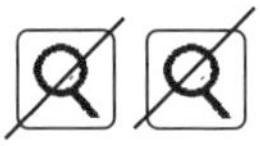

- Als Nächstes möchte das Kind wieder allein arbeiten und abschreiben. Das Kind sortiert alle Karteikarten zurück ins „Arbeitsfach". Nun sind also alle Karteikarten bunt gemischt im „Arbeitsfach". Das Kind nimmt die Karteikarten nacheinander aus dem „Arbeitsfach" und schreibt die Wörter auf. Zieht es eine Karteikarte, bei der das Piktogramm „abschreiben" schon durchgestrichen ist, dann wird die Karteikarte direkt ins Fach „fertig" gelegt.
- Bei der nächsten Übungsstunde möchte sich das Kind wieder Wörter von einem Partner diktieren lassen. Alle Karteikarten kommen zurück ins „Arbeitsfach". Der Partner zieht eine Karteikarte und diktiert das Wort. Trifft er auf eine Karteikarte, auf der bereits das Partnersymbol durchgestrichen ist, wird die Karteikarte direkt ins Fach „fertig" gelegt.

Nach meiner Erfahrung ist es für die Kinder kein großer Aufwand, beim Bearbeiten der Karteikarten die schon bearbeiteten Wörterkarten zur Seite oder direkt ins Fach „fertig" zu legen. Wenn die Kinder mit einer Aufgabe in der Übungsstunde nicht fertig geworden sind, dann lassen sich durch Querstellen der Karteikarten oder durch Gummibänder die bearbeiteten von den noch nicht bearbeiteten Karteikarten leicht unterscheiden.

5. Das Kind wechselt in den Lernbereich LD

Nachdem nun unser „Beispielkind" eine ganze Zeit im Lernbereich LB gearbeitet hat, ist es inzwischen so sicher, dass keine Verschreibungen auf der Laut-Buchstaben-Ebene mehr vorkommen. Das Kind wechselt in den **Lernbereich LD** (sprachliche Durchgliederung der Wörter, siehe Kap. 2.3). Der Modellwortschatz wird um die Wörter des Lernbereichs LD ergänzt. Die restlichen Wörter aus dem Modellwortschatz Teil 2 bleiben (mit einem Gummiband versehen) unbearbeitet im „Arbeitsfach" oder werden ganz hinten in den Karteikasten gestellt. Und so arbeitet das Kind weiter:

- Der gesamte Modellwortschatz Teil 1 wird in das Fach „fertig" gelegt. Das Kind schreibt die LD-Wörter ab oder, was ertragreicher ist, macht die Übungen zum „Partnerdiktat" und kreuzt anschließend das zugehörige Piktogramm auf der Karteikarte an.

- In einer der nächsten Trainingsstunden möchte das Kind die Sortierübung zum vokalischen *r* machen. Hierzu werden nun alle Wörterkarten (MWS 1 + LD-Wörter aus MWS 2) nach vorne ins „Arbeitsfach" gelegt. Es ist für diese Übung wichtig, dass der gesamte Wortschatz für die Sortierübung genutzt wird, da das Kind sonst nur auf Wörter mit vokalischem *r* stoßen würde.

6. Das Kind wechselt in den Lernbereich LV

Das Kind wechselt einige Wochen oder Monate später in den **Lernbereich LV**. Der Modellwortschatz wird um die Wörter des Lernbereichs LV ergänzt. Die anderen Karteikarten des Modellwortschatzes Teil 2 verbleiben, mit einem Gummiband versehen, hinten im Karteikasten.

- Das Kind möchte die Übung zur Bestimmung der kurzen Vokale und Folgekonsonanten mit dem Modellwortschatz durchführen. Hierzu arbeitet es mit einem Partner zusammen. Benutzt werden alle Karteikarten des Modellwortschatzes Teil 1 und 2, auf denen auf der Vorderseite das Übungsfeld „LV" angegeben ist. LV
  Treffen die Kinder auf eine Wörterkarte, die dieses Piktogramm nicht enthält, wird die Karteikarte direkt ins Fach „fertig" sortiert.
- Das Kind möchte die Sortierübung zu den Doppelkonsonanten machen. Es hat zuvor die Sortierübung mit den kurz gesprochenen Vokalen durchgeführt (Wörter mit Langvokalen sind im Fach „fertig") und anschließend die Wörter mit zwei Folgekonsonanten nach dem kurz gesprochenen Vokal sortiert (auch diese sind nun im Fach „fertig"). Das Arbeitsfach enthält somit nur Wörter mit Doppelkonsonant, ck und tz.
  In Partnerarbeit werden nun die Wörter mit *ff* aussortiert und anschließend geschrieben. Erst jetzt wird das Abschreibsymbol auf der Karteikarte mit den Doppelkonsonanten durchgestrichen. 

7. Das Kind wechselt in den Lernbereich WA

Für die Übungen in diesem Lernbereich können alle Wörterkarten mit der WA-Markierung auf der Vorderseite genutzt werden. Daher werden alle Wörterkarten ins „Arbeitsfach" gelegt.

- In Partnerarbeit werden nacheinander die Wortarten bestimmt (siehe die Beschreibungen in Kap. 2.5).

8. Das Kind wechselt in den Lernbereich WU

Die bisher noch mit Gummiband versehenen Wörter aus dem Lernbereich WU werden in das „Arbeitsfach" gelegt. Weitere Sortierübungen werden jetzt wieder mit dem gesamten Wortschatz (MWS 1 und MWS 2) gemacht. Kinder, die in diesem Lernbereich angekommen sind, haben in der Regel eine große Routine im Umgang mit den Sortieraufgaben entwickelt. Wenn sie nun in Partnerarbeit beispielsweise Wörter heraussuchen sollen, bei denen sie am Ende [t] hören und *d* schreiben, dann müssen sie zwar viele Wörterkarten durchgehen und werden nur wenige passende Wörterkarten finden. Dennoch geht diese Übung bei einiger Routine relativ schnell. Außerdem ist dies immer wieder neu eine gute Sprachübung, um die Kinder zu deutlichem Sprechen anzuleiten.

9. Das Kind wechselt in den Lernbereich WZ
Auch in diesem Lernbereich werden wieder alle Wörter genutzt (MWS 1 und MWS 2). Gerade für die Sortierübungen zur Wortbildung ist es hilfreich, über den gesamten Wortschatz zu verfügen. So erfahren die Kinder, dass sie durch die Prinzipien der Wortbildung die bisher sicher zu schreibenden Wörter um ein Vielfaches ausweiten können.

Ausgehend vom ersten Teil des Modellwortschatzes wird der zu bearbeitende Wortschatz von Lernbereich zu Lernbereich um die jeweiligen Wörterkarten der Lernbereiche ergänzt. Das Durchstreichen der Piktogramme sorgt dafür, dass eine Karteikarte nicht mehrfach auf gleiche Weise bearbeitet wird. Daher ist es kein Problem, wenn die Karteikarten immer wieder neu gemischt werden. Dies ist im Gegenteil für die Sortieraufgaben sogar von Vorteil.

Das Hin- und Hersortieren der Karteikarten zwischen den Fächern „Arbeitsfach“ und „fertig“ mag auf den ersten Blick kompliziert klingen. In der Praxis bietet es jedoch eine wesentliche Erleichterung im Umgang mit dem Modellwortschatz.

Differenzierung und Individualisierung

Die Arbeit mit dem Modellwortschatz vereinfacht das Erstellen individualisierter, auf die Kompetenz und Schwierigkeiten der einzelnen Schülerinnen und Schüler genau abgestimmter Übungen.

Wenn ich Texte der Kinder lese, dann lege ich mir den Rechtschreibpass mit dem entsprechenden Protokollbogen neben die Sortieraufgaben. Fallen mir in den Texten typische Verschreibungen des Kindes auf, dann kreise ich den entsprechenden Übungsbereich im Protokollbogen ein.

Das Kind hat dann für die nächsten Trainingsstunden einen Anhaltspunkt, welche Übung es machen sollte, um in dem aktuellen Lernbereich fit zu werden.

Beispiel: Bei einem Kind, das im Lernbereich LB arbeitet, fällt mir auf, dass es gehäuft **scht* am Wortanfang an Stelle von *st* schreibt. Außerdem schreibt es oft **n* an Stelle von *ng* und **a* an Stelle von **er* am Wortende.

Um das Kind nicht zu überfordern, kreise ich auf seinem Protokollbogen zunächst nur *st* am Wortanfang und *er* am Wortende an.

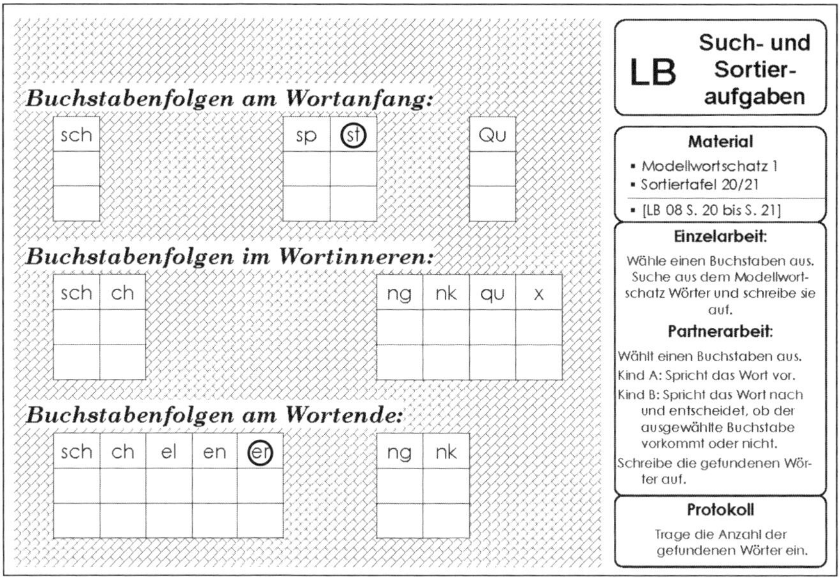

Das Kind weiß nun, welche Übungen es sinnvollerweise machen kann, um im Lernbereich LB voranzukommen. Auf diese Weise kann ich, ohne großen Arbeitsaufwand für die Kinder, hoch differenzierte und individualisierte Übungen bereitstellen.

Der Modellwortschatz im Unterricht

Der Modellwortschatz ist für die Arbeit nach dem Konzept der Rechtschreibwerkstatt konzipiert. Sie können ihn jedoch auch unabhängig hiervon als zusätzliche Übung und auch für den Förderunterricht einsetzen:

■ **Rechtschreibunterricht Klasse 1:** Hier können Sie bereits mit dem Modellwortschatz Teil 1 beginnen. Voraussetzung für die Arbeit mit dem Modellwortschatz ist, dass die Kinder

- die Anlaute heraushören,
- die Buchstaben schreiben und
- lesen können.

Die letzte Bedingung ist die entscheidende. Nur wenn die Kinder lesen können, haben die Schreibaufgaben einen Sinn.

In der Klasse 1 ist es sinnvoll, für jedes Kind einen Modellwortschatz anzuschaffen. So können die Kinder ihre Kartei bearbeiten und die Piktogramme für die Bearbeitung durchstreichen. Sobald die Kinder auf der Lautebene sicher sind (bei den meisten Kindern ist dies Mitte bis Ende von Klasse 2 der Fall), kann der Modellwortschatz 1 mit den Wörterkarten des Modellwortschatzes 2 erweitert werden.

- **Rechtschreibunterricht Klasse 2 bis 3:** Wird in Klasse 2 oder 3 mit der Arbeit am Modellwortschatz begonnen, ist es sinnvoll, für jedes Kind einen Modellwortschatz Teil 1 (und später auch Teil 2) anzuschaffen. Die eigene Kartei ermöglicht es, dass die Kinder differenziert und in ihrem eigenen Lerntempo arbeiten können. In Klasse 4 wird in der Regel für die meisten Kinder auch der Teil 3 notwendig. Da die Kinder an den Ausnahmeschreibungen und Fremdwörtern auch in Klasse 5 und 6 weiterarbeiten, lohnt es sich, auch hier für jedes Kind den Modellwortschatz Teil 3 anzuschaffen.

- **Rechtschreibunterricht ab Klasse 4:** Wird erst in Klasse 4 (oder 5) die Arbeit mit dem Modellwortschatz eingeführt, ist es nicht notwendig, für jedes Kind einen Modellwortschatz zur Verfügung zu haben. In diesen Klassen liegt der Schwerpunkt der Arbeit mit dem Modellwortschatz auf dem Partnerdiktat und den Such- und Sortieraufgaben. Da dies Übungen in Partnerarbeit sind, reicht hier für jeweils zwei Kinder ein Modellwortschatz Teil 1 und Teil 2. Wenn die Kinder ihre Übungen im Protokollheft (Rechtschreibpass) notieren, ist es auch nicht nötig, dass hier die Piktogramme durchgestrichen werden. So können dann die Klassensätze des Modellwortschatzes Teil 1 und Teil 2 in der nächsten Klasse wieder verwendet werden. Die Handhabung des Modellwortschatzes Teil 3 kann analog erfolgen. In manchen Klassen (z. B. Schule für Lernbehinderte), wenn viele Kinder noch Schwierigkeiten auf der Lautebene haben, kann es auch sinnvoll sein, wie in der Grundschule die Modellwortschätze Teil 1, 2 und 3 nacheinander für jedes Kind anzuschaffen.

- **Förderunterricht und außerschulische Förderung:** Für Kinder mit großen Schwierigkeiten beim Erlernen des Lesens und Rechtschreibens ist es in jedem Falle ratsam, die Modellwortschätze Teil 1, 2 und 3 für jedes Kind nacheinander anzuschaffen. Für den schulischen LRS-Förderunterricht und die außerschulische Förderung sind größere Fördergruppen (mindestens 16 Kinder) hilfreich. Nur so wird sichergestellt, dass die Kinder in verschiedenen Lernbereichen mit einem Partner zusammenarbeiten können. Ist die Fördergruppe zu klein, dann wird hierdurch die Differenzierung erschwert, da nicht jedes Kind einen Partner findet, der ebenfalls im gleichen Lernbereich arbeitet.

2 Übungen zu den Lernbereichen

2.1 Einführung

Im vorangegangenen Kapitel habe ich die grundlegenden Übungen, die Sie mit dem Modellwortschatz durchführen können, beschrieben. In diesem Kapitel beziehe ich die Übungen konkret auf die einzelnen Lernbereiche.

Zur leichteren Orientierung sind die Unterkapitel zu den Lernbereichen gleich aufgebaut. Lediglich das Kapitel zum Lernbereich WA (Wortart) folgt einer anderen Aufteilung. Zu jedem Lernbereich sind aufgeführt:

1. **Lernziele:** Es wird beschrieben, was Kinder in diesem Lernbereich lernen können. Dabei beschränkt sich die Beschreibung auf die für die Klassen 1 bis 6 relevanten Lernziele.
2. **Einführung:** Hier folgt eine Einführung in die Grundlagen des Lernbereichs. Hieraus wird verständlich, was Kinder in diesem Lernbereich lernen und wie die Übungen sinnvoll eingesetzt werden können.
3. **Wortschatz:** Die Wörter des Modellwortschatzes sind im Anhang nach Lernbereichen sortiert aufgelistet. Es werden Hinweise zur Auswahl der Wörter gegeben, damit diese durch andere ersetzt oder durch eigene ergänzt werden können. Dabei sollte beachtet werden, dass der Modellwortschatz ein aufbauender Wortschatz ist, dass also keine Wörter mit Schwierigkeiten aus höheren Lernbereichen Verwendung finden.

Die Beschreibung der Übungen folgt in ihrem Aufbau der Einführung. In den ersten Lernbereichen sind die Abschreibübung und das Partnerdiktat besonders wichtig. Für die Übungen auf der Wortebene sind die Such- und Sortieraufgaben von zentraler Bedeutung.

4. **Abschreiben:** Als erste Standardübung wird das Abschreiben beschrieben. In den Kapiteln finden Sie Hinweise, worauf beim Abschreiben in diesem Lernbereich besonders geachtet werden sollte.
5. **Partnerdiktat:** Die Standardaufgabe *(Diktiere so, dass dein Partner das Wort mit Sicherheit richtig schreibt!)* wird mit zunehmender Kompetenz der Kinder verändert. In den Kapiteln zu den Lernbereichen sind Hinweise zur Weiterentwicklung des Partnerdiktats aufgeführt.
6. **Sortieraufgaben:** Die Sortieraufgaben bieten in jedem Lernbereich vielfältige Übungsmöglichkeiten. Die einzelnen Kapitel enthalten Übersichten für die zum Lernbereich passenden Aufgaben.

7. **Ergänzende Übungen:** Die ergänzenden Übungen sollen das im Lernbereich Geübte vertiefen und auf andere Wörter übertragen. Der Wortschatz wird hierbei erweitert. Hieraus lassen sich auch Verallgemeinerungen ableiten und Regelhaftigkeiten entdecken.
8. **Aufgaben zum Nachdenken:** Über die Aufgaben zum Nachdenken sollen die Kinder Schritt für Schritt ein Rechtschreibwissen aufbauen. In den Kapiteln zu den Lernbereichen werden Beispiele für solche Aufgaben und die dazugehörenden Lösungen gegeben.
9. **Rumpelkammer aufräumen:** Jeder Lernbereich wird mit dem Aufräumen der Rumpelkammer abgeschlossen. Dabei wenden die Kinder aktiv ihr bis dahin erworbenes (unbewusstes) Rechtschreibwissen an.

2.2 Lernbereich LB – Laut-Buchstaben-Zuordnung

Lernziele

Grundlage der deutschen Rechtschreibung ist die hochdeutsche Aussprache. Daher ist es für die gesamte Rechtschreibung wichtig, dass die Kinder lernen, deutlich zu sprechen. Aus diesem Grunde lautet der Leitsatz für diesen Lernbereich:

Schreib wie du sprichst – aber sprich deutlich (und hochdeutsch)!

Die Kinder sollen lernen, dass sich die Schreibung grundsätzlich an der gesprochenen Sprache orientiert. Die gesprochenen Laute werden nicht in einem „Eins-zu-eins-Verhältnis“ in Buchstaben übertragen. In einigen Fällen werden sehr verschiedene Laute mit dem gleichen Zeichen geschrieben (Vokale, *ch*). In anderen Fällen wird der gleiche Laut durch verschiedene Zeichen abgebildet *(sch, st, sp)*. Die deutsche Rechtschreibung ist also nicht lauttreu.

Ziel der Übungen mit dem Modellwortschatz ist es, dass die Kinder ein sicheres Gespür für die regelhaften Laut-Buchstaben-Zuordnungen bekommen.

Einführung

Trotz der Vielfältigkeit der Laute (es gibt mehr als 150 verschiedene Laute in der deutschen Sprache) gibt es klare Zuordnungsregeln. Am Anfang des Rechtschreiblernprozesses kommt es darauf an, den Kindern ein Gespür für die regelhaften und häufig vorkommenden Zuordnungen zu vermitteln. Der erste Teil des Modellwortschatzes (320 Wörter) bietet den Kindern Prototypen für alle regelhaften Zuordnungen zwischen Lauten und Buchstaben an. Indem die Kinder beim Schreiben mitsprechen und sich gegenseitig die Wörter so vorsprechen, wie sie geschrieben werden, bilden sie ein inneres Ordnungssystem für die Laut-Buchstaben-Zuordnung aus. Dieses Ordnungssystem ist die Grundlage für alle weiteren Differenzierungen, Besonderheiten und das Erlernen von Abweichungen (Ausnahmen).

Über 90 Prozent aller Zuordnungen zwischen Lauten (Phoneme) und Buchstaben(folgen) (Grapheme) sind in deutschen Texten eindeutig. Wir nennen die den Lauten am häufigsten zugeordneten Buchstaben(folgen) – in Anlehnung an Gerhard August (1984) – Basisgrapheme. Von wenigen Ausnahmen abgesehen (*ä*, *ß*, *pf*) werden diese Basisgrapheme im ersten Lernbereich (LB) eingeübt. Das geschieht bereits in Klasse 1 mit Hilfe des Anlautlineals. In der folgenden Übersicht sind in der letzten Spalte die Bilder des Anlautlineals angegeben. Das Anlautlineal enthält zusätzlich Bilder für die Buchstaben *sp* (Spinne), *st* (Sterne), *c* (Computer), *v* (Vogel, Vase), *qu* (Qualle), *ch* (Chinese, Chor), *er* (Leiter).

Die folgende Tabelle gibt die regelhaften Laut-Buchstaben-Zuordnungen der deutschen Schrift wieder. In den Spalten „Lernbereich“ wird der Lernbereich angegeben, in dem diese Laut-Buchstaben-Zuordnung geübt wird, falls dies nicht im Lernbereich LB geschieht. Die zweite Spalte gibt die Lernstufe des Modellwortschatzes an (siehe Kap. 3). Die letzte Spalte (Anlautbild) gibt das Bild an, das stellvertretend für diese Laut-Buchstaben-Zuordnung auf dem Anlautlineal aufgeführt ist.

Laut	**Basisgrapheme**		**Lernbereich**		**Anlautbild**
Lang gesprochene Vokale					
/aː/	A	T**a**l		1	Ameise
/eː/	E	W**e**g		1	Esel
/iː/	Ie	W**ie**se		19	Igel
/oː/	O	**O**fen		1	Ofen
/uː/	U	r**u**fen		1	Uhr
/ɛː/	Ä	S**ä**ge	LV	17	Ähre
/øː/	Ö	**Ö**l		2	Öfen
/yː/	Ü	**ü**ben		2	Überholverbot
Diphthonge					
/aʊ/	Au	l**au**fen		3	Auge
/aɪ/	Ei	l**ei**se		3	Eis
/ɔy/	Eu	L**eu**te		3	Eule

Laut	**Basisgrapheme**		**Lernbereich**		**Anlautbild**
Kurz gesprochene Vokale					
/a/	A	M**a**ntel		5	Affe
/ə/	E	Schal**e**, Fab**e**l		1	–
/ɪ, i/	I	W**i**nter		5	Indianer
/ɔ, o/	O	W**o**lke		5	Ordner
/ʊ, u/	U	L**u**st		5	Unterhose
/ɛ, e/	E	W**e**lt		5	Ente
/œ, ø/	Ö	**ö**fter		(8)	–
/ʏ/, y/	Ü	K**ü**che		5	–
Konsonanten					
/b/	B	**B**u**b**e		1	Ball
/x/	Ch	su**ch**en		10	Buch
/ç/	Ch	Tei**ch**		10	Teich
/d/	D	**D**ose		1	Dose
/f/	F	**F**aden		1	Fisch
/g/	G	**G**arten		1	Gabel
/h/	H	**H**aus		1	Hut
/j/	J	**j**agen		1	Jäger
/k/	K	**K**ü**k**en		1	Kerze
/l/	L	**l**i**l**a		1	Löffel
/m/	M	**M**a**m**a		1	Mond
/n/	N	**N**ase		1	Nase
/ŋ/	Ng	Zu**ng**e		11	Ring
/p/	P	**P**a**p**ier		(3)	Pilz
/pf/	Pf	**Pf**erd	AF	26	Pferd
/r/	R	**r**üh**r**en		1	Rad
/s/	ß	Fu**ß**	LV	18	Fuß
/z/	S	**s**ingen		1	Säge
/ʃ/	Sch	**Sch**ule		4	Schere
/t/	T	**T**a**t**		1	Tisch
/v/	W	**W**olke		1	Würfel
/ks/	X	He**x**e		12	Hexe
/ts/	Z	Hol**z**		12	Zange

Ziel der Übungen im ersten Lernbereich (LB) ist es, dass die Kinder ein sicheres Gespür für die regelhaften Zuordnungen dieser Basisgrapheme entwickeln. Darauf aufbauend werden dann in den nächsten Lernbereichen Besonderheiten (LV, WU) und später Ausnahmen (AF) eingeübt.

Wortschatz

Wortauswahl

Als Modellwörter für den Lernbereich LB können nur Wörter verwendet werden, die vollständig aus Basisgraphemen zusammengesetzt sind. Dabei wird von der Grundform der Wörter ausgegangen:

- Verben = Grundform (Infinitiv)
- Adjektive = Grundform (Positiv)
- Nomen = Einzahl (Singular)

Besonderheiten, die in den Ableitungen auftreten (z. B. Umlautschreibung *Haus – Häuser, Hand – Hände*) werden erst im Lernbereich WU (Wortumformungen und -ableitungen) thematisiert. Da die Schreibung des Lautes [ɛ] bzw. [ɛ:] von der Länge des Vokals und der Schreibung des Grundworts abhängt, wurde der Buchstabe *ä/Ä* in diesem Lernbereich ausgeklammert. Gleiches gilt für den [s]-Laut nach lang gesprochenem Vokal, der regelhaft mit dem Buchstaben *ß* (Lernbereich LV) oder am Wortende auch mit *s* (Auslautverhärtung, Lernbereich WU) abgebildet wird.

In den meisten Regionen wird die Lautfolge /pf/ am Wortanfang als [f] gesprochen. Um hier bei den Kindern keine Unsicherheiten aufzubauen, wurde diese (regelhafte) Laut-Buchstaben-Zuordnung ebenfalls ausgeklammert und dem Lernbereich AF (Ausnahmeschreibungen) zugeordnet.

Die Grundwörter des Modellwortschatzes zum Lernbereich LB dürfen nicht enthalten:

- Wörter mit vokalischem *r* (ohne *er* am Wortende) (Lernbereich LD),
- Wörter mit Silben trennendem *h* (Lernbereich LD),
- Konsonantenverdopplung nach kurz gesprochenen Vokalen, einschließlich *tz* und *ck* (Lernbereich LV),
- Wörter mit Auslautverhärtung in der Grundform (Lernbereich WU),
- zusammengesetzte Wörter (Lernbereich WZ),
- Ausnahmeschreibungen: *ai, chs, dt, c, v*, Dehnungs-*h*, Doppelvokal, Auslautverhärtung im Wort, nicht zurückführbare Umlautschreibungen (Lernbereich AF),
- Fremdwortschreibungen (Lernbereich AF).

Wörter des Modellwortschatzes

Der Modellwortschatz zum Lernbereich LB enthält 320 Wörter, die in zwölf Lernstufen untergliedert sind:

- 1 einfache Vokal-Konsonant-Folgen
- 2 Umlaute ö, ü

- 3 Diphthonge – au, ei, eu
- 4 Sch/sch
- 5 Konsonantenfolge – Silbenfuge
- 6 Konsonantenfolge – Wortanfang
- 7 Konsonantenfolge – Wortende
- 8 -er am Wortende, einschließlich -ern
- 9 sp, st am Wortanfang
- 10 ch
- 11 ng, nk
- 12 Besonderheiten: qu, x, z

Jede der zwölf Lernstufen im Teil 1 des Modellwortschatzes stellt einen Laut bzw. eine Lautgruppe in den Mittelpunkt. Bei der Auswahl der Modellwörter wurde die Schwierigkeitsfolge der Lernstufen (aufbauender Wortschatz) berücksichtigt. So bleiben beispielsweise die Wörter *schön* und *stören* in der Lernstufe 2 (Umlaute ö, ü) ausgespart, da <sch> und <st> erst in den höheren Lernstufen 4 und 9 erarbeitet werden. Dieser Aufbau des Modellwortschatzes erweitert die Rechtschreibkompetenz des Kindes sukzessive.

Bei der Zusammenstellung des Modellwortschatzes ließ es sich aber nicht vermeiden, dass gelegentlich Wörter aus höheren Lernbereichen mit aufgenommen wurden. Diese Wörter sind in der Übersicht *kursiv* gedruckt.

Die Modellwörter sind so weit wie möglich so angeordnet, dass sich eine Folge von Minimalpaaren ergibt. Dadurch wird für Kinder mit besonderen Schwierigkeiten (ausländische, sprachbehinderte und lernbehinderte Kinder) die Aufmerksamkeit auf die bedeutungsvollen (bedeutungsunterscheidenden) Lautunterschiede gelenkt. Dies soll die Kinder zu einem deutlichen Sprechen (Vorsprechen und Mitsprechen beim Schreiben) führen.

Im Regelfall wird es jedoch nicht notwendig sein, den Kindern den Wortschatz in dieser geordneten Form zur Verfügung zu stellen. Effizienter ist es, über Such- und Sortieraufträge die Kinder selbst Minimalpaare suchen zu lassen (s. u.). Daher sollten den Kindern normalerweise sofort alle Karteikarten dieses Lernbereichs zur Bearbeitung gegeben werden. Lediglich in der Klasse 1, in Schulen für Lernbehinderte und bei langsam lernenden Kindern ist es sinnvoll, den Kindern zunächst nur die Lernbereiche LB 1 bis LB 4 zum Üben zu geben.

Abschreiben

Die Abschreibübung dient vornehmlich dazu, mit den Kindern das richtige Abschreiben der Wörter einzuüben:

- *Lies das Wort so, wie es geschrieben wird!* (Schreibsprache)
- *Lege die Karteikarte zur Seite oder drehe sie um!*
- *Schreibe das Wort und sprich beim Schreiben leise mit!* (Schreibsprache)
- *Lies noch einmal genau, was du geschrieben hast!* (Kontrolle)
- *Wenn du unsicher bist, lies noch einmal das Vorgabewort!*
- *Ist das Wort richtig geschrieben, streiche den ersten „Abschreibzettel" auf der Karteikarte durch!*
- *Ist das Wort nicht korrekt, dann streiche es mit einem Lineal durch und schreibe es darunter noch einmal neu auf!*
- *Sortiere die Karteikarte in das Fach „fertig"!*

Die Kinder sollten diese Übung so lange durchführen, bis der Ablauf automatisiert ist. Dies kommt allen weiteren Übungen mit dem Modellwortschatz zugute. Am Anfang sollte die Lehrerin auf drei Dinge achten und dabei die Aufmerksamkeit der Kinder immer nur auf eine Sache ausrichten:

- Hält das Kind die eingeübte Vorgehensweise ein? – Ist dies nicht der Fall, so sollte die Lehrerin einige Übungen mit dem Kind gemeinsam durchführen und den Ablauf in Stichworten vorgeben:
  - *Wort lesen:* Das Kind spricht das Wort.
  - *weglegen:* Das Kind dreht die Karteikarte um.
  - *mitsprechen:* Das Kind schreibt das Wort und spricht mit.
  - *kontrollieren:* Das Kind liest genau, was es geschrieben hat.
- Wurde das Wort lesbar (schön) geschrieben? – Es gibt mehrere Hilfen, die Sie dem Kind geben können:
  - eine zur Schrift des Kindes passende Lineatur verwenden,
  - mit dem Bleistift anstatt Füller schreiben,
  - in Druckschrift anstatt Schreibschrift schreiben,
  - langsam schreiben,
  - die Wörter in Spalten untereinander schreiben,
  - beim Korrigieren das Lineal verwenden.

Es ist wichtig, die Abschreibübung von Beginn an zugleich auch als Schönschreibübung zu nutzen. Die meisten Kinder benötigen zur Ausformung einer automatisierten, bewegungsökonomischen, lesbaren und individuellen Handschrift etwa sechs Schuljahre. Gerade in der Grundschule ist es daher notwendig, immer wieder Schönschreibübungen durchzuführen. Das Abschreiben der Modellwortschatzwörter ist gerade im Lernbereich LB hierfür eine gute Gelegenheit, da sich die Kinder auf keine rechtschriftlichen Besonderheiten, sondern lediglich auf das Mitsprechen beim Schreiben zu konzentrieren brauchen.

- Wurde das Wort richtig geschrieben? – Häufige Verschreibungen sind in der Regel darauf zurückzuführen, dass die Abschreibtechnik nicht richtig angewendet wurde. Hier müssen Sie dem Kind Hilfen geben, wie es die richtige Schreibung des Wortes sicherstellen kann. Die häufigsten Schwierigkeiten sind:
  - Das Wort wurde nur dem Sinn nach aufgenommen, jedoch nicht in der Rechtschreibsprache vorgesprochen.
  - Beim Schreiben wurde nicht mitgesprochen.
  - Das geschriebene Wort wurde nicht noch einmal „erlesen" (genau lesen, was da steht), sondern buchstabenweise oder gar nicht verglichen.
  - Das Kind hat eine unpassende Lernmotivation aufgebaut (z. B. möglichst viele Wörter schreiben, möglichst schnell fertig werden). Hier ist es wichtig, das Ziel *(Ich will so schreiben können wie die Erwachsenen)* mit dem Kind zu besprechen, die Kontrollen zu reduzieren (Selbstverantwortung des Kindes stärken) und Anerkennung für „viele geschriebene Wörter" zu unterlassen (nicht die Anzahl im Rechtschreibpass eintragen lassen).

Wenn man die Kinder zu selbstverantwortlichem Lernen führen will, dann müssen sie auch Gelegenheit bekommen, eigene Lösungen für bestimmte Schwierigkeiten zu finden. Daher sollten die Verschreibungen mit dem Kind besprochen werden – nicht mit erhobenem Zeigefinger (*Pass besser auf!*), sondern eher fragend: *Was kannst du anders machen, damit du jedes Wort direkt richtig schreibst?* Es ist wichtig, dass die Kinder eine Lösung für ihr Problem finden. Wenn ich ihnen vorgebe, was sie anders machen sollen, bleibt die Verantwortung für das Gelingen bei mir. Wenn mein Lösungsvorschlag nicht fruchtet, muss *ich* mir eine neue Hilfe ausdenken. Damit nehme ich den Kindern die Chance, Selbstverantwortung für ihr Lernen zu entwickeln. Die selbst gefundene Lösung lässt dagegen die Verantwortung beim Kind.

Partnerdiktat

An den Wörtern zu diesem Lernbereich können die Kinder über das Partnerdiktat vor allen Dingen das Mitsprechen beim Schreiben trainieren. Streng genommen gibt es in der deutschen Rechtschreibung keine lauttreuen Wörter. Vor allem die Vokale verändern ihren Klang, je nachdem ob sie kurz oder lang gesprochen werden, ob sie zum betonten Wortstamm gehören oder am unbetonten Wortende stehen. Die Anweisung lautet:

Diktiere so, dass dein Partner das Wort ganz sicher richtig schreibt.

Wenn das Kind ein Wort so sprechen soll, wie es geschrieben wird, muss es zunächst die Aufmerksamkeit auf die Schreibung des Wortes ausrichten und nicht wie beim Lesen auf die Wortbedeutung. Damit wird es auf den Unterschied zwischen dem gesprochenen und dem geschriebenen Wort aufmerksam. Selbstverständlich wird (solange die Kinder noch nicht im Lernbereich WA arbeiten) auch die Großschreibung mitdiktiert. Für beide Kinder ist das Partnerdiktat eine optimale Mitsprechübung:

- Das diktierende Kind lernt, ein gelesenes Wort in eine Schreibsprache zu übertragen.
- Das schreibende Kind erhält eine akustische Vorgabe für das eigene Mitsprechen.

Für diese Übung tauschen die beiden Kinder ihre Karteikästen mit dem Modellwortschatz. Jedes Kind diktiert also Wörter aus der Kartei des anderen Kindes. So wird sichergestellt, dass immer nur Wörter diktiert werden, die zum Lernbereich des schreibenden Kindes passen. Das ist vor allem dann wichtig, wenn die beiden Kinder in verschiedenen Lernbereichen arbeiten. Folgenden Übungsablauf üben Sie mit den Kindern ein:

- **Vorsprechen:** Kind 1 spricht das Wort so, wie es geschrieben wird. (Die Großschreibung wird dabei mitdiktiert.)
- **Nachsprechen:** Kind 2 spricht das Wort deutlich nach.
- **Schreiben:** Kind 2 schreibt das Wort und spricht dabei mit. Wenn dem Kind das Mitsprechen schwer fällt, dann übernimmt Kind 1 das Mitsprechen. Dabei muss sich das Kind 1 so neben Kind 2 setzen, dass es mitlesen kann, was Kind 2 schreibt.
- **Kontrollieren:** Kind 2 liest noch einmal genau, was es geschrieben hat. Kind 1 vergleicht mit der Wörterkarte.
- **Korrigieren:** Gegebenenfalls wird das Wort noch einmal neu geschrieben. Besser ist es jedoch, wenn Kind 1 mitliest, was Kind 2 schreibt, und sofort eingreift, wenn Kind 2 sich verschreibt.
- **Markieren:** Das Partnersymbol auf der Wörterkarte wird durchgestrichen. Die Karteikarte wird in das Fach „fertig“ einsortiert.

Das Partnerdiktat ist im Lernbereich LB besonders gut geeignet, bei den Kindern das deutliche Sprechen weiterzuentwickeln und mit ihnen das Mitsprechen beim Schreiben einzuüben. Kommen Verschreibungen vor, dann sollte die Lehrerin oder der Lehrer hierauf besonders eingehen und genau dies mit den Kindern üben: *Sprich in der Schreibsprache. Sprich das Wort noch einmal nach! Sprich beim Schreiben leise mit.* Besonders Kinder aus einer spracharmen Umgebung oder Kinder, die in einer anderen Muttersprache aufgewachsen sind, können so ihre Aussprache verbessern.

Wenn ein ausländisches Kind ein Wort nicht kennt, so kann es hier beim Partnerdiktat direkt den Partner nach der Bedeutung fragen und einen Satz mit dem Wort bilden lassen. So kann das Partnerdiktat auch dazu beitragen, dass ausländische Kinder Schritt für Schritt ihren deutschen Wortschatz erweitern.

Sortieraufgaben

Die Sortieraufgaben können sich im Lernbereich LB auf alle Regelhaftigkeiten der Laut-Buchstaben-Zuordnung beziehen (Basisgrapheme).

Übersicht über die möglichen Sortierübungen

Vokale, Umlaute, Diphthonge

Wortanfang	a	e	i	o	u	ö	ü	au	ei	eu
Wortinneres	a	e	i	o	u	ö	ü	au	ei	eu
Wortende	a	e	i	o	u	ö	ü	au	ei	eu

Konsonanten

Wortanfang	f	l	m	n	r	s	w	b	d	g	h	j	k	p	t	z
Wortinneres	f	l	m	n	r	s	w	b	d	g			k	p	t	z
Wortende	f	l	m	n	r	s							k	p	t	z

Buchstabenfolgen

Wortanfang	sch					sp	st			Qu	
Wortinneres	sch	ch						ng	nk	qu	x
Wortende	sch	ch	El	en	er			ng	nk		

In den ersten Klassen der Grundschule ist es hilfreich, für diese Übung eine eigene Sortiertafel zu verwenden (siehe Abb. S. 65).

Die Aufgabe wird als Partnerarbeit gestellt:
- *Sucht einen Buchstaben (oder eine Buchstabenfolge) im Rechtschreibpass aus* (siehe Übersicht oben)*! Wählt einen Buchstaben (oder eine Buchstabenfolge), der (die) euch Schwierigkeiten macht!*
- *Tragt den Buchstaben (oder die Buchstabenfolge) mit Folienstift in das fett umrandete Feld auf der Sortiertafel ein!*

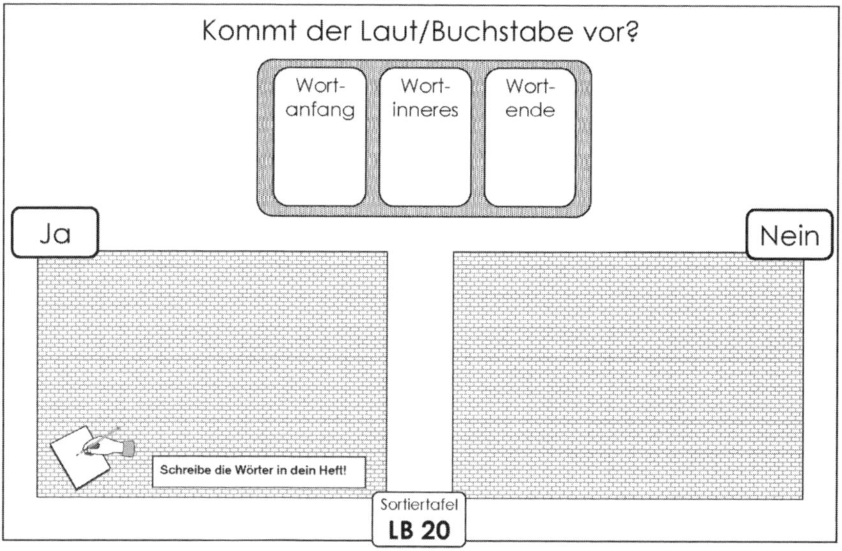

Soll der Laut am Wortanfang herausgehört werden, wird der Buchstabe (oder die Buchstabenfolge) in das linke Feld eingetragen, beim Laut im Wortinneren in das mittlere Feld und beim Laut am Wortende in das rechte Feld.

- *Zieht abwechselnd eine Karteikarte aus eurer Wörterkiste! Einer liest vor, der andere entscheidet, ob der Buchstabe an der festgelegten Stelle im Wort zu hören ist. Wenn er meint: ja, dann legt er die Karte auf sein Ja-Feld, wenn er meint: nein, dann legt er die Wortkarte auf sein Nein-Feld.*

Wenn die Kinder sicherer geworden sind, können sie auch direkt in einem Arbeitsschritt entscheiden, ob der Laut am Wortanfang, im Wortinneren oder am Wortende vorkommt. Hierfür ist eine andere Sortiertafel hilfreich (siehe Abb. S. 66). Die Sortieraufgabe sollte immer mit einem Schreibauftrag kombiniert werden.

Beispiel *Schreibe zehn Wörter mit dem gefundenen Buchstaben in dein Abschreibheft.* Oder: *Schreibe eine Spalte mit den gefundenen Wörtern in dein Abschreibheft.*

Wenn Kinder alleine arbeiten, dann lösen sie die Suchaufgabe in der Regel visuell. Sie suchen den Buchstaben und orientieren sich nicht an den Lauten. Dies hat aber keinen Effekt für die Weiterentwicklung des Sprachgespürs. Als Einzelarbeit sind diese Such- und Sortieraufgaben nur dann sinn-

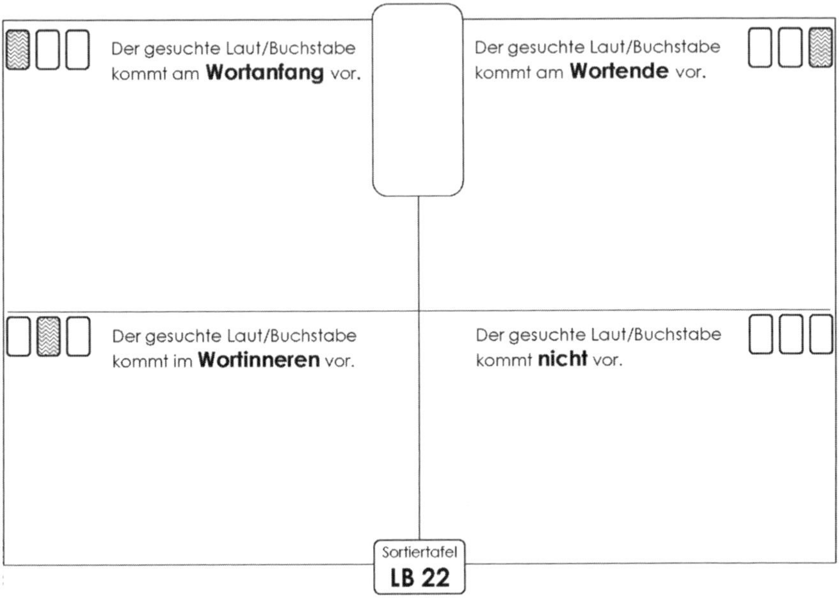

voll, wenn das Kind die ausgewählten Wörter anschließend schreibt. Hier entsteht der Lernertrag durch das gehäufte Schreiben von Wörtern mit dem gleichen Laut bzw. Buchstaben. Damit wird der gleiche Effekt wie beim Abschreiben von Wörterlisten erreicht.

Schwierigkeit bereitet einigen Kindern die Unterscheidung zwischen den hart und den weich gesprochenen Konsonanten *(g/k, d/t, b/p)*. Hier lasse ich das Kind nur den hart gesprochenen Konsonanten – zunächst am Wortanfang, später auch im Wortinneren – suchen. Der Auftrag an das Kind: *Suche alle Wörter, in denen ein „p" vorkommt! Sprich das Wort deutlich! Halte beim Sprechen die flache Hand vor den Mund! Sprich so, dass du den Luftstoß spüren kannst. Schreibe nun das Wort auf und sprich beim Schreiben deutlich mit!* Den dazugehörigen, weich gesprochenen Konsonanten lasse ich nicht üben, um Verwechslungen (Ähnlichkeitshemmung) zu vermeiden. Wenn das Kind das [p]/*p* eindeutig identifizieren kann, ergibt sich das [b]/*b* später von selbst. Auch hier müssen die herausgefundenen Wörter anschließend vom Kind aufgeschrieben werden, damit sich aus dem Sprachgespür ein Rechtschreibgespür entwickeln kann.

Für die Sortieraufgabe sollte den Kindern zur Lösungskontrolle ein Lösungsblatt zur Verfügung stehen, das ihnen zumindest angibt, wie viele Wörter sie im Modellwortschatz finden können. Es ist sinnvoll, diese Lösungsangaben analog zu den Tabellen im Rechtschreibpass vorzunehmen:

Vokale, Umlaute, Diphthonge

Wortanfang	a	e	i	o	u	ö	ü	au	ei	eu
	4	**7**		**7**				**2**	**3**	**1**

Wortinneres	a	e	i	o	u	ö	ü	au	ei	eu
	75	**43**	**26**	**26**	**29**	**19**	**13**	**25**	**40**	**9**

Wortende	a	e	i	o	au	ei	eu
	4	**40**	**1**	**2**	**5**	**2**	**2**

Konsonanten

Wortanfang	b	d	f	g	h	j	k	l	m	n	p	r	s	t	w	z
	30	**3**	**25**	**14**	**25**	**3**	**13**	**22**	**17**	**7**	**7**	**21**	**15**	**20**	**17**	**5**

Wortinneres	b	d	f	g	k	l	m	n	p	r	s	t	w	z
	13	**27**	**21**	**21**	**8**	**48**	**7**	**53**	**3**	**58**	**32**	**52**	**5**	**2**

Wortende	f	k	l	m	n	r	s	t	z
	2	**6**	**15**	**9**	**126**	**22**	**4**	**47**	**6**

Buchstabenfolgen

Wortanfang	sch	sp	st	qu
	23	**8**	**14**	**5**

Wortinneres	sch	ch	ng	nk	qu	x
	8	**29**	**8**	**8**	**1**	**7**

Wortende	sch	ch	el	en	er	ng	nk
	7	**14**	**9**	**105**	**21**	**4**	**4**

An solchen Übersichten können die Kinder sofort erkennen, ob ein bestimmtes Phänomen bei den Wörtern des Modellwortschatzes oft oder nur selten vorkommt. Kommen bestimmte Laute an bestimmten Stellen im Wort nicht vor, so können die Kinder dazu angeregt werden, Wörter mit diesen Lauten zu suchen. Bei einigen Laut-Buchstaben-Zuordnungen werden die Kinder Beispielwörter finden (z. B. *i* oder *u* am Wortanfang), bei anderen dagegen nicht (z. B. *ng* am Wortanfang oder *w* am Wortende). Dies kann dann zum Anlass genommen werden, um über die Laut-Buchstaben-Beziehungen in deutschen Wörtern weiter nachzudenken (siehe hierzu auch die Aufgaben zum Nachdenken im folgenden Kapitel).

Ergänzende Übungen

Die abschließende Partnerarbeit führt über den Modellwortschatz hinaus:

- *Nehmt abwechselnd ein Wort aus der Lernkartei und lest es dem anderen vor!*
- Aufgabe für den Partner: *Finde ein Wort, das so ähnlich klingt* (Dose – Lose; Nase – Hase – Blase)! *Wenn ihr kein passendes Wort findet, legt die Karte beiseite!*
- *Schreibt die neu gefundenen Wörter auf!*

Durch diese Übung wird das am Modellwortschatz gewonnene (verinnerlichte) Verschriftungsprinzip auf analoge Wörter übertragen. Gleichzeitig lernen die Kinder eine Technik kennen (Analogiebildung), mit der sie sich die richtige Schreibung eines unbekannten Wortes erschließen können.

Die von den Kindern aufgeschriebenen Wörter werden gelegentlich nicht der orthografischen Norm entsprechen (Beispiel: *sparen* – **paren* – **faren*). Da die Kinder in diesem Lernbereich zunächst lernen, gesprochene Wörter „lauttreu" zu verschriften, entsprechen diese Schreibungen dem aktuellen Wissensstand der Kinder. Daher werden diese Wörter auch nicht weiter geübt, sondern dienen lediglich dazu, dass die Kinder ihr Sprachgespür weiter schärfen. Aus diesem Grund können solche Privatschreibungen unbedenklich stehen bleiben und sollten von der Lehrerin oder dem Lehrer nicht korrigiert werden.

Aufgaben zum Nachdenken

Ziel der Aufgaben zum Nachdenken ist es in diesem Lernbereich, dass die Kinder ein Rechtschreibwissen über die grundlegenden Laut-Buchstaben-Beziehungen aufbauen. Sie sollen dabei erkennen, dass unsere Schrift keine Lautschrift, sondern eine an den Lauten orientierte Schrift ist. Da unsere Buchstaben von der lateinischen Schrift abgeleitet sind, sind in der Laut-Buchstaben-Zuordnung einige regelhafte Besonderheiten (wie z. B. die Schreibung von *sp* und *st* am Wortanfang oder die Schreibung von *er* am Wortende) zu beachten.

Durch die bisherigen Übungen, insbesondere die Sortieraufgaben, haben die Kinder ein Rechtschreibgespür für die regelhaften Laut-Buchstaben-Beziehungen aufgebaut. Abschließend für diesen Lernbereich geht es darum, dass die Kinder sich diese Zusammenhänge bewusst machen. Für die Lernbereiche LB und LD ist dieser Lernschritt bei den meisten Kindern verzichtbar, da er für das richtige Schreiben meist keinen zusätzlichen Ertrag bringt. Bei leistungsstarken und sprachlich geschickten Kindern können diese Aufgaben eine zusätzliche Anforderung sein, die ihnen tiefere Einblicke in die Laut-Buchstaben-Beziehungen gewähren können.

Es ist sinnvoll, die Aufgaben zum Nachdenken von den Kindern in kleinen Gruppen lösen zu lassen. So werden sie am ehesten dazu angeregt, sich miteinander über die Rechtschreibung auszutauschen.

Rumpelkammer aufräumen

Als letzte Übung zu diesem Lernbereich sollen die Kinder aus ihrer Rumpelkammer jene Wörter aussortieren, die *genau so geschrieben werden, wie man sie spricht*. Dabei werden die regelhaften Laut-Buchstaben-Zuordnungen einschließlich der Besonderheiten *(sch, ch, ng, nk, sp-, st-, qu)* berücksichtigt.

Am besten ist es, das Aussortieren in kleinen Gruppen (zwei bis vier Kinder) durchzuführen. Bei der Bearbeitung der individuellen Rumpelkammerwörter lasse ich die Kinder so weit wie möglich selbstständig arbeiten. Meist kommen sie am Anfang mit der Bitte zu mir, die aussortierten Karten zu kontrollieren. Darauf lasse ich mich nicht ein, um bei den Kindern das Vertrauen in die eigene Kompetenz zu stärken. Besser ist es, die Kinder zwei/drei Wörter vorlesen zu lassen: *„Lies mir das aussortierte Wort einmal vor!“* Das Kind liest ein Wort. *„Wenn du das Wort deutlich sprichst, wird es dann genau so geschrieben? – Prima, ich sehe, dass du das kannst. Dann werden deine anderen aussortierten Wörter auch richtig sein.“*

Nachdem die Kinder die zum Lernbereich LB passenden Rumpelkammerwörter aussortiert haben, lasse ich sie diese aufschreiben. Dies ist zwar nicht zwingend notwendig und bringt für die Kinder auch keinen zusätzlichen Lernertrag. Die aufgeschriebenen Wörter verschaffen mir jedoch einen Überblick darüber, wie sicher die Kinder in diesem Lernbereich sind. Wurden Wörter aussortiert, die einem höheren Lernbereich zuzuordnen sind, so kann dies mit den Kindern noch einmal besprochen werden: *„Lies einmal dieses Wort! – Wird es genau so geschrieben, wie du es sprichst? – Was habt ihr euch dabei überlegt, als ihr das Wort aussortiert habt?“* In der Regel sind die „falsch“ aussortierten Wörter dem Lernbereich LD zuzurechnen (vokalisches *r* oder Silben trennendes *h*). Intuitiv erfassen die Kinder schon das Prinzip, dass einige Buchstaben hörbar gemacht werden können, obwohl wir diese in der normalen Sprache nicht mitsprechen. Dies ist dann ein guter Anlass, in den Lernbereich LD einzuführen.

2.3 Lernbereich LD – sprachliche Durchgliederung der Wörter

Lernziele

Im Lernbereich LB haben die Kinder bereits gelernt, deutlich zu sprechen. In diesem Lernbereich wird das Sprachgespür zur hochdeutschen Aussprache weiterentwickelt. Da die deutsche Rechtschreibung auf der deutschen Hochsprache basiert, können sich die Kinder umgekehrt von der Schreibung der Wörter ausgehend die deutsche Hochsprache erschließen. Daher heißt der Leitsatz dieses Lernbereichs:

Sprich, wie du schreibst!

Ziel dieses Lernbereichs ist es, dass die Kinder lernen, bei Rechtschreibübungen die Wörter so zu lesen, wie sie geschrieben werden. Das so gelesene Wort wird in gleicher Weise beim Schreiben mitgesprochen. Durch das Mitsprechen wird erreicht, dass die Kinder alle hörbaren Buchstaben in der richtigen Reihenfolge aufschreiben.

In einigen Wörtern schreiben wir Buchstaben, die wir beim normalen Sprechen nicht hören können, die wir aber hörbar machen können, wenn wir das Wort so sprechen, wie es geschrieben wird. Hierzu gehören das Silben trennende *h* und das vokalische *r*. Indem sich die Kinder gegenseitig Wörter so vorsprechen (diktieren), wie sie geschrieben werden, entwickeln sie ein Gespür für diese nicht hörbaren Buchstaben. Dieses Gespür können sie dann auch für die Schreibung unbekannter Wörter nutzen.

Einführung

Regional werden Wörter recht unterschiedlich gesprochen. In der Umgangssprache, ja selbst in der deutschen Hochsprache, kommt es vor, dass einzelne Buchstaben nur angedeutet oder gar nicht gesprochen werden. In diesem Lernbereich sollen die Kinder lernen, von dem geschriebenen Wort auszugehen: *Sprich, wie du schreibst!* Damit werden auch jene Buchstaben *hörbar* gemacht, die sonst in der Umgangssprache „verschluckt“ oder nur oberflächlich gesprochen werden. Es sind vor allem drei rechtschriftliche Phänomene, die in diesem Lernbereich verinnerlicht werden sollen.

Silben trennendes h

Das Silben trennende *h* (auch Silben initiierendes *h*) wird in der deutschen Schreibung recht regelhaft gesetzt:

„Wenn einem betonten einfachen langen Vokal ein unbetonter kurzer Vokal unmittelbar folgt oder in erweiterten Formen eines Wortes folgen kann, so steht nach dem Buchstaben für den langen Vokal stets der Buchstabe h" (RR § 6, Die amtliche Regelung der deutschen Rechtschreibung, Teil I).

Beispiele sind: *ge**h**en*, *dro**h**en*, *Ru**h**e*. In der Umgangssprache sprechen wir das Wort *gehen* als [geːən]. Im Partnerdiktat wird überdeutlich [geːheːn] gesprochen.

Die Regel zum Silben trennenden *h* soll vor allem das schnelle Lesen erleichtern. Würde das Silben trennende *h* nicht gesetzt, so könnte es beim schnellen Lesen leicht zu Verwechslungen mit dem Doppelvokal (geen) oder der Umlautumschrift (droen, Rue) führen.

Das Silben trennende *h* wird auch dann gesetzt, wenn durch die Verlängerung des Wortes ein lang gesprochener Vokal und ein Endungsvokal aufeinander treffen (*Kü**he***, *Re**he***, *Schu**he***). Das Silben trennende *h* am Ende des Wortstamms wird erst im Lernbereich WU (Wörter umformen und ableiten) behandelt, da die Kinder hier lernen, die Wörter zu verlängern.

Das Silben trennende *h* kommt mit den in der Tabelle rechts aufgelisteten vorausgehenden Vokalen und Umlauten vor.

Da der lang gesprochene Vokal [iː] in der deutschen Schreibung regelhaft mit *ie* geschrieben wird und das Silben trennende *h* nur nach lang gesprochenen Vokalen auftritt, gibt es die Folge *ih* + Vokal nicht. Hier wird regelhaft *ieh* geschrieben.

Laut	**Grapheme**	
/aːə/	ah	nahe
/eːən/	eh	sehen
/oːən/	oh	drohen
/uːən/	uh	Truhe
/ɛːən/	äh	nähen
/øː/	öh	Höhe
/yːən/	üh	blühen

/iːən/	ieh	fliehen

Diese Wörter werden erst im Lernbereich LV (Kennzeichnung der lang oder kurz gesprochenen Vokale) behandelt.

Das Silben trennende *h* wird in der Regel nicht nach Diphthongen gesetzt (Beispiel: *schauen*, *freuen*, *schreien*). Beim Doppellaut *ei* gibt es einige Ausnahmen, die historisch bedingt sind (*weihen*, *leihen*, *Reihe* usw.). Diese lernen die Kinder im Lernbereich AF (Ausnahmeschreibungen) kennen.

Vokalisches r

Zwischen Vokal und folgendem Konsonanten wird ein *r* überwiegend nicht als Reibelaut oder als Zungenlaut gesprochen. Aus Vokal und *r* wird ein Diphthong mit einem stark fallenden Akzent (daher spricht man auch von einem „fallenden Diphthong"). Der vorhergehende Vokal wird dabei stark angehoben und verlängert. Ebenso wird auch das *r* am Wortende nach einem Vokal gesprochen. Dieses Phänomen tritt im Zusammenhang mit allen Vokalen auf:

Nach kurzem Vokal			**Nach langem Vokal**		
Laut	**Basisgrapheme**		**Laut**	**Basisgrapheme**	
/ɐ/	er	Bruder			
/aɐ/	ar	Karte	/aːɐ/	ar	Bar
/ɛɐ/	er	fertig	/eːɐ/	er	leer
/ɪɐ/	ir	wirken	/iːɐ/	ier	Bier
/ɔɐ/	or	Orgel	/oːɐ/	or	Tor
/ʊɐ/	ur	Gurke	/uːɐ/	ur	Schnur
/ɛɐ/	är	Ärger	/ɛːɐ/	är	Bär
/œɐ/	ör	Wörter	/øːɐ/	ör	Gehör
/yɐ/	ür	kürzer	/yːɐ/	ür	Tür

Das vokalische *r* kann nicht nach einem Doppellaut (Diphthong) stehen, da dieser in der deutschen Schriftsprache wie ein lang gesprochener Vokal behandelt wird.

Die Kinder lernen in diesem Lernbereich, das *r* überdeutlich mitzusprechen: [o r g e l]. Diese Aussprache entspricht der Standardlautung der deutschen Bühnensprache: *Sprich so wie die Schauspieler im Theater!* Oder: *Sprich so wie die Sprecher in den Nachrichten!*

Konsonantenhäufungen

Bei Konsonantenhäufungen wird ein Wort oft schwer sprechbar. Die Folge ist, dass in der Umgangssprache häufig einzelne Laute „verschluckt" oder nur recht oberflächlich gesprochen werden. Besonders schwierig sind für viele Kinder der /ŋ/-Laut, wenn weitere Konsonanten folgen (*Angst*, *Hengst*), und Konsonanten, auf die /st/ folgt (*ernst*, *Fenster*, *Gespenst*). Schwierig sind auch viele Verben in der 2. Person Singular (*du klopfst*, *fängst*, *hältst*). Hier wird oft das [t] am Wortende weggelassen oder der Konsonant vor dem *st* „verschluckt". Diese Phänomene werden im Lernbereich WU (Wörter ableiten und umformen) thematisiert.

Wortschatz

Wortauswahl

Als Modellwörter für den Lernbereich LD können nur Wörter verwendet werden, die vollständig aus Basisgraphemen zusammengesetzt sind. Dabei wird von der Grundform der Wörter ausgegangen und es gelten hier die gleichen Ausschlusskriterien wie für den Lernbereich LB (siehe S. 59 f.).

In diesen Lernbereich wurden regelhafte Schreibungen aufgenommen, die in der Durchgliederung von Wörtern häufig Schwierigkeiten bereiten:

Lernstufe 13: *Diphthong mit folgendem Endungsvokal (Diphthong + Endungsvokal).* Folgt auf einen Diphthong ein Endungsvokal, so schreiben wir kein Silben trennendes *h* (siehe hierzu RR § 7, Die amtliche Regelung der deutschen Rechtschreibung, Teil I). Dies gilt nicht für alle *ei*. Hier gibt es einige Ausnahmen (z. B. *leihen, Reihe, verzeihen*), die in Lernstufe 31 (Lernbereich AF) behandelt werden.

Lernstufe 14: *Silben trennendes h im Wort (Vokal + h + Vokal).* Folgt auf einen lang gesprochenen Vokal am Ende des Wortstamms ein Endungsvokal, so wird zwischen beide ein Silben trennendes *h* gesetzt (siehe hierzu RR § 6, Die amtliche Regelung der deutschen Rechtschreibung, Teil I).

Die Besonderheiten am Wortende *(nah, Reh, roh, froh, Floh, Kuh, Schuh, früh)* werden erst in Lernstufe 23 (Lernbereich WU) behandelt, wenn die Kinder lernen, Wörter abzuleiten und zu verlängern. Das Wort „*mähen*" ist hier auch als Beispiel aufgeführt, obwohl das *ä* erst in Lernstufe 17 (Lernbereich LV) behandelt wird. Die Besonderheit bei *ieh (fliehen, ziehen)* wird in Lernstufe 19 (LV) und in Lernstufe 27 (Lernbereich AF, *Vieh*) behandelt.

Lernstufe 15: *schwierige Konsonantenfolgen.* Hier sind einige schwierige Konsonantenfolgen bei häufig vorkommenden Wörtern zusammengestellt. Dabei wurden hier auch die Wörter *Papst* und *selbst* zugeordnet, obwohl sie eigentlich erst in Lernstufe 32 (Lernbereich AF – Ausnahmeschreibungen) behandelt werden.

Lernstufe 16: *vokalisches r (Vokal + r + Konsonant).* Das auslautende /ɐ/ (wie bei *Brud**er***) wurde bereits im ersten Lernbereich (LB) eingeführt. Dort finden sich auch vereinzelt Wörter mit vokalischem *r*, die eigentlich diesem Lernbereich zugeordnet werden müssten, aber in Ermangelung von Alternativen schon früher aufgeführt wurden:

- Lernstufe 8: *Mörder, Körper*
- Lernstufe 9: *Sport, stark, Sturm*
- Lernstufe 12: *Quark, Herz, schwarz, stürzen*

Wörter mit lang gesprochenem *i* werden erst in Lernstufe 19 (LV, *Tier*) aufgeführt. Wörter mit *är* kommen in Lernstufe 17 (LV, *Bär*) und 24 (WU, *Lärm, März*) vor.

Wörter des Modellwortschatzes

Der Modellwortschatz zum Lernbereich LD enthält 80 Wörter, die in 4 Lernstufen untergliedert sind. Die Wörter sind dem Modellwortschatz Teil 2 zugeordnet:

- 13 Diphthonge + Vokal
- 14 Silben trennendes h
- 15 schwierige Konsonantenfolgen
- 16 vokalisches r im Wortinneren und am Wortende

Erschöpfende Wörterlisten

Der Wortschatz zum Silben trennenden *h* ist sehr begrenzt. Daher lässt sich hierfür eine erschöpfende Wörterliste erstellen. Im Gebrauchswortschatz der deutschen Sprache kommen folgende Wörter mit Silben trennendem *h* vor:

ah	Ahorn, (nahe, beinahe = Ableitungen von nah)
eh	*drehen*, Ehe, ehern, eher, flehen, *gehen*, geschehen, Lehen, Schlehe, *sehen*, *stehen*, Wehe, *wehen*, *Zehe*
ieh	(fliehen), (wiehern), (ziehen)
oh	*drohen*, Lohe
uh	*ruhen*, *Truhe*, Uhu
äh	blähen, Fähe, fähig, Häher, Krähe, krähen, *mähen*, nähen, spähen
öh	(Höhe, höher = Ableitungen von hoch)
üh	*blühen*, glühen, brühen, Mühe, sprühen
eih	(gedeihen), (leihen), (Reihe), (Reiher), (seihen), (weihen), (Weiher), (zeihen)

Die Wörter des Modellwortschatzes wurden *kursiv* gedruckt. Nicht aufgenommen wurden in diese Liste Wörter mit Silben trennendem *h* am Ende des Wortstamms und Fremdwörter mit Silben trennendem *h*. Wörter, die einem höheren Lernbereich zugeordnet werden müssen, wurden in Klammern gesetzt.

Die Liste der deutschen Wörter mit vokalischem *r* – bezogen auf die Grundwörter des Gebrauchswortschatzes der deutschen Sprache – ist etwas umfangreicher, aber dennoch überschaubar. In der folgenden Tabelle sind die Wörter des Modellwortschatzes *kursiv* gedruckt. Wörter, die einem höheren Lernbereich zugeordnet werden müssen, wurden in Klammern gesetzt. Nicht aufgenommen wurden Wörter mit vokalischem *r* am Wortende, Wörter mit der Endung *-ern* (siehe Lernbereich LB), nur regional vorkommende Wörter und, von wenigen Ausnahmen abgesehen, Fremdwörter.

ar	arbeiten, Arche, (arg), arm, *Arm*, Arsch, Art, (artig), *Arzt*, barsch, *Bart*, darben, Darm, erbarmen, *Farbe*, (Farm), Farn, Garbe, Garn, (Gardine), (garstig), *Garten*, Harfe, Harke, Harn, Harnisch, harsch, *hart*, (karg), (Karpfen), Karst, *Karte*, (Kartoffel), Mark, Marke, Markt, Marsch, Marter, Narbe, (*Park*), (Partei), (Partner), *Quark*, (Sarg), *scharf*, Scharte, schnarchen, Schwarm, Schwarte, *schwarz*, *stark*, *warm*, warnen, *warten*, Warze, zart
är	(Ärger), (Färse), (Lärche), (Lärm), (März), (Gebärde), (gewärtig), (Schärpe)
er	(Berg), bergen, bersten, (derb), erben, Erde, *ernst*, ernten, erst, Erz, *fern*, Ferse, (fertig), gerben, gerne, Gerte, Gewerbe, (herb), Herberge, (Herbst), (Herd), Herde, *Herz*, Kerbe, Kerl, Kern, Kerze, Laterne, Lerche, *lernen*, *merken*, Perle, (Pferch), (Pferd), Scherbe, Scherge, Schmerz, Schwert, sterben, Stern, (verderben), werben, *werden*, *werfen*, Werft, Werk, *Wert*, (Zwerchfell), (Zwerg)
ir	Birke, *Birne*, (Dirndl), Dirne, (Firma), First, Hirn, Hirsch, Hirse, Hirte, *Kirche*, (Kirmes), *Kirsche*, Knirps, knirschen, pirschen, Quirl, *Schirm*, Schmirgel, Stirn, wirbeln, *wirken*, (wirklich), wirsch, Wirsing, *Wirt*, zirpen, Zwirn, (Zirkel), (Zirkus)
or	(Bord), borgen, Borke, Borste, *Dorf*, Dorn, dort, fordern, Forke, *formen*, forsch, forschen, Forst, fort, Horde, Horn, Hort, Knorpel, (Korb), Kordel, Kork, Korn, (Mord), *Morgen*, *Norden*, (Norm), (*normal*), Orden, (ordnen), Orgel, *Ort*, (Pforte), (Porto), Schnorchel, Schorf, Schorle, *sorgen*, (Sorte), *Sport*, torkeln, (Torte), *Wort*, Zorn
ör	(Behörde), fördern, nörgeln, *Körper*, (Börse), *Mörder*, Mörser, erörtern, Mörtel
ur	(Burg), Bursche, durch, *Durst*, Furche, Furcht, Furt, Furz, Gurgel, Gurke, Gurt, Kurbel, *kurz*, murksen, Murmel, murmeln, purzeln, schlurfen, schnurz, Schurke, spurten, *Sturm*, Sturz, *Turm*, *turnen*, Urne, Wurm, *Wurst*, Wurzel
ür	(bedürfen), Bürde, bürgen, Bürger, *bürsten*, Bürzel, *dürfen*, fürder, Fürst, Hürde, Kürbis, Kürschner, mürbe, schürfen, Schürze, *stürzen*, Türke, (türkis), türmen, Würde, würgen, Würze

Da das vokalische *r* nur nach kurz gesprochenen Vokalen auftreten kann, gibt es keine Wörter mit Diphthongen oder *ie* vor dem vokalischen *r*.

In der Regel werden der lang gesprochene Laut [ɛː] mit *ä* und der kurz gesprochene Laut [ɛ, e] mit *e* verschriftet (siehe Lernbereich LV). In Ableitungen wird *ä* geschrieben, wenn das Grundwort mit *a* geschrieben wird (siehe Lernbereich WU). Da die obige Tabelle nur Grundwörter enthält, sind die Wörter mit *är* dementsprechend Ausnahmeschreibungen, die im Lernbereich AF behandelt werden.

Abschreiben

Beim Abschreiben der Wörter gehen die Kinder genauso vor, wie sie es im Lernbereich LB (siehe S. 60 f.) gelernt haben.

An den Wörtern mit nicht hörbaren Buchstaben zeigt sich am deutlichsten, ob die Kinder die Technik des Abschreibens beherrschen. Kommen hier Verschreibungen vor, so liegt es meist daran, dass sich die Kinder das Wort nicht in der „Rechtschreibsprache" vorsprechen oder beim Schreiben nicht mitsprechen. Um die Aufmerksamkeit der Kinder darauf zu lenken, diese stummen Buchstaben deutlich zu sprechen, lasse ich sie die schwierigen Stellen mit einem Farbstift markieren: *Unterstreiche das Silben trennende h! Unterstreiche das vokalische r!*

Partnerdiktat

Die wichtigste Übung in diesem Lernbereich ist das Partnerdiktat. Ein wichtiges Lernziel dieses Lernbereichs, die Weiterentwicklung des deutlichen Sprechens hin zur hochdeutschen Aussprache, kann über diese Übung am ehesten gerade vom diktierenden Partner erreicht werden. Beim Partnerdiktat kommt es in diesem Lernbereich daher besonders darauf an, darauf zu achten, dass die Kinder beim Diktieren die nicht hörbaren Buchstaben deutlich vorsprechen.

Damit die Kinder ein Gespür für den Unterschied zwischen gesprochener und geschriebener Sprache entwickeln, gebe ich ihnen an dieser Stelle den Hinweis, das Wort erst in normaler Sprache vorzulesen und dann noch einmal in der Rechtschreibsprache zu diktieren. Dabei wird das Wort beim zweiten Mal etwas gedehnt gesprochen.

Beispiel gehen = /geːən/, /geːheːn/

Werden das Silben trennende *h* und das vokalische *r* vor- und mitgesprochen, so entwickeln die Kinder nebenbei auch ein Gespür für die Gliederung der Wörter in Sprechsilben. Damit werden schon hier Kompetenzen vorbereitet, deren intensive Übung in den späteren Lernbereichen LV (Kennzeichnung langer und kurzer Vokale) und WZ (zusammengesetzte Wörter) stattfindet.

An den Wörtern mit schwierigen Konsonantenfolgen (Lernstufe 15, Lernbereich LD) lernen die Kinder, dass es wichtig ist, ganz besonders deutlich zu artikulieren und langsam zu sprechen. Dieses deutliche Vorsprechen, und damit verbunden die Aufmerksamkeitsausrichtung auf die genaue Lautfolge, ist oftmals ein besseres Training zum richtigen Schreiben schwieriger Wörter als das Schreiben selbst.

Sortieraufgaben

Zu diesem Lernbereich können Sortieraufgaben nur durchgeführt werden, wenn alle bisher bearbeiteten Wörterkarten (also auch die Karteikarten der Lernstufe LB, Modellwortschatz Teil 1) mit einbezogen werden (zur allgemeinen Arbeitsanweisung zu Sortieraufgaben siehe S. 38 ff.).

Sortieraufgabe zum Silben trennenden h

Die Kinder sprechen sich gegenseitig die Wörter aus ihrer Lernkartei vor. Zunächst sortieren sie alle Wörter aus, in denen kein *h* geschrieben wird. Dann entscheiden sie, ob das *h* am Wortanfang oder im Wortinneren zu hören ist, bzw. hörbar gesprochen werden kann. Diese Sortieraufgaben können die Kinder auch in einem Schritt vollziehen.

Da das *h* am Wortende (auslautendes Silben trennendes *h*) nur durch die Wortableitung erschlossen werden kann (Lernbereich WU), kann die Sortieraufgabe auf das *h* am Wortanfang und im Wortinneren beschränkt werden. Wörter mit Dehnungs-*h* kommen im Modellwortschatz erst bei den Ausnahmeschreibungen (Teil 3 des Modellwortschatzes, Lernbereich AF) vor.

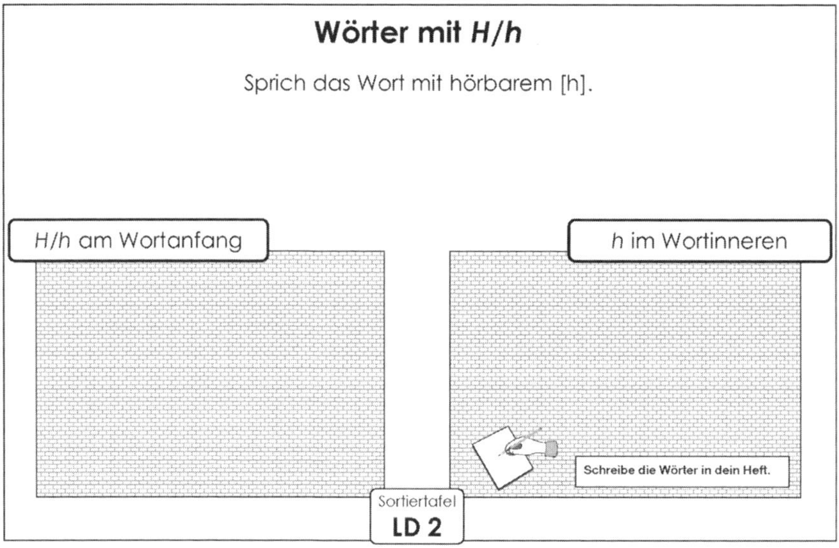

Die Sortieraufgabe sollte immer mit einer Schreibaufgabe verbunden werden. Um das Sprachgespür für die Weiterentwicklung des Rechtschreibgespürs zu nutzen, sollten die Kinder vor allem die Wörter mit *h* im Wortinneren schreiben. Abschließend sollten die Kinder weitere Wörter mit Silben trennendem *h* suchen und aufschreiben (siehe Abb. S. 77).

In der Regel bereitet das Silben trennende *h* den Kindern keine Schwierigkeiten, wenn sie angeleitet werden, die Wörter deutlich in Silben zu sprechen.

Sortieraufgabe zum vokalischen r

Die Kinder sprechen sich gegenseitig die Wörter aus ihrer Wörterkartei vor. Zunächst sortieren sie alle Wörter aus, in denen kein *r* geschrieben wird. Dann entscheiden sie, ob das [r] im Wort zu hören ist oder nicht. Zum vokalischen *r* wird eine Sortierfolge angeboten:

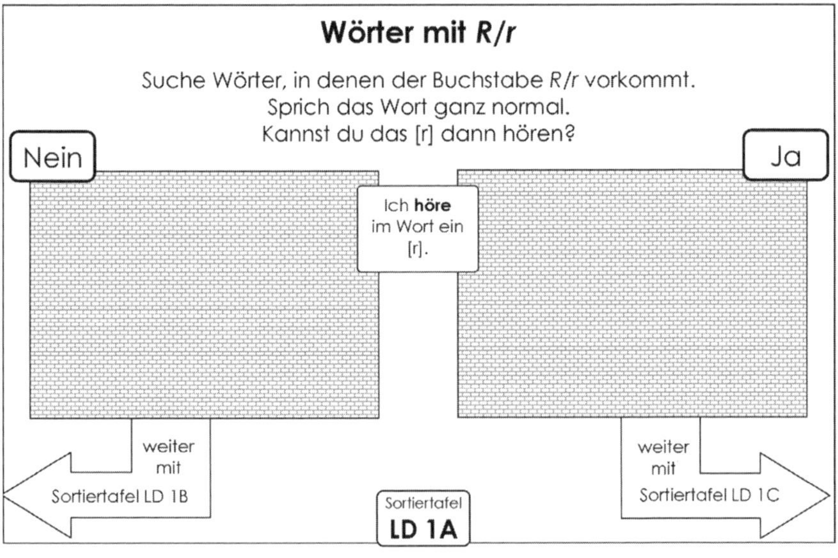

Die Wörter, in denen das [r] bei normalem Sprechen nicht hörbar ist, werden ein weiteres Mal sortiert (siehe Abb. Sortiertafel LD 1B, S. 79 oben).

Es ist sinnvoll, diese Sortierübung mit einer Schreibübung zu verbinden und die Kinder die Wörter mit Silben trennendem *h* und mit *r* am Wortende aufschreiben zu lassen.

Die Wörter, in denen das [r] bei normalem Sprechen hörbar ist, können ebenfalls weiter sortiert werden (siehe Abb. Sortiertafel LD 1C, S. 79 unten).

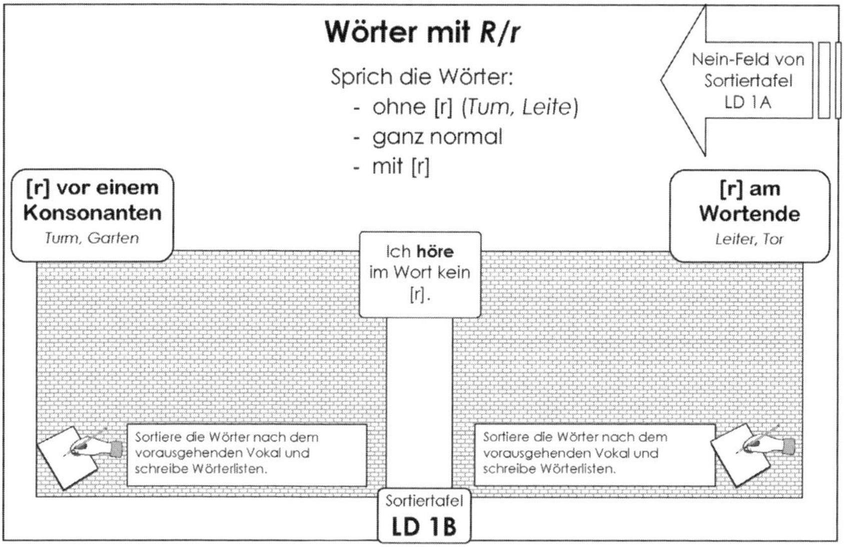

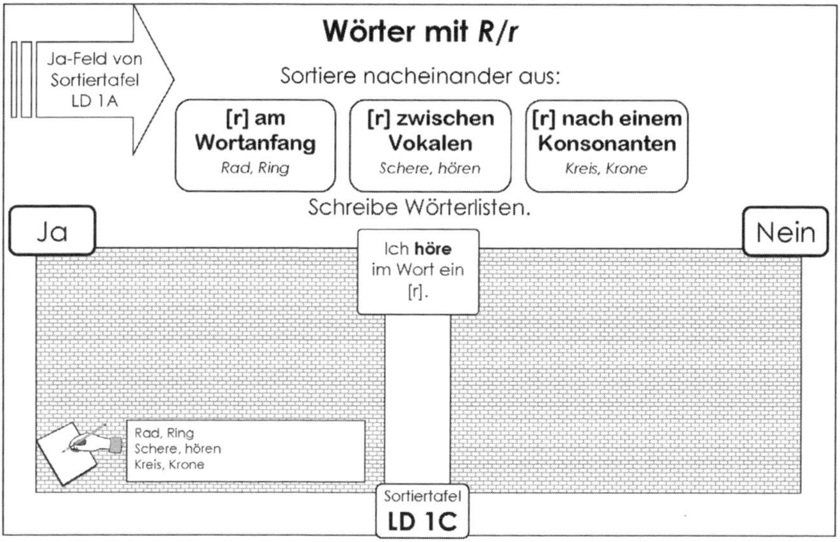

Diese Sortierung bietet für die meisten Kinder, die den Lernbereich LB ertragreich durchlaufen haben, keinen weiteren Gewinn für die Weiterentwicklung der Rechtschreibkompetenz.

Beim vokalischen *r* kommt es häufig vor, dass die Kinder nach einigen Übungen dieses Phänomen übergeneralisieren und auch auf Wörter ohne *r* übertragen (**Karter* anstatt *Kater*, **Sparten* anstatt *Spaten*). Diese Übergeneralisierung ist eine wichtige Lernphase. Sie zeigt, dass sich beim Kind ein Rechtschreibgespür für dieses Phänomen gerade entwickelt. Daher sollten solche Schreibungen in dieser Phase auch nicht korrigiert werden. Meist verschwinden die Übergeneralisierungen ganz von selbst, wenn die Kinder die Übungen zum kurz und lang gesprochenen Vokal (Lernbereich LV) durchführen.

Ergänzende Übungen

Nach den Sortieraufgaben sollten die Kinder weitere klangähnliche Wörter mit Silben trennendem *h* und vokalischem *r* sammeln. Dabei gehen sie von den Wörtern im Modellwortschatz aus, sammeln weitere klangähnliche Wörter, sortieren diese nach dem vorausgehenden Vokal und tragen sie in eine Tabelle ein. Die Wörterliste auf Seite 74 gibt alle deutschen Wörter der Gegenwartssprache mit Silben trennendem *h* wieder. An dieser Zusammenstellung ist schon ersichtlich, dass das Silben trennende *h* vornehmlich in der Verbindung mit den Vokalen *e, ä* und *ü* vorkommt. Gelegentlich stoßen Kinder auf zwei Ausnahmen:

- **säen:** Das Wort ist von dem Nomen *Saat* abgeleitet. Daraus ergibt sich *säen* als regelhafte Schreibung, da der Doppelvokal *aa* bei der Umformung zu einem Umlaut generell nur mit *ä* geschrieben wird (keine doppelten Umlaute, wie z. B. ebenso bei *Härchen, Pärchen, Sälchen*). Die Schreibung **sähen* würde gegen das Wortstammprinzip verstoßen. Wir müssten dann auch **Saht* schreiben. Dies ist aber nicht zulässig, da nun das *h* im Wortstamm vor einem *t* stehen würde. Daher ist *säen* keine Ausnahme, sondern regelhaft.
- **Böe:** Fremdwort; seit dem 17. Jh. aus dem niederländischen *bui, buy* mit eingedeutschter Schreibung. Leider hat man sich bei der Rechtschreibreform nicht dazu durchgerungen, das Lautprinzip bei dem Wort *Böe* höher einzustufen und *Böhe* zuzulassen. Durch die Schreibweise *Bö* und *Böe* bleibt das Wort als Fremdwort erkennbar. Einerseits gibt es keine deutschen Wörter mit *ö* am Wortende und ebenfalls gibt es im deutschen Gebrauchswortschatz keine bedeutungstragenden Wörter mit zwei Buchstaben (bis auf *Öl*, früher *oli, öle* von lat. *oleum*). Andererseits wird hier, wie in Fremdwörtern üblich, kein Silben trennendes *h* gesetzt, sondern die Vokalfolge getrennt gesprochen (wie in *Fami**lie***, *Ru**ine***). Die Schreibung *Bö* und *Böe* ist daher ganz regelhaft.

Zum vokalischen *r* gibt es sehr viele Wörter, sodass sich hier viele analoge Wörter finden lassen. Am einfachsten ist es, wenn die Kinder die Wörter des Modellwortschatzes mit vokalischem *r* als Ausgangspunkt nehmen und hierzu klangähnliche Wörter suchen (Beispiel: *Arm – Schwarm*, *Bart – hart*).

Diese ergänzenden Aufgaben verstärken vor allen Dingen das Sprachgespür der Kinder. Sie zeigen ihnen aber auch Wege auf (klangähnliche Wörter suchen), wie sie sich die Schreibung unbekannter Wörter erschließen können.

Aufgaben zum Nachdenken

Die Aufgaben zum Nachdenken führen, ähnlich wie im Lernbereich LB, nicht zu einer weiteren Verbesserung des Rechtschreibgespürs. Kinder, die in diesem Lernbereich gelernt haben, deutlich und hochdeutsch zu sprechen, sind in der Lage, die Schreibung der gelesenen Wörter für die Weiterentwicklung des eigenen Rechtschreibgespürs zu nutzen.

Für leistungsstarke Kinder und für Kinder mit einer hohen Sprachkompetenz können die Aufgaben zum Nachdenken das implizite Rechtschreibgespür bewusst machen. Hierüber erfahren die Kinder, dass viele Phänomene der deutschen Rechtschreibung geordnet und regelhaft sind.

Die Aufgaben zum Nachdenken können in der Regel als letzter Schritt an die Sortieraufgaben angehängt werden.

Rumpelkammer aufräumen

Zum Abschluss des Lernbereichs sortieren die Kinder aus ihrer Rumpelkammer die Wörter mit Silben trennendem *h* und vokalischem *r* aus. Auch Wörter mit schwierigen Konsonantenfolgen, die aber weitgehend aus regelhaften Laut-Buchstaben-Zuordnungen bestehen, können aussortiert werden.

Auch in diesem Lernbereich ist es für die Lehrerin oder den Lehrer hilfreich, wenn die Kinder die aussortierten Wörter aufschreiben. So kann sie oder er sich einen Überblick darüber verschaffen, inwieweit die Kinder ein zum Lernbereich passendes Rechtschreibwissen aufgebaut haben.

Gelegentlich sortieren Kinder in dieser Phase auch Wörter mit Dehnungs-*h* aus. Dies kann zum Anlass genommen werden, mit den Kindern den Unterschied zwischen dem Silben trennenden *h* und dem Dehnungs-*h* zu besprechen. Der Unterschied besteht darin, dass ein Silben trennendes *h* zwischen Vokalen steht und damit hörbar gesprochen werden kann. Demgegenüber steht das Dehnungs-*h* immer vor einem Konsonanten und kann daher nicht gesprochen werden. Die Lösung, die Kindern hier angeboten werden muss, lautet daher: *Sprich das Wort deutlich so, wie es geschrieben wird! Kannst du das h hörbar sprechen?* Auf diese Weise bekommen die Kinder auch eine Hilfe, wie sie sich im Zweifelsfall selbst weiterhelfen können.

2.4 Lernbereich LV – lang oder kurz gesprochene Vokale

Lernziele

Im Lernbereich LB haben die Kinder bereits gelernt, deutlich zu sprechen. Im Lernbereich LD haben sie ihre Aussprache in Richtung der hochdeutschen Aussprache weiterentwickelt.

In diesem Lernbereich sollen die Kinder darauf aufmerksam werden, dass die Vokale in der deutschen Sprache unterschiedlich klingen und lang oder kurz gesprochen werden. Wie die Vokale gesprochen werden, hängt auch von der Betonung (betont oder unbetont) und der Stellung (erste oder Endsilbe) ab. Aus diesem Grund muss auch die Sprechsilbe in den Blick der Kinder gerückt werden, sollen sie die Silbe als gliedernde Einheit beim Sprechen erfahren. Daher heißt der Leitsatz dieses Lernbereichs:

Sprich den Vokal betont lang oder kurz! – Sprich längere Wörter in Silben!

Ziel der Übungen mit dem Modellwortschatz ist es, dass die Kinder lang und kurz gesprochene Vokale unterscheiden und die regelhafte Kennzeichnung der lang gesprochenen Vokale *(ie, ä, ß nach Vokal)* sowie der kurz gesprochenen Vokale (Konsonantenverdopplung, *ck, tz*) verinnerlichen.

In diesem Lernbereich wird das Mitsprechen (Dehnsprechen, Schreibsprache) zu einem silbenweisen Mitsprechen weitergeführt, damit auch hierbei der Vokal als kurz oder lang gesprochen „hörbar" wird.

Einführung

Die Vokallänge ist im Deutschen ein bedeutungsunterscheidendes Merkmal (z. B. *bieten – bitten, lasen – lassen, Ofen – offen, Riese – Risse*). Die Länge oder Kürze eines Vokals (gemäß der Standardlautung) hat auch Konsequenzen für die Rechtschreibung. Umgekehrt kann von der Schreibung auf die Aussprache geschlossen werden.

In diesem Lernbereich geht es zunächst nur um die regelhafte Kennzeichnung lang und kurz gesprochener Vokale. Hierbei gelten folgende Prinzipien:

1. Die regelhafte Kennzeichnung des lang gesprochenen Vokals: Der lang gesprochene Vokal wird in der Regel nicht besonders gekennzeichnet. Hierzu heißt es im Teil I, Absatz 1.3 (Besondere Kennzeichnung der langen Vokale) der amtlichen Regelung der deutschen Rechtschreibung: „Folgt im Wortstamm auf einen betonten Vokal kein Konsonant, ist er lang. (...) Folgt nur ein Konsonant, so kann der Vokal kurz oder lang sein. Die Länge wird (...) bei einheimischen Wörtern mit [iː] regelmäßig durch ie bezeichnet. Ansonsten erfolgt die Kennzeichnung nur ausnahmsweise."

Da ein einzelner Konsonant nach einem betonten kurzen Vokal regelhaft durch Verdopplung des Konsonantenbuchstabens gekennzeichnet wird, ist eine zusätzliche Kennzeichnung des lang gesprochenen Vokals im Prinzip nicht notwendig.

Das Gespür für die regelhafte Schreibung ohne besondere Kennzeichnung der Vokallänge wurde bereits über die Modellwörter des ersten Lernbereichs LB angebahnt, z. B. durch Wörter wie *Regen*, *böse*, *Nagel*, *Hut* (lang gesprochener Vokal) und *Heft*, *kalt*, *Ast* (kurz gesprochener Vokal).

In diesem Lernbereich werden drei Besonderheiten bei lang gesprochenen Vokalen behandelt:

- Der lang gesprochene Vokal [iː] wird in deutschen Wörtern regelhaft durch *ie* dargestellt.
- Bezogen auf die Grundwörter wird der lang gesprochene Vokal [ɛː] regelhaft mit *ä* verschriftet, der kurz gesprochene Vokal [ɛ] demgegenüber regelhaft mit *e*.
- Nach einem lang gesprochenen Vokal steht für das stimmlose [s] regelhaft *ß*. Am Wortende kann auch *s* geschrieben werden (Auslautverhärtung, die im Lernbereich WU thematisiert wird).

Die **Ausnahmen** bei der Kennzeichnung lang gesprochener Vokale (Vokalverdopplung und Dehnungs-*h* [iː] als *ih* verschriftet) werden erst im Lernbereich AF (= Ausnahmen und Fremdwörter) thematisiert und geübt.

2. Die regelhafte Kennzeichnung des kurz gesprochenen Vokals: Auf einen kurz gesprochenen betonten Vokal im Wortstamm folgen regelmäßig zwei oder mehr Konsonanten: „Folgt im Wortstamm auf einen betonten kurzen Vokal nur ein einzelner Konsonant, so kennzeichnet man die Kürze des Vokals durch Verdopplung des Konsonantenbuchstabens“ (RR § 2, Die amtliche Regelung der deutschen Rechtschreibung, Teil I). Folgende Besonderheiten werden zusätzlich aufgeführt (RR § 3, s. o.): „Für k und z gilt eine besondere Regelung: (1) Statt kk schreibt man ck. (2) Statt zz schreibt man tz.“

Die Vermittlung im Unterricht

Grundlage für die korrekte Schreibung ist die Kompetenz, lang gesprochene Vokale von kurz gesprochenen zu unterscheiden. Daher ist es sinnvoll, zunächst das Sprachgespür der Kinder dahingehend weiterzuentwickeln, dass diese ein Gespür für die Länge der Vokale aufbauen. Die hierfür notwendigen Sprach- und Hörübungen können mit den Wörtern des Modellwortschatzes durchgeführt werden (siehe hierzu die Hinweise zu den Sortierübungen). Indem die Kinder Wörterlisten mit besonderen Kennzeichnungen der lang oder kurz gesprochenen Vokale schreiben (z. B. Wörterlisten mit Doppelkonsonanten), überführen sie ihr Sprachgespür in ein Rechtschreibgespür. In einem letzten Schritt werden mit den Kindern die Prinzipien der Kennzeichnung langer und kurzer Vokale besprochen bzw. von den Kindern selbst erarbeitet (Aufgaben zum Nachdenken).

Wortschatz

Wortauswahl

Als Modellwörter für den Lernbereich LV können nur Wörter verwendet werden, die vollständig aus Basisgraphemen zusammengesetzt sind. Dabei wird von der Grundform der Wörter ausgegangen und es gelten hier die gleichen Ausschlusskriterien wie für den Lernbereich LD (siehe S. 73 f.). Neu hinzu kommen Wörter, bei denen der lang oder kurz gesprochene Vokal regelhaft gekennzeichnet ist. Hier werden Modellwörter zu fünf Phänomenen (Lernstufen 17 bis 21) erfasst:

Lernstufe 17: *langer Vokal* ä. Der (überkorrekt) als langes [ɛː] ausgesprochene Laut wird mit *ä* verschriftet (Beispiel: ***Käse***).

Lernstufe 18: ß *nach langem Vokal.* Der stimmlose Laut *s* wird nach lang gesprochenem Vokal regelhaft mit *ß* verschriftet (Beispiel: *Fu**ß***).

Lernstufe 19: *lang gesprochenes* [iː]. Das lang gesprochene [iː] wird regelhaft mit *ie* verschriftet (Beispiel: *W**ie**se*)

Lernstufe 20: *Konsonantenverdopplung nach kurz gesprochenem Vokal.* Folgt auf einen kurz gesprochenen, zum Wortstamm gehörenden Vokal nur ein einzelner Konsonant, wird der Konsonantenbuchstabe verdoppelt (siehe RR § 2, s. o.; Beispiel: *ko**mm**en, Mu**tt**er*).

Lernstufe 21: ck *und* tz. In deutschen Wörtern wird für *kk* stets *ck* und für *zz* stets *tz* geschrieben (siehe RR § 3, s. o.; Beispiel: *Wec**k**er, Kat**z**e*).

Wörter des Modellwortschatzes

Der Modellwortschatz zum Lernbereich LV enthält 160 Wörter, die in fünf Lernstufen untergliedert sind. Die Wörter sind dem Modellwortschatz Teil 2 zugeordnet und folgen auf die Wörter zum Lernbereich LD:

- 17 lang gesprochener Vokal [ɛː]
- 18 ß nach lang gesprochenem Vokal
- 19 Wörter mit ie
- 20 Wörter mit Doppelkonsonanten
- 21 Wörter mit ck oder tz

Abschreiben

In den ersten Lernbereichen haben die Kinder gelernt, dass es von Vorteil ist, beim Schreiben mitzusprechen (Koartikulation). Dabei haben sie das Wort in einer „Rechtschreibsprache" gedehnt gesprochen, bei der der Unterschied zwischen kurz und lang gesprochenen Vokalen aufgehoben wurde.

In diesem Lernbereich sind jedoch die kurz gesprochenen Vokale für die Schreibung des Wortes von besonderer Bedeutung. Daher ist es notwendig, das Mitsprechen so zu verändern, dass die kurz und lang gesprochenen Vokale auch beim Schreiben deutlich werden. An dieser Stelle im Lernprozess ist es hilfreich, die Silbenfuge für eine Sprechpause beim Schreiben zu nutzen. Das Mitsprechen wird so zu einem silbenweisen Mitsprechen weitergeführt. Das Abschreiben, vor allen Dingen aber das Partnerdiktat, wird dafür genutzt, das veränderte Mitsprechen einzuüben.

Vor dem erstmaligen Abschreiben markieren die Kinder auf der Karteikarte die Silbenfuge. Mit einem farbigen Stift ziehen sie zwischen den Sprechsilben einen kleinen senkrechten Strich. Der Auftrag lautet:

Bisher habt ihr beim Schreiben immer mitgesprochen. Das hat euch geholfen, beim Schreiben keine Buchstaben zu vergessen oder zu vertauschen. Hierbei habt ihr die „Schreibsprache" verwendet. Ihr habt genauso gesprochen, wie das Wort geschrieben werden sollte. Bei den Wörtern in diesem Lernbereich müsst ihr es anders machen. Hier sollt ihr beim Schreiben ganz besonders auf die lang und kurz gesprochenen Vokale achten.

Bei lang gesprochenen Vokalen macht ihr immer eine kleine Sprechpause. Wenn ihr also beispielsweise das Wort „Käse" schreiben sollt, dann sprecht: „kä | se"! Am besten ist es, wenn ihr auf der Karteikarte bei den Wörtern mit lang gesprochenen Vokalen nach dem langen Vokal einen klei-

nen Strich zieht. Dann fällt es euch am Anfang leichter, euer Mitsprechen zu verändern. Das geht natürlich nicht mit kurzen Wörtern, bei denen auf den lang gesprochenen Vokal nur noch ein Buchstabe folgt. Hier sprecht ihr einfach so, wie ihr es bisher gemacht habt.

Sobald die Kinder ihr Mitsprechen verändert haben und die Wörter mit den kurz gesprochenen Vokalen üben, wird ergänzt: *Bei den kurz gesprochenen Vokalen habt ihr herausgefunden, dass danach immer zwei Konsonanten folgen. Wenn ihr solche Wörter schreibt, dann macht ihr die Sprechpause am besten zwischen den beiden Konsonanten. So könnt ihr lernen, beim Schreiben keinen Konsonanten zu vergessen. Wollt ihr das Wort „Zimmer" schreiben, dann zieht ihr den Strich zwischen den beiden <m>, also: Zim|mer und ihr sprecht dann: „zim | mer". Das geht natürlich mit kurzen (einsilbigen) Wörtern nicht. Hier müsst ihr wieder so sprechen, wie ihr es bisher auch gemacht habt.*

Partnerdiktat

Zur allgemeinen Arbeitsanweisung zum Partnerdiktat siehe S. 36 ff. In diesem Lernbereich wird das Mitsprechen zum silbenweisen Vorsprechen weitergeführt. Wenn die Kinder beim ersten Schreiben bereits die Silbe markiert haben, ist es für das diktierende Kind leicht, das Wort silbenweise zu sprechen. Wird auf die Abschreibübung verzichtet, dann sollte jedes Kind zunächst die Silbenfuge auf den Wörterkarten seines Modellwortschatzes markieren. Die Kinder diktieren immer die Wörter aus der Lernkartei des Partners. Daher fallen an dieser Stelle auch „Fehlmarkierungen" auf und können entsprechend korrigiert werden.

Für denjenigen, der das Wort schreibt, ist das silbenweise Vorsprechen ein Vorbild für das eigene Mitsprechen beim Aufschreiben des Wortes. Auf diese Weise können beide Kinder durch das Partnerdiktat ihr Mitsprechen weiterentwickeln. Auch in diesem Lernbereich erweist sich daher das Partnerdiktat als eine besonders ertragreiche Übung.

Sortieraufgaben

Die Sortieraufgaben verfolgen in diesem Lernbereich zwei verschiedene Ziele:

Ziel A: Sprachübung zur Entwicklung eines Sprachgespürs für kurz oder lang gesprochene Vokale.

Ziel B: Schreibübung zur Weiterentwicklung des Rechtschreibgespürs für die regelhaften Kennzeichnungen der lang oder kurz gesprochenen Vokale.

Sprachübungen

Die Wörterkarten des Modellwortschatzes Teil 1 und Teil 2 können für Sprachübungen zur Erfassung der Vokallänge genutzt werden.

		Anzahl der mit LV markierten Karteikarten	
		lange Vokale	kurze Vokale
Teil 1	Lernstufe 1–12	91	130
Teil 2	Lernstufe 13–25	59	191

Wörter, die hierfür genutzt werden können, haben auf der Vorderseite der Karteikarte eine Markierung im Feld LV:

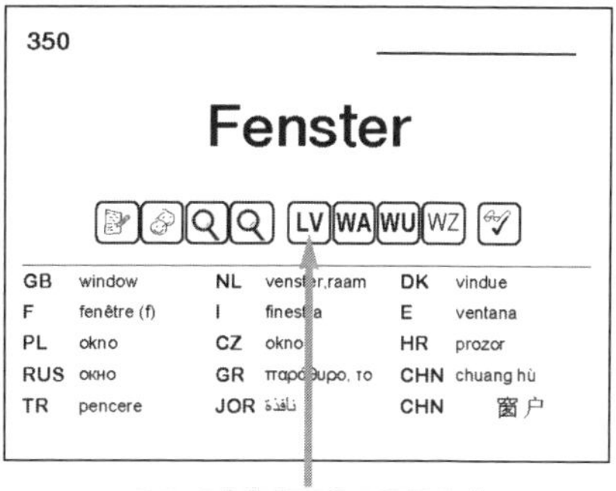

Das Wort kann für eine Sprachübung zum Lernbereich LV genutzt werden.

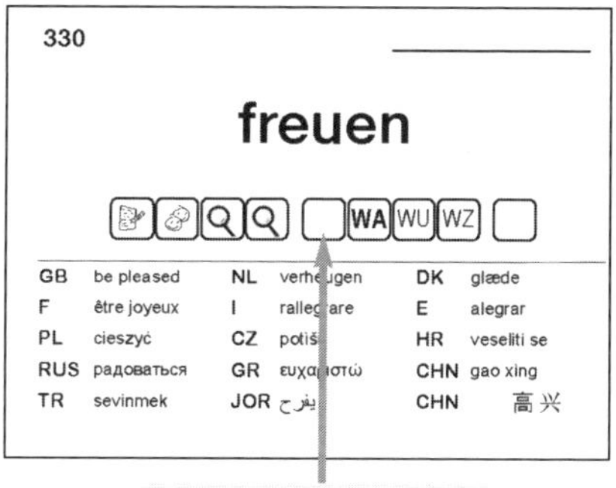

Das Wort kann **nicht** für eine Sprachübung zum Lernbereich LV genutzt werden.

Die Kinder üben in Partnerarbeit. Abwechselnd ziehen sie eine Karteikarte aus der Lernkartei des Partners. Sie schauen auf der Vorderseite der Wortkarte nach, ob hier das Feld LV markiert ist. Ist das Feld nicht ausgefüllt, wird die Karte zur Seite gelegt. Ist in dem Feld „LV" eingetragen, kann das Wort für die Hörübung genutzt werden.

Auch für diese Übung kann zur Vereinfachung eine Sortiertafel mit den Feldern „Ja" und „Nein" verwendet werden. In den ersten Klassen ist es auch hilfreich, eine Sortiertafel zu verwenden, die mit den entsprechenden Anlautbildern versehen ist:

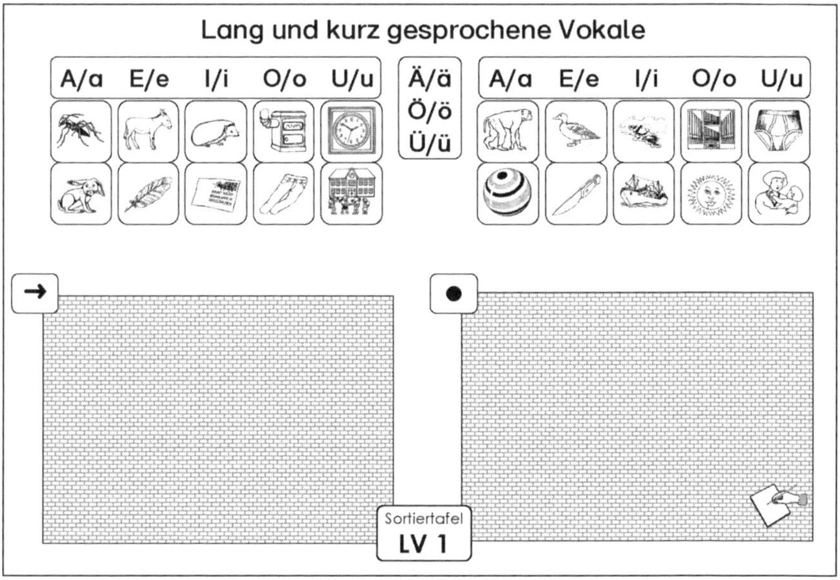

Aufgabenstellung/Übungsverlauf:

Kind 1	**Kind 2**
Liest das Wort vor: *„lesen"*	Kind wiederholt: *„lesen"*
Frage: *Welchen Vokal hörst du?*	Antwort: *Ein <e>.*
Sprich den Vokal lang: *und kurz:* *Ist er lang oder kurz?*	*„leeeesen"* *„lessen"* *Der Vokal ist lang.*
Dann sortieren wir die Karteikarte auf das Feld „langer Vokal".	

Das Kind, das die Aufgabe gestellt hat, vergleicht die Antwort mit der Lösungsangabe auf der Rückseite der Karte (siehe Abb. S. 89 oben) und legt dann die Wortkarte auf das Feld „lang gesprochene Vokale".

Um die Kinder an die regelhafte Schreibung der kurz gesprochenen Vokale und an das Prinzip der Konsonantenverdopplung heranzuführen, ist es sinnvoll, die auf das Feld „kurze Vokale" sortierten Karten in einem weiteren Schritt noch einmal zu bearbeiten. Hierfür können auch Abfolgen von Sortiertafeln verwendet werden (siehe Abb. S. 89).

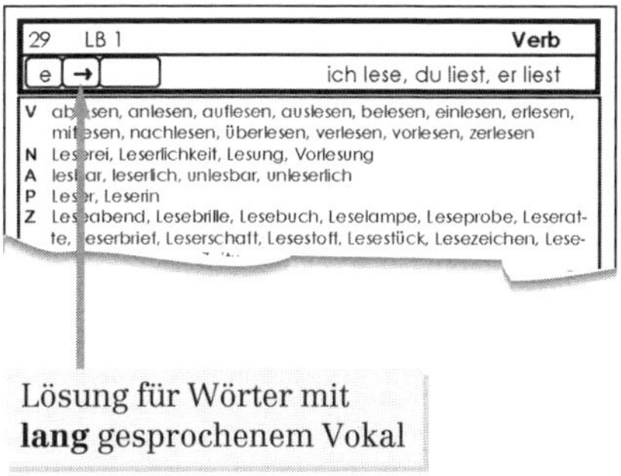
29 LB 1 Verb
e →
ich lese, du liest, er liest
V ab sen, anlesen, auflesen, auslesen, belesen, einlesen, erlesen, mit sen, nachlesen, überlesen, verlesen, vorlesen, zerlesen
N Les rei, Leserlichkeit, Lesung, Vorlesung
A les ar, leserlich, unlesbar, unleserlich
P Les r, Leserin
Z Les abend, Lesebrille, Lesebuch, Leselampe, Leseprobe, Leserat-te, eserbrief, Leserschaft, Lesestoff, Lesestück, Lesezeichen, Lese-
Lösung für Wörter mit
lang gesprochenem Vokal

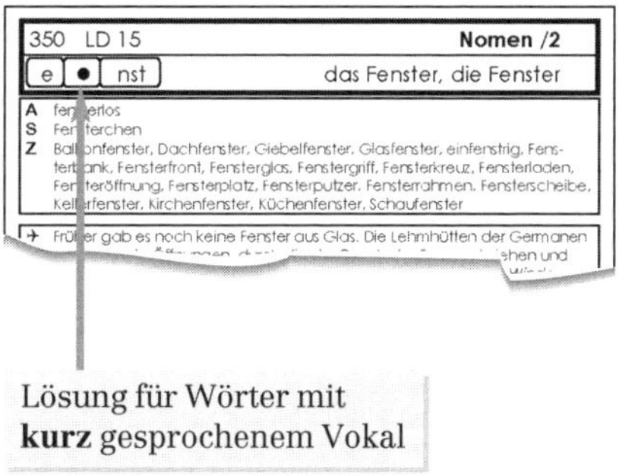
350 LD 15 Nomen /2
e ● nst
das Fenster, die Fenster
A fen terlos
S Fen terchen
Z Bal onfenster, Dachfenster, Giebelfenster, Glasfenster, einfenstrig, Fens-ter ank, Fensterfront, Fensterglas, Fenstergriff, Fensterkreuz, Fensterladen, Fen teröffnung, Fensterplatz, Fensterputzer, Fensterrahmen, Fensterscheibe, Kel rfenster, Kirchenfenster, Küchenfenster, Schaufenster
→ Frü er gab es noch keine Fenster aus Glas. Die Lehmhütten der Germanen
Lösung für Wörter mit
kurz gesprochenem Vokal

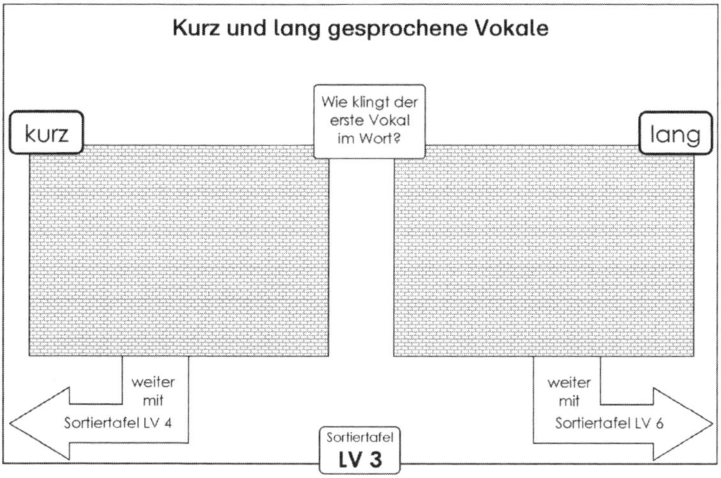
Kurz und lang gesprochene Vokale
Wie klingt der erste Vokal im Wort?
kurz
lang
weiter mit Sortiertafel LV 4
weiter mit Sortiertafel LV 6
Sortiertafel
LV 3

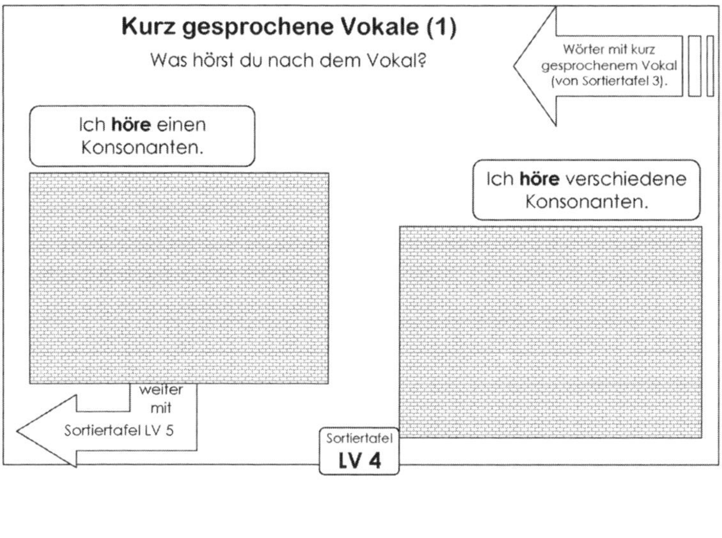
Kurz gesprochene Vokale (1)
Was hörst du nach dem Vokal?
Wörter mit kurz gesprochenem Vokal (von Sortiertafel 3).
Ich **höre** einen Konsonanten.
Ich **höre** verschiedene Konsonanten.
weiter mit Sortiertafel LV 5
Sortiertafel
LV 4

Bei einem kurz gesprochenen Vokal muss bei der zweiten Sortierung von dem Kind entschieden werden, ob nach dem Vokal *ein* Konsonant oder *zwei* (und mehr) verschiedene Konsonanten gehört werden. Der Dialog zwischen den Kindern verläuft dann folgendermaßen:

Kind 1	**Kind 2**
Das Wort heißt „Fenster". *Welchen Vokal hörst du?*	Kind wiederholt: *„Fenster."* *Ein <e>.*
Sprich den Vokal lang und kurz:	*„feeeenster" – „fänster".* *Der Vokal ist kurz.*
Welchen Laut hörst du nach dem <e>?	*Ein <n>.*
Und welchen nach dem <n>?	*Ein <s> und dann ein <t>.*
Ist das ein Vokal oder Konsonant?	*Ein Konsonant.*
Du hörst also mehrere Konsonanten. *Deshalb müssen wir die Karteikarte auf das rechte Feld sortieren.*	

Bei einem Wort mit Doppelkonsonant ergibt sich folgender Dialog:

Kind 1	**Kind 2**
Das Wort heißt „fallen".	Kind wiederholt: *„fallen."*
Welchen Vokal hörst du?	*Ein <a>.*
Sprich den Vokal lang und kurz:	*„faaaalen" – „fallen".* *Der Vokal ist kurz.*
Welchen Laut hörst du nach dem <a>?	*Ein <l>.*
Und welchen nach dem <l>?	*Ein <e>.*
Ist das ein Vokal oder Konsonant?	*Ein Vokal.*
Du hörst also nur einen Konsonanten. *Deshalb müssen wir die Karteikarte auf das linke Feld sortieren.*	

Auf der Rückseite der Karteikarte kann das Kind die Lösung vergleichen. Da es sich bei der Übung um eine Sprachübung handelt, wird bei den Lösungen auf der Rückseite angegeben, was man **hört**, und nicht, was geschrieben wird. Folgende Konventionen wurden für die Lösungshinweise verwendet:

Im linken Feld ist der betonte Vokal des Wortes aufgeführt, bei *lesen* also [*e*]. Das nächste Feld gibt die Vokallänge an: entweder lang [→] („*wie ein fliegender Pfeil"*) oder kurz ● (*„wie aus der Pistole geschossen"*). Diese Angaben werden für die erste Sortierübung benötigt.

Das rechte Feld ist ein Aussprachehinweis für den bzw. die auf einen kurz gesprochenen Vokal folgenden Konsonanten (Sortierübung 2). Für diese Kennzeichnung wurde keine phonetische Umschrift verwendet, da die Kinder diese phonetischen Zeichen sonst zusätzlich lernen müssten. Die Buchstaben im rechten Lösungsfeld sind zu deuten als *„wird gesprochen als"*. Es gibt den Regelbuchstaben für die gesprochenen und gehörten Laute wieder.

Beispiele

Vorderseite	**Rückseite**		
lesen	*e*	→	
Wolle	○	●	*l*
lecker	*e*	●	*k*
rund	*u*	●	*nt*
Berg	*e*	●	*rk*

Wegen der Auslautverhärtung wird die Buchstabenfolge *-nd* am Wortende also wie *nt* ausgesprochen. Entsprechend werden im Wort- und Silbenauslaut die Buchstaben gesprochen als

d → [t]   g → [k]

b → [p]   s → [s]

Im Weiteren steht für die Buchstaben:

ll → [l]   ff → [j] usw.

Es steht für:

ck → [k].

Es bleibt aber:

tz → [ts],

da wir hier tatsächlich zwei Laute [ts] hören, die wir in Angleichung an die Verschriftung durch *tz* nach kurz gesprochenem Vokal hier entsprechend durch diese Buchstabenkombination lautlich umschreiben.

Die Übungen werden in den Rechtschreibpass eingetragen. Die Kinder tragen das Datum und die Anzahl der bearbeiteten Karteikarten ein.

Während einer Trainingsstunde schaffen es die Kinder natürlich nicht, alle Karteikarten ihrer Lernkartei durchzugehen. Damit sie in der nächsten Trainingsstunde wissen, wo sie ihre Arbeit fortsetzen müssen, fassen sie die bearbeiteten Karteikarten mit einem Gummi zusammen oder stellen sie hochkant in die Wörterkiste.

Schreibübungen

Die Sprachübung kann unabhängig von einer Schreibübung durchgeführt werden. Erst, wenn die Kinder eine große Sicherheit beim Bestimmen der Vokallänge erreicht haben, kann die Sprachübung mit einer Schreibübung ergänzt werden. Hierzu werden die Wörter, in denen auf den kurz gespro-

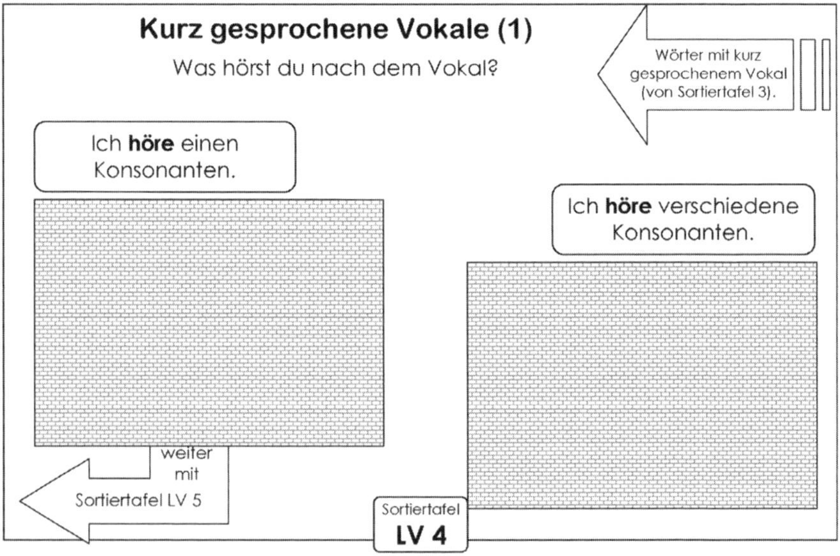

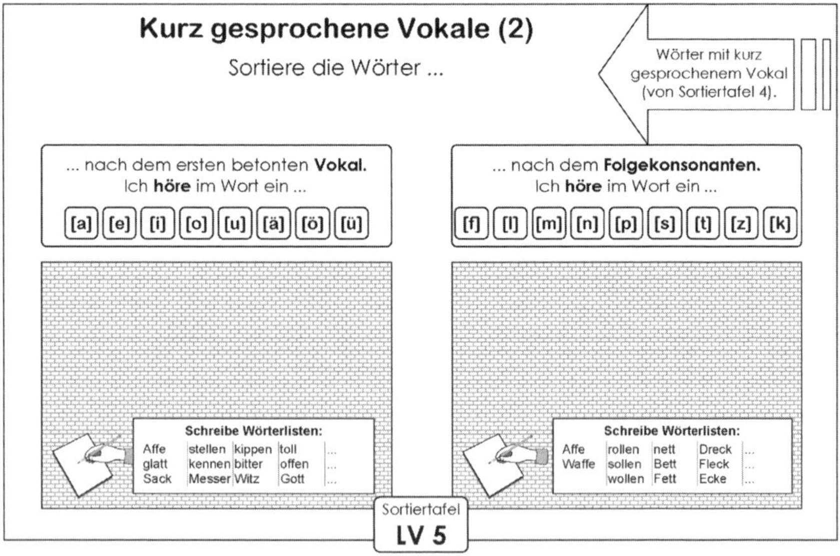

chenen Vokal nur ein einzelner Konsonant folgt, weiter sortiert. Diese Sortierung kann sich an den Vokalen oder an den folgenden Konsonanten orientieren. Die so sortierten Wörter werden als Wörterlisten von den Kindern aufgeschrieben.

In verschiedenen Untersuchungen habe ich versucht herauszufinden, welche Sortierung für die Bildung eines Rechtschreibgespürs zur Regelung der Doppelkonsonantenschreibung günstiger ist. Beide Sortierungen haben sich bisher als gleichwertig ergeben. Aus diesem Grund überlasse ich es den Kindern, welche Sortierung sie für sich bevorzugen.

Auch bei dieser Übung arbeiten die Kinder mit einem Partner zusammen. Im folgenden Beispiel suchen sie Wörter mit dem kurz gesprochenen Vokal [a]. Das Feld [a] wird auf der laminierten Sortiertafel angekreuzt. Für die Übung verwenden sie die zuvor mit den Sortieraufgaben 1 *(Ist der Vokal kurz oder lang?)* und 2 *(Folgt einer oder mehrere Konsonanten?)* aussortierten Wörter, bei denen nur ein einzelner Konsonant auf den kurz gesprochenen Vokal folgt. Hierbei ergibt sich folgender Dialog:

Kind 1	**Kind 2**
Das Wort heißt „fallen“.	Kind wiederholt: *„fallen.“*
Welchen Vokal hörst du?	*Ein <a>.*
Dann legen wir die Karte auf das linke Feld.	
Das Wort heißt „Bett“.	Kind wiederholt: *„Bett.“*
Welchen Laut hörst du?	*Ein <e>.*
Also kein <a>. Dann legen wir die Karte zur Seite.	

Analog hierzu gehen die Kinder vor, wenn die Wörterkarten nach dem Folgekonsonanten sortiert werden. Im folgenden Beispiel sammeln sie Wörter mit *ll*.

Das Wort heißt „fallen“.	Kind wiederholt: *„fallen.“*
Welchen Vokal hörst du?	*Ein <a>.*
Was hörst du nach dem <a>?	*Ein <l>.*
Dann legen wir die Karte auf das rechte Feld.	
Das Wort heißt „Bett“.	Kind wiederholt: *„Bett.“*
Welchen Laut hörst du?	*Ein <e>.*
Was hörst du nach dem <e>?	*Ein <t>.*
Also kein <l>. Dann legen wir die Karte zur Seite.	

Die herausgefundenen Wörter werden anschließend von den Kindern aufgeschrieben. Sie streichen dann das Aufgabenfeld LV auf ihrer Karteikarte durch.

Bei der Sortierung nach Vokalen liegt beim Modellwortschatz – wenn die Wörter mit ck und tz mitgerechnet werden – folgende Verteilung vor:

a	e	i	o	U	ä	ö	ü
26	27	18	16	7	–	2	6

Wörter mit kurz gesprochenem [e:] als *ä* geschrieben kann es nur in abgeleiteten Wörtern geben (siehe hierzu den Lernbereich WU). Bei der Sortierung nach Konsonanten liegt beim Modellwortschatz diese Verteilung vor:

bb	ff	ll	mm	nn	pp	rr	ss	tt	ck	tz
1	7	13	13	9	5	1	13	16	23	14

Die Konsonantenverdopplung *bb* und *rr* kommt nur sehr selten vor. Daher wurde hier nur jeweils ein Wort in den Modellwortschatz aufgenommen.

Das Ergebnis der Sortierung, die Anzahl der geschriebenen Wörter, tragen die Kinder wieder im Rechtschreibpass ein (Anzahl der geschriebenen Wörter und Datum). So wissen sie immer, welche Aufgaben sie schon bearbeitet haben.

Besonderheiten bei lang gesprochenen Vokalen

Wie bereits oben beschrieben, gibt es bei den lang gesprochenen Vokalen einige wenige Besonderheiten zu beachten (*ie*, *ä*, *ß*). In der Regel bereiten diese den Kindern keine Schwierigkeiten. Sollten einzelne Kinder hierbei Schwierigkeiten haben, so können auch hier die Sortieraufgaben genutzt werden. In diesen Fällen sollten die Kinder jedoch sofort die Sprachübung mit einer Schreibübung verbinden.

Auch bei diesen Sortierübungen helfen vorgefertigte Sortiertafeln, den Arbeitsauftrag für die Kinder zu strukturieren (siehe Abb. S. 95).

Bei diesen Sortieraufgaben erstellen die Kinder Wörterlisten mit ganz bestimmten Phänomenen:

- Wörter mit lang gesprochenem [i:], die mit *ie* geschrieben werden.
- Wörter mit lang gesprochenem [e:], die mit *ä* geschrieben werden.
- Wörter mit lang gesprochenem [u], auf das mehrere Konsonanten folgen können (z. B. *Buch*).

- Wörter mit stimmlosem [s] nach lang gesprochenem Vokal werden mit *ß* geschrieben.
- Vor dem Laut [x], geschrieben als *ch*, kann der Vokal entweder kurz oder lang gesprochen werden (z. B. *Buch – Bach*).

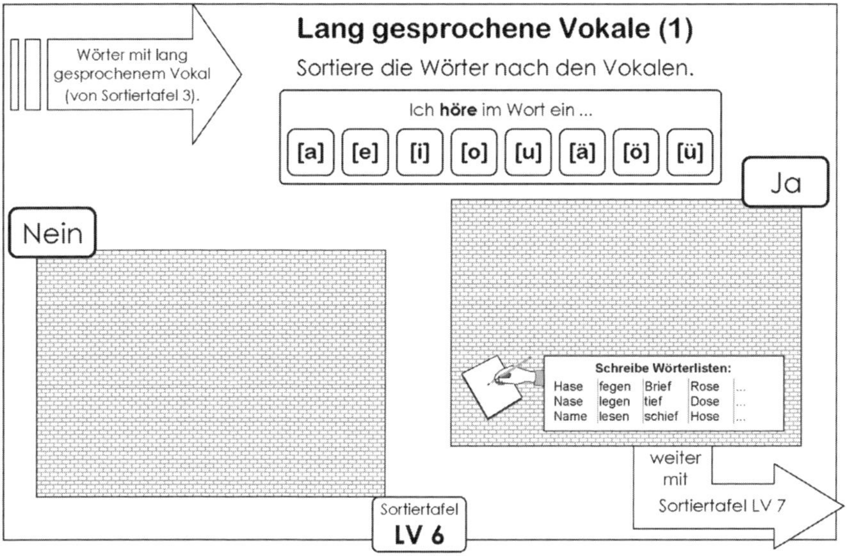

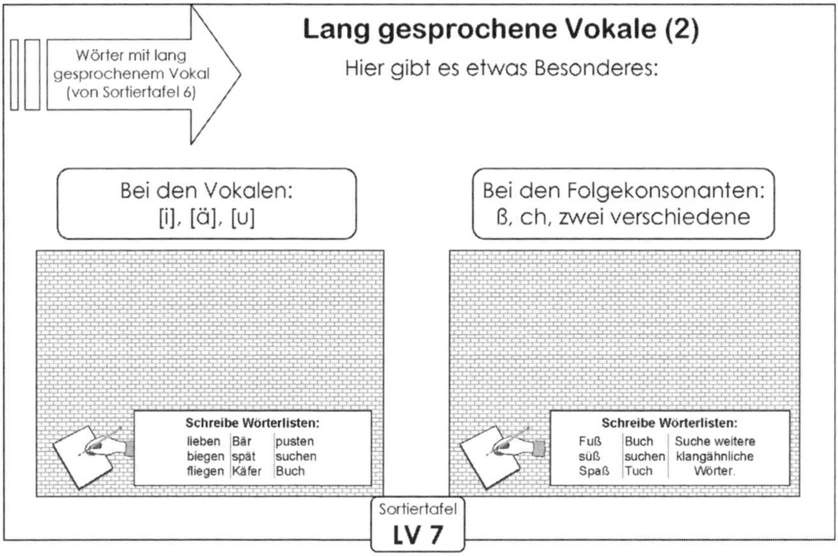

Diese Aufgaben können zunächst als reine Sprach- und Schreibaufgaben gestellt werden. Sie können sie aber auch nutzen, um die Kinder dazu anzuregen, über einige besondere Phänomene der deutschen Rechtschreibung nachzudenken (siehe hierzu die Aufgaben zum Nachdenken).

Weiterführende Übungen

Die Sortieraufgaben können später auch dahingehend erweitert werden, dass die Kinder weitere Wörter mit dem ausgewählten Doppelkonsonanten suchen und aufschreiben, die nicht im Modellwortschatz vorkommen.

Wenn die Kinder zuvor die Wörter nach den Vokalen sortiert haben, sollten sie auch hierzu analoge Wörter suchen, zum Beispiel [e]: *Wecker, Welle, Wetter*. Wurde der Konsonant als Sortierkriterium gewählt, werden sich andere analoge Wörter finden, zum Beispiel: *Ball, voll, schnell* usw.

Eingegrenzter wird das Repertoire, wenn die Aufgabe gestellt wird, zu jedem Wort des Modellwortschatzes ein oder mehrere Reimwörter zu suchen: *Wecker – Trecker, Ball – Schall – Knall – Fall* usw.

Ziel dieser Übung ist es, bei den Kindern das Sprach- und Rechtschreibgespür auf neue Wörter zu übertragen. Zugleich bekommen die Kinder ein Gespür dafür, was sie bei unbekannten Wörtern tun können, um sich die Schreibung zu erschließen: *klangähnliche Wörter suchen, deren Schreibung ich kenne*.

Aufgaben zum Nachdenken

Sortieraufgaben nutzen

Im Lernbereich LV ist es wichtig, dass die Kinder „Eigenregeln" zu den Regelungen bei der Kennzeichnung kurz oder lang gesprochener Vokale entwickeln. Diese Kompetenz ist vor allem bei der Textkorrektur erforderlich. Während das Schreiben weitgehend vom Rechtschreibgespür gesteuert wird, können die Kinder bei der Textkorrektur auch bewusst ihr Rechtschreibwissen einsetzen, wenn sie sich der Schreibung eines Wortes nicht sicher sind. Folgende Schritte helfen den Kindern, Eigenregeln aufzustellen und zu überprüfen:

1. Schritt – Eigenregel erstellen: Am einfachsten lassen sich solche Eigenregeln im Anschluss an die Sortieraufgaben formulieren. Kinder, die Wörter mit kurz gesprochenem Vokal danach sortiert haben, ob nach dem Vokal nur ein Konsonant hörbar ist, stoßen meist von alleine auf die Regelung der Doppelkonsonantenschreibung. An dieser Stelle ist es wichtig, einzugreifen und die Kinder ihre „Entdeckung" aufschreiben zu lassen. Erste

Formulierungsversuche lauten oft: *Nach einem kurzen Vokal wird der Konsonant verdoppelt.*

2. Schritt – Eigenregel überprüfen: Solche Eigenregeln bedürfen immer auch der Überprüfung, die am besten in kleinen Gruppen durchgeführt wird. Die Aufgabe lautet: *Überprüfe deine aufgeschriebene Regel. Ist dies immer so?* Meist korrigieren die Kinder ihre Eigenregel und formulieren: *Nach einem kurzen Vokal wird der Konsonant verdoppelt, wenn ich nur einen Konsonanten höre.*

3. Schritt – Besonderheiten erfassen: Auch diese Regel wird nun erneut überprüft: *Ist dies immer so?* Die Kinder suchen Wörter, bei denen es zu keiner Konsonantenverdopplung kommt, und finden dann einige Ausnahmen, zum Beispiel *ck, ch, sch* usw. Eine Ergänzung der gefundenen Eigenregel könnte sein: *Der hörbare Konsonant wird nicht verdoppelt, wenn hierfür mehrere Buchstaben geschrieben werden.*

Es kommt darauf an, bei den Kindern einen Denkprozess in Gang zu setzen, damit sie das, was sie können (Rechtschreibgespür), reflektieren und hieraus ein Rechtschreibwissen entwickeln. Nur wenn dies ein aktiver Prozess der Kinder ist, wird es zum dauerhaften Wissensbestand werden.

Aufgaben zum Nachdenken

Bei leistungsstarken Kindern und bei Kindern in der Sekundarstufe können die Sortieraufgaben und die Aufgaben zum Nachdenken auch über Aufgabenkarten miteinander verknüpft werden. Dies ist vor allem dann sinnvoll, wenn den Kindern zu den Aufgaben passende Lösungskarten zur Verfügung stehen. Im Anhang finden Sie Beispielaufgaben zu diesem Lernbereich.

Rumpelkammer aufräumen

Wie bei allen anderen Lernbereichen bearbeiten die Kinder zum Abschluss die in ihrer Rumpelkammer gesammelten Wörter. Dies fällt Kindern in diesem Lernbereich nicht schwer, da sie zunächst ganz formal alle Wörter mit Doppelkonsonantenschreibung *ck, tz* und *ie* aussortieren können.

Auch hier ist es wichtig, die aussortierten Wörter von den Kindern aufschreiben zu lassen. Dabei können wir oft feststellen, dass die Kinder allzu formal vorgegangen sind und auch abgeleitete oder zusammengesetzte Wörter – z. B. *kommt, rennt, Rennwagen, Stimmgabel* – aussortiert und aufgeschrieben haben. An solchen Wörtern können Sie mit den Kindern gut besprechen, dass diese Wörter einerseits richtig geschrieben wurden, andererseits aber nicht der selbst aufgestellten Eigenregel entsprechen:

Lehrerin bzw. Lehrer: *Ihr habt die Wörter „kommt" und „rennt" aussortiert und aufgeschrieben. Diese Wörter sind ganz richtig geschrieben. Prüft doch einmal, ob eure Regel, die ihr zur Konsonantenverdopplung aufgestellt habt, auch für diese Wörter stimmt!* Ganz oft antworten Kinder hierauf: *Da kommt zwar noch ein Buchstabe, aber es heißt ja „rennen" und „kommen".* Dies ist dann eine wunderbare Überleitung zum Lernbereich WU (Wörter ableiten und umformen). An diesen Wörtern können Sie den Kindern dann schnell einsichtig machen, dass es wichtig ist, die Wörter in die Grundform zu überführen. Auch hieraus kann sich dann bei den Kindern die Einsicht entwickeln, die aufgeschriebene Eigenregel noch einmal neu zu formulieren, beispielsweise: *Wenn ich im Grundwort nach einem kurzen Vokal nur einen Konsonanten höre, dann wird dieser verdoppelt.* Eine solche Neuformulierung der Eigenregel kann aber auch erst nach Abschluss des Lernbereiches WU erfolgen.

Gerade durch die Besprechung der aussortierten und aufgeschriebenen Wörter können die Kinder ein Gespür dafür aufbauen, dass die Rechtschreibung sehr ordentlich und regelhaft aufgebaut ist. Die Kinder verinnerlichen diese Ordnung, indem sie zunächst grobe Eigenregeln aufstellen. Mit zunehmendem Rechtschreibwissen werden diese immer wieder hinterfragt und dann immer weiter ausdifferenziert.

So entwickeln die Kinder einerseits eine hohe Rechtschreibsicherheit und zugleich behalten sie andererseits ein gewisses Maß an Verunsicherung, das Ausgangspunkt dafür sein kann, sich auf den nächsten Lernschritt einzulassen.

2.5 Lernbereich WA – Wortart bestimmen

In diesem Lernbereich geht es nur vordergründig um die Groß- und Kleinschreibung der Wörter. Im Kern geht es um die Wortgrammatik (analog zu den Lernbereichen LB = Lautgrammatik und SA = Satzgrammatik). Die Bestimmung der Wortart ist eine grammatikalische Kompetenz, die an dieser Stelle des Lernprozesses nur deshalb notwendig ist, weil die Kinder lernen müssen, Nomen[1] mit großem Anfangsbuchstaben zu schreiben.

1 Andere Bezeichnungen für Nomen sind: Substantiv, Namenwort, Dingwort, Hauptwort. Jeder dieser Begriffe erfasst, streng genommen, nicht alle zugehörigen Wörter. So hat *das Leere* keine „Substanz", *die Freundschaft* ist kein „Ding". Die Nähe zum Lehnwort „Name" und zu der in der Grundschule verwendeten Bezeichnung „Namenwort" spricht für die allgemeine Verwendung des Begriffs Nomen. In der Sprachwissenschaft wird dieser Begriff auch als umfassende Bezeichnung für alle deklinierbaren Wortarten, also für Substantive, Adjektive, Pronomen und

Es kommt daher nicht so sehr auf die Schreibung von Wörtern, sondern vielmehr auf die Bildung einer grammatikalischen Kompetenz an. Daher sind Abschreibübungen und Partnerdiktat für diesen Lernbereich nicht hilfreich.

Die Wortgrammatik kann nicht isoliert von der Satzgrammatik betrachtet werden. So hat die Großschreibung eine satzbezogene Funktion. Das Substantiv ergibt sich aus der Stellung des Wortes im Satz. Es ist daher sinnvoll, die Übungen in diesem Lernbereich nicht allein an isolierten Wörtern vorzunehmen, sondern die Wörter in Beziehung zueinander zu setzen und diese Beziehung zwischen den Wörtern (Wortarten) zu besprechen. Aus diesem Grunde weiche ich in diesem Kapitel von der Gliederung der anderen Kapitel ab.

Lernziele

In den Lernbereichen LB und LD haben die Kinder bereits gelernt, deutlich und hochdeutsch zu sprechen. Diese Sprachkompetenz wird in diesem Lernbereich weiterentwickelt. Dabei kommt es vor allem auf das deutliche Aussprechen der Flexionsendungen an. Diese Kompetenz kann unabhängig davon erworben werden, ob die Kinder zuvor den Lernbereich LV absolviert haben oder nach dem Lernbereich LD sofort zum Lernbereich WA/WU wechseln.

Die genaue Aussprache der Flexionsendungen hängt von der Wortart und der Beziehung der Wörter zueinander ab. Daher heißt der Leitsatz dieses Lernbereichs:

Bestimme die Wortart!

Ziel der Übungen mit dem Modellwortschatz ist es, dass die Kinder Nomen mit großem Anfangsbuchstaben und alle anderen Wörter mit kleinem Anfangsbuchstaben schreiben. Das deutliche Aussprechen der Wortendungen führt im Zusammenspiel mit den in den vorangegangenen Lernbereichen gelernten Techniken (Mitsprechen, Dehnsprechen, in Silben sprechen) ebenfalls zu einer Weiterentwicklung des Rechtschreibgespürs.

Zahlwörter, verwendet. Der Satzteil *„seine erste große Liebe"* besteht in diesem Sinne nur aus Nomen, es ist eine nominale Gruppe. In Abweichung zu den Begriffsdefinitionen der Sprachwissenschaften verwende ich im Unterricht die Begriffe: Namen (Eigennamen), Nomen (Konkreta, Abstrakta, Kollektiva, Maßeinheiten und Wörter mit Substantivierungssuffixen), Substantiv (Substantivierungen). Diese Einteilung ist in der Schule praktisch, weil die Begriffe den verschiedenen Lernebenen zugeordnet werden. Sie entspricht im Wesentlichen auch der Reihenfolge der Einführung. Im Lernbereich WA (WZ) werden die Nomen und im Lernbereich SW (SA) die Substantive besprochen.

Einführung

„Substantive dienen der Bezeichnung von Gegenständen, Lebewesen und abstrakten Begriffen. Sie besitzen in der Regel ein festes Genus (Maskulinum, Femininum, Neutrum) und sind im Numerus (Singular, Plural) und im Kasus (Nominativ, Genitiv, Dativ, Akkusativ) bestimmt" (RR § 55, Die amtliche Regelung der deutschen Rechtschreibung, Teil I).

Darüber hinaus werden Substantive aber auch vom kontextuellen Gebrauch bestimmt: „Wörter anderer Wortarten schreibt man groß, wenn sie als Substantive gebraucht werden (= Substantivierungen)" (RR § 57, s. o.).

Wir unterscheiden für die Großschreibung daher zunächst zwei große Gruppen: Die wortbezogenen Großschreibungen (Gegenstände, Lebewesen, abstrakte Begriffe) nennen wir der leichteren Unterscheidbarkeit wegen *Nomen*. Die kontextbezogenen Großschreibungen bezeichnen wir (in Anlehnung an die Rechtschreibregeln) als Substantive. Da alle Nomen zugleich auch Substantive sind, ist eine sichere Identifizierung eines Wortes als Substantiv über seine Satzfunktion möglich. Allerdings würde eine derartig komplexe Analyse Kinder weit überfordern.

Aus diesen Gründen wählen wir hier eine pragmatische Vorgehensweise und eine Einteilung, die sich an den Verstehensmöglichkeiten der Kinder orientiert.

Aus didaktischen Gründen habe ich im Modellwortschatz eine Vierteilung vorgenommen: Neben den beiden Hauptgruppen mit den konkreten und den abstrakten Nomen bilden die fast ausschließlich auf konkrete Dinge bezogenen Eigennamen eine eigene Gruppe. Eine vierte Gruppe ist Sammelbecken für sowohl konkrete als auch abstrakte Nomen mit verschiedenen inhaltlichen und formalen Besonderheiten.

■ **1. Eigennamen:** *Rainer, Hamburg, Hungaria, Himalaya* – Eigennamen von einzelnen Personen, Orten, Ländern, Gebirgen, Flüssen usw.

Wichtig ist hier, dass die Kinder lernen, bei Eigennamen vorsichtig zu sein. Eigennamen werden häufig nicht den allgemeinen Regeln der Rechtschreibung entsprechend, sondern oft sehr eigenwillig geschrieben. Dies ist dadurch zu erklären, dass Eigennamen oft schon sehr alt sind. Während sich die allgemeine Schreibung der Wörter über die Jahrhunderte hinweg verändert und immer mehr vereinheitlicht hat, blieb die Schreibung der Eigennamen oft weitgehend erhalten.

■ **2. Konkreta:** *Ball, Tisch, Baum, Mensch, Tier* – Bezeichnungen für konkrete Einzeldinge *(der Ball gehört mir)* wie auch für eine ganze Gattung gleichartiger Dinge *(der Ball* [= jeder Ball] *ist rund).*

Am besten ist es, wenn die Kinder selbst nach einer Charakterisierung für diese Begriffe suchen: Man kann sie **sehen**, **anfassen**, **malen**. Solche Wörter werden großgeschrieben.

■ **3. Abstrakta:** *Liebe, Seele, Musik, Herbst* – abstrakte Begriffe. Man kann sie nicht anfassen, sondern nur geistig erfassen.

Die Großschreibung der Abstrakta, das heißt ihre Zugehörigkeit zu den Nomen, kann befriedigend nur darüber erschlossen werden, dass sie eine gleiche Funktion im Satz übernehmen können.

Die große Seifenblase/Liebe wurde von einer kleinen Fliege/Gemeinheit zerstört.

Alle Nomen können wie in diesem Beispiel Kern einer nominalen Gruppe sein. Das Nomen kann durch Artikel (Begleiter), wie z. B. *der, die, das* (bestimmt) oder *ein, eine* (unbestimmt), und Attribute, z. B. Adjektive *(gut, groß)*, Pronomen *(dieser, dein)*, Zahlwörter *(zwei, viele)*, Adverbien *(dort, gestern)*, erweitert werden.

In dem Satz: *Sie war seine erste große Liebe* wird die *Liebe* durch das Pronomen (Fürwort) *sein*, das Zahlwort *erste* und das Adjektiv *sein* erweitert. In ihren Endungen richten sich diese Wörter nach dem Nomen *Liebe (seine erste große).*

■ **4. Sammelbegriffe, Maße u. a.:** Zu dieser Gruppe gehören Stoffnamen *(Eisen, Wein, Blut, Brot)*, Sammelbezeichnungen *(Gebirge, Vieh, Eltern, Herde, Obst, Sport)*, Maße *(Pfund, Meter, Liter, Grad)*, Zeitbegriffe *(Monat, Tag, Sekunde, Winter, Sommer)*, Richtungsangaben *(Osten, Westen; Anfang, Ende)*.

Viele Wörter dieser Gruppen sind nur eingeschränkt formal veränderbar und syntaktisch verwendbar. So kann beispielsweise von *Vieh* oder *Obst* kein Plural gebildet werden, die Wörter *Ferien* und *Eltern* dagegen gibt es nur im Plural.

Neben den Namen und Nomen umfasst die Gruppe der Substantive noch zwei weitere Formen, die jedoch in diesem Lernbereich noch nicht behandelt werden:

■ **5. Substantivierungssuffixe:** Bestimmte Suffixe (z. B. *-ung, -heit, -keit*) kennzeichnen Substantive *(Schreibung, Ganzheit, Haltbarkeit, Gemeinschaft, Kenntnis* usw.*)*. Dies wird im Lernbereich WZ (Wortzusammensetzungen) mit den Kindern thematisiert. Diese Wörter kommen im Modellwortschatz (als Grundwort) nicht vor. Beispiele hierfür sind auf der Rückseite der Wörterkarten des Modellwortschatzes vermerkt.

6. Substantive im engeren Sinne: Als Substantive im engeren Sinne bezeichne ich jene Nomen, die durch den Kontext bestimmt werden (Substantivierungen). Deshalb sind alle Nomen und Namen auch zugleich Substantive. Substantive im engeren Sinne hingegen können **nur** aus dem Satzzusammenhang heraus erschlossen werden (z. B. *weise/Weise*, *schreiben/Schreiben*) und sind daher Gegenstand des Lernbereichs SW (satzabhängige Wörter). Letztendlich erschließt sich jede Wortart erst durch die Betrachtung des Wortes in seiner Funktion im Satz. Ob beispielsweise das Wort *S/schreiben* ein Substantiv oder Verb ist, erschließt sich erst, wenn ich den Satz betrachte:

Wir schreiben gerne Briefe (Verb).
Das Schreiben zu lehren ist Aufgabe der Schule (Substantiv).

In der Regel wird die Großschreibung für die Kinder nur deshalb zu einem Problem, weil die verschiedenen Gruppen der Substantive nicht sauber auseinander gehalten und nicht nacheinander eingeführt werden. Konzentrieren wir zunächst die Aufmerksamkeit der Kinder auf die Namen der Dinge (das kann ich malen/anfassen/sehen), so fällt es den Kindern meist leicht, solche „Malwörter" herauszusuchen. Die Einbindung dieser Wörter in einen Satz führt dann zu den Abstrakta. Erst wenn die Kinder sie sicher bestimmen können, werden die Substantivendungen und Substantivierungen thematisiert.

Auch Verben und Adjektive können inhaltlich bestimmt und untergliedert werden. Eine solche Charakterisierung ist für eine sichere Unterscheidung der Wortart jedoch untauglich und auch nicht notwendig. Auch die aufgelistete Untergliederung der Nomen dient nicht unmittelbar dem Rechtschreibwissen der Kinder. Sie ist jedoch nötig für das methodische Vorgehen der Lehrerin oder des Lehrers.

Wortschatz

Wortauswahl

Betrachtet man die lexikalischen Einträge in einem Wörterbuch oder die Verteilung der Wortarten, bezogen auf die Wortstämme der deutschen Gegenwartssprache, so ergibt sich hier ein deutliches Übergewicht der Nomen (ca. 65 Prozent aller Einträge). In Texten hingegen sind die Nomen von weitaus geringerer Bedeutung (ca. 20 bis 35 Prozent der Wörter).

Bei der Zusammenstellung der Wörter des Modellwortschatzes wurde von der Grundform der Wörter ausgegangen. Dabei habe ich versucht, die in Texten deutlich häufiger vorkommenden Wortarten (Verben, Adjektive, Partikel) in angemessener Anzahl zu repräsentieren.

Für die Übungen zum Modellwortschatz können alle Wörter des Modellwortschatzes Teil 1 und Teil 2 genutzt werden. Hierfür ergibt sich die folgende Verteilung der Wortarten im Modellwortschatz:

	MWS 1	**MWS 2**	**ca. Prozent**
Adjektive	59	60	18
Verben	101	101	32
Nomen	154	148	48
sonstige Wörter	6	11	2

Die Nomen sind auf der Rückseite der Karteikarte besonders gekennzeichnet und unterteilt in:

Kategorie	**MWS 1**	**MWS 2**	**Beispiele**
Nomen 1 = Eigennamen	4	0	*Oma, Ostern*
Nomen 2 = Konkreta	124	120	*die Mauer, die Träne, das Schiff*
Nomen 3 = Abstrakta	12	12	*die Qual, das Geräusch, die Kraft*
Nomen 4 = Sammelbegriffe	14	16	*die Woche, der Abend, der Sport*

Manche Nomen können mehreren Bereichen zugeordnet werden. Dies ist ebenfalls auf der Karteikartenrückseite entsprechend vermerkt, wie die Beispiele zeigen:

Nr. 182 LB 7 – Nomen /1/2 = *die Post*
Nr. 204 LB 9 – Nomen /1/4 = *die Schwester*
Nr. 61 LB 3 – Nomen /2/3 = *der Raum*
Nr. 302 LB 12 – Nomen /2/4 = *das Quadrat*
Nr. 445 LV 19 – Nomen /3/4 = *das Beispiel*
Nr. 185 LB 7 – Nomen /4/3 = *der Rest*
Nr. 458 LV 20 – Nomen /2/3/4 = *die Klasse*

Bei den Nomen werden hauptsächlich die letzten drei Gruppen durch den Modellwortschatz erfasst. Die Zugehörigkeit zu einer der Gruppen wird durch die entsprechende Zahl auf der Karteikartenrückseite vermerkt. Diese Kennzeichnung wurde nur für den Modellwortschatz Teil 1 und 2 vorgenommen, da die Kinder, wenn sie mit dem Modellwortschatz Teil 3 arbeiten, den Lernbereich WA bereits abgeschlossen haben.

Wörter des Modellwortschatzes

Für die Übungen zur Bestimmung der Wortart können alle Wörterkarten der Lernstufen 1 bis 25 genutzt werden. Hierfür ist auf der Karteikarten-vorderseite WA angegeben. Bei sonstigen Wörtern und bei Wörtern mit schwierigen Bestimmungen der Wortart ist dagegen auf der Vorderseite das Feld leer.

Die Wörterliste des Modellwortschatzes im Anhang enthält auch Angaben zur Wortart. Daher wird an dieser Stelle auf die Auflistung der Wörter verzichtet.

Vorgehensweise

Die Groß- oder Kleinschreibung von Wörtern kann nicht durch Schreibübungen gelöst werden. Daher gibt es zu diesem Lernbereich keine Abschreibaufgabe und kein Partnerdiktat. Vielmehr müssen die Kinder die Wortarten kennen und bestimmen können. Die Sortieraufgaben stellen daher die zentrale Übung für diesen Lernbereich dar.

Die Bestimmung von Nomen und deren Großschreibung wird in diesem Lernbereich nicht unmittelbar angegangen. Die Kinder lernen zuerst, Adjektive und Verben sicher zu benennen. Diese beiden Wortarten sind besonders leicht anhand ihrer charakteristischen Wortformen, die von ihnen gebildet werden können (Ableitungen), zu bestimmen. An dieser Stelle wird das bis hierher gebildete Sprachgespür der Kinder genutzt:

■ **1. Schritt: Adjektive** können gesteigert (Vergleichsformen gebildet) werden: *kalt – kälter – am kältesten*.

Die Bildung der Vergleichsformen ist in der deutschen Sprache bei den allermeisten Adjektiven sehr gleichförmig durch die Endungen *-er* (Komparativ) und *-(e)sten* (Superlativ).

Werden diese Endungen an Nomen oder Verben angehängt, so klingt dies auch in Kinderohren „falsch“: *Ente – Enter – am Entesten* [?], *sehen – sehener – am sehensten* [?].

■ **2. Schritt:** Von **Verben** können die Personalformen gebildet werden: *(wir) malen*: *ich male – du malst – er malt*.

Vor allem die Grundformen (Infinitive) der Verben haben in der deutschen Sprache eine konstante Endung auf *-en* oder *-ern/-eln*. Daher kann das Verb auch erfasst werden, wenn wir davor *wir* setzen und das Wort mit der Endung *-en* bilden.

Dies ist bei Adjektiven und Nomen nicht möglich *(klein: wir kleinen, ich kleine – du kleinst, ...* [?]; *Ente*: *wir enten, ich ente – du entest – er entet* [?]*)*.

Allerdings kann es auch zu Umformungen von einem Nomen zu einem Verb kommen: *Ernte: wir ernten, ich ernte – du erntest.* An ebensolchen Beispielen können Kinder erkennen, dass das Ausgangswort (hier: *Ernte*) zunächst umgeformt und damit zu einem Verb wird.

Wenn wir vom Grundwort mit der Endung *-en* ausgehen, bleiben jene Nomen problematisch, die auf *-en* enden, z. B.: *Kuchen, Knochen, Mädchen.* Diese ergeben jedoch in der Ergänzung mit *wir*, von wenigen Ausnahmen abgesehen *(Leben – wir leben)*, keinen Sinn *(wir kuchen* [?], *wir knochen* [?], *wir mädchen* [?]*)*.

Wir können daher den Kindern als grobe Orientierung zur vereinfachten Bestimmung der Verben vorschlagen, dem Grundwort die Personalpronomen *wir, ich, du, er* voranzustellen. Auch hier nutzen wir bei den Kindern das in den vorangegangenen Lernbereichen aufgebaute Sprachgespür.

Anhand von Adjektiven und Verben entwickeln die Kinder ein Gespür für die Gliederung des Wortschatzes in Wortarten. Einer Verwechslung dieser bedeutungsreichen Wortarten mit Nomen wird damit vorgebeugt und sie können im Weiteren hilfreich zur Bestimmung von Nomen eingesetzt werden.

■ **3. Schritt:** Als Musterwörter für Nomen werden daraufhin die **Konkreta**, die Wörter für die Dinge, behandelt. Die vorläufige Einschränkung auf konkrete Nomen ist äußerst wichtig.

„Ding-Wörter" können von den Kindern leicht selbst genannt werden, indem sie die sichtbaren Gegenstände und Lebewesen in der unmittelbaren Umgebung bezeichnen: *Tafel, Buch, Regal, Fenster, Lehrerin, Baum usw.* Als – inhaltliches – Kennzeichen stellen wir heraus, dass man die genannten Dinge sehen oder anfassen oder malen kann. Dabei überlasse ich es den Kindern, welche dieser drei Kriterien (sehen, anfassen, malen) sie für sich als brauchbar aussuchen.

Die Kernfrage, die sich ein Kind stellt, um herauszufinden, ob es sich um ein Nomen handelt, lautet: *Kann ich das malen/sehen/anfassen?* Hierüber können die Kinder alle konkreten Gegenstände (Konkreta) als Nomen erfassen.

■ **4. Schritt:** Zugleich mit dieser inhaltlichen Einführung der Konkreta werden folgende, formale Merkmale von Nomen vermittelt und in folgender Reihenfolge eingeübt (bei ausländischen Kindern wird man die Bestimmung des Geschlechts und den zugehörigen Artikel gegebenenfalls gesondert üben):

- Nomen kommen in der Einzahl und in der Mehrzahl vor: *eine Tafel – viele Tafeln, ein Buch – viele Bücher, ein Mensch – viele Menschen.* Neben der Frage: *Kann ich das malen?* werden die Kinder angeleitet, als Probe zusätzlich mit Hilfe eines unbestimmten Artikels *(ein, wenig, viel)* die Einzahl und Mehrzahl zu bilden.

- Nomen haben ein Geschlecht, gekennzeichnet durch den Artikel, ihren Begleiter. Durch den Begleiter und die oft geänderte Form des Nomens wird die Einzahl (oder Mehrzahl) mit ausgedrückt, sodass wir auf die Zahlwörter verzichten können: *die eine Tafel = die Tafel, die vielen Tafeln = die Tafeln; das Buch – die Bücher; der Mensch – die Menschen.* Für ausländische Kinder oder Kinder aus spracharmer Herkunft ist dagegen die Verwendung der unbestimmten Zahlwörter *ein(e)* und *viel(e)* hilfreich, da ihnen die Bestimmung des mit dem Artikel ausgedrückten Geschlechts oft recht schwer fällt. Sie bestimmen also weiterhin: *eine Tafel – viele Tafeln, ein Buch – viele Bücher, ein Mensch – viele Menschen.* Mit diesen Kindern werden zu einem späteren Zeitpunkt, wenn sie in der Bestimmung der Nomen über die unbestimmten Zahlwörter sicher geworden sind, das Geschlecht und der Artikel gesondert eingeübt.
- Die Eigenschaften der Nomen können durch die vorher kennen gelernten Adjektive (in der Funktion von Attributen/Beifügungen) näher gekennzeichnet werden: *die schwarze/eine schwarze Tafel, das dicke/ein dickes Buch, die großen/große Menschen.*

An dieser Stelle des Lernprozesses ist bewusst zu machen, dass wir

- die Begleiter kleinschreiben,
- die Adjektive kleinschreiben,
- die Verben kleinschreiben,
- alle Wörter grundsätzlich kleinschreiben, wenn sie nicht am Satzanfang stehen,
- einzig und allein die „herausragenden“ Nomen mit großem Anfangsbuchstaben schreiben.

5. Schritt: Die Nomen werden in kleine Sätze eingebaut und alle Nomen (Konkreta, Abstrakta, Substantivierungen) mit einbezogen. Je stereotyper diese Sätze am Anfang formuliert werden, desto leichter ist es für Kinder, ein Gespür für die Funktion des Nomens im Satz zu entwickeln:

Ich habe Glück. Ich habe Mut. Ich habe Ferien …
Ich wünsche mir/dir Murmeln. Ich wünsche mir ein Eis. Ich wünsche mir Glück, Ferien …

Die Probe, ob dies wirklich Nomen sind, besteht darin, dass ich vor diese Wörter Begleiter und/oder Adjektive setzen kann:

Ich wünsche mir …
… schöne, große Murmeln,
… das große Glück,
… schöne Ferien.

Dieser fünfte Schritt ist außerordentlich wichtig, da sich die Kinder hier das Nomen über seine Funktion im Satz erschließen. Damit bekommt die Erweiterung durch einen Begleiter und ein Adjektiv einen Sinn. Auf diese Weise können die Kinder nun auch Abstrakta erfassen und als Nomen erkennen. Dieser Schritt macht auch deutlich, warum zunächst die Adjektive und Verben von den Kindern geübt werden sollen. Nur wer diese verstanden hat, wird sie auch sinnvoll als Attribut und Prädikat in den Standardsätzen zur Bestimmung des Nomens einsetzen können.

Das Merkmal der Attribuierbarkeit von Nomen ist für fortgeschrittene Schreiber im Übrigen das wichtigste Entscheidungskriterium für die Großschreibung von Substantivierungen:

Ich nehme teil an der Versammlung.
Denn man kann **nicht** sagen: *Ich nehme den Teil* oder *Ich nehme großen Teil an der Versammlung.*
Dagegen: *Ich nehme Anteil an der Versammlung.*
Denn man kann erweitern: *Ich nehme großen Anteil an der Versammlung.*

Dies ist allerdings nicht mehr Gegenstand der Lehrpläne in der Grundschule, sondern wird im Normalfall erst ab Klasse 7 thematisiert. Dennoch ist es sehr nützlich, bei der Behandlung und Einführung der Nomen schon von Beginn an die Nomen durch Attribute (zunächst Adjektive, später auch Zahlwörter und Adverbien) zu ergänzen. Leistungsstarken Kindern kann darüber hinaus schon früh ein entsprechender Hinweis auf die Attribuierbarkeit von Nomen helfen, Substantivierungen zu verstehen.

■ **6. Schritt: Eigennamen** sind im Modellwortschatz (mit wenigen Ausnahmen) nicht vertreten. Die Großschreibung solcher konkreten Eigennamen bereitet Kindern auch in ungeübten Diktaten in der Regel keine Schwierigkeiten.

Die oft regelwidrige Schreibweise von Eigennamen (***Ph**ilipp*, ***Rh**ein*, *S**oe**st*, ***Ch**rista* usw.) muss bewusst aufgegriffen werden. Solche Wörter werden in der Rumpelkammer gesammelt und die nicht regelhafte Schreibung im Lernbereich AF (Ausnahmeschreibungen) thematisiert. Hier wird dann auch die Großschreibung von zusammengesetzten Eigennamen *(Schweizer Käse, Roter Milan, das Goldene Vlies)* und später die von Schreibungen mit Bindestrich *(100-Meter-Lauf, Formel-1-Rennen, Trimm-dich-Pfad)* behandelt.

Stufenweise werden die Kinder so an die Großschreibung von Nomen herangeführt. Die zur Identifizierung der Wortarten gewonnenen Fähigkeiten (das Bilden der für die Wortart charakteristischen Wortformen/Ableitungen) werden im nächsten Lernbereich Wortumformung (WU) benötigt und weiter genutzt.

In diesem Lernbereich wird noch nicht thematisiert, dass Nomen und andere Wörter mittels bestimmter Suffixe (Wortendungen) aus anderen Wortarten abgeleitet und so als Nomen erkannt werden können *(achten – Acht-ung, sauber – Sauber-keit)*.

Gelegentlich kommen Kinder zu der Feststellung, dass *Hammer* und *Liebe* auch Verben sind. Sie argumentieren, dass man doch sagen kann: *ich hämmere* und *ich liebe*. In solch einem Falle muss gewürdigt werden, dass die Kinder (im Vorgriff auf die Lernbereiche WU und WZ) entdeckt haben, dass viele Wörter denselben Wortstamm haben und durch verschiedene Endungen die Wortart wechseln können. Eine mögliche Aufgabe für Sprachforscher ist: *Bilde doch Sätze mit den Wörtern und sieh, ob du herausfinden kannst, ob das Wort als Verb, Adjektiv oder Nomen verwendet wird!* Die Substantivierungen werden im Lernbereich SW (satzabhängige Wörter) explizit behandelt.

Sortieraufgaben

Die Sortieraufgaben sind die zentralen Übungen zur Bestimmung der Wortart. Auf der Vorderseite der Karteikarte ist vermerkt, ob das Wort für die Übung zur Bestimmung der Wortart genutzt werden kann oder nicht. Die Markierung WA wurde aufgenommen bei

- allen steigerbaren Adjektiven,
- allen Verben und
- allen Nomen (Konkreta, Abstrakta, Oberbegriffe und Maße/Zeiten).

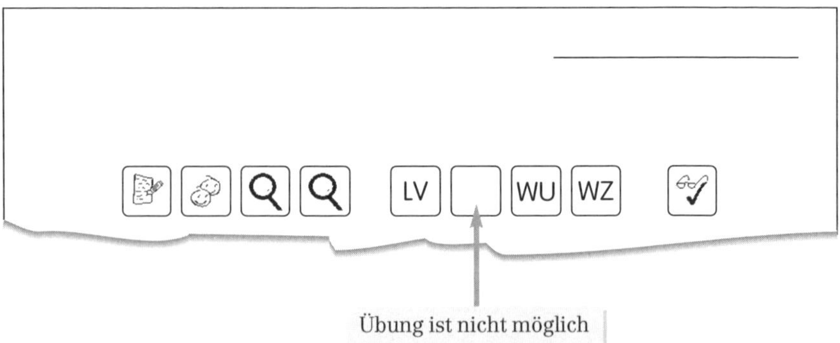

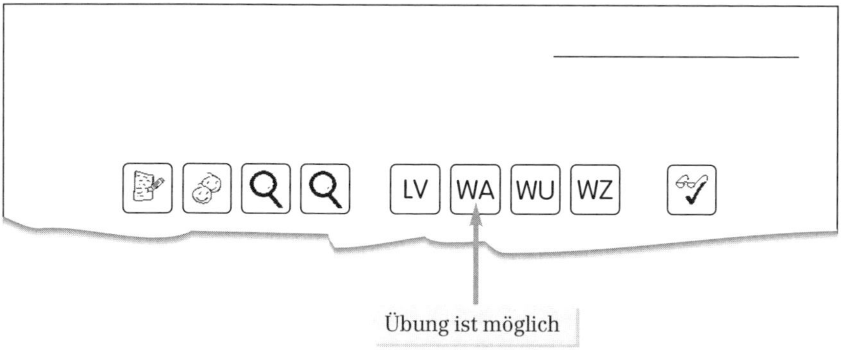

Bei regelhaft steigerbaren Adjektiven, regelhaften Verben und bei Konkreta wurde die Markierung **WA** **fett** gedruckt. Bei unregelmäßigen Adjektiven und Verben sowie bei Abstrakta und Oberbegriffen (usw.) wurde die Markierung kleiner WA und in Normalschrift gedruckt. Hier kann zwar die Übung zur Bestimmung der Wortart durchgeführt werden, sie ist jedoch schwieriger. Beim ersten Üben sollten Sie den Kindern den Hinweis geben, nur die Wörterkarten mit dem fett gedruckten **WA** zu benutzen. Die Markierung □ wurde entfernt bei

- nicht steigerbaren Adjektiven und
- sonstigen Wörtern (Adverbien, Zahlwörter, Funktionswörter usw.).

Mit der Bestimmung der Wortart üben die Kinder zugleich auch die Ableitung der Wörter. Dies hat sich in der Praxis aus zweierlei Gründen bewährt: Einerseits lässt sich für die formalen Ableitungen (wie beispielsweise bei der Steigerung der Adjektive) recht gut das Sprachgespür der Kinder nutzen. – Sie merken spontan, dass sich Verben und Nomen nicht steigern lassen. Andererseits lernen die Kinder durch das Bewusstwerden der Wortbildungsmittel ein Verfahren kennen, das sie im nächsten Lernbereich bei der Wortumformung (WU) zwingend brauchen, um die rechtschriftlichen Besonderheiten von Wörtern zu erschließen.

Für die Sortierübungen können die Kinder alle Wörter des Modellwortschatzes Teil 1 und Teil 2 verwenden und für die Aufgaben können sie eine allgemeine Sortiertafel mit den Feldern „Ja“/„Nein“ benutzen. In der Grundschule ist es für die meisten Kinder jedoch einfacher, für die einzelnen Wortarten mit differenzierten Sortiertafeln, auf denen die Aufgabenstellung und Beispiele aufgeführt sind, zu arbeiten.

Bestimmung von Adjektiven

Einführung: Mit den Kindern werden einige Adjektive gesteigert: *schön, schöner, am schönsten; laut, lauter, am lautesten; schnell, schneller, am schnellsten.*

Nach der Bildung einiger korrekter Steigerungsformen von regelmäßigen Adjektiven sollten Sie mit den Kindern erarbeiten, durch welche Endungen die Steigerung erreicht wird, nämlich durch *-(e)r* und *-(e)sten.*

Dieses Bewusstmachen hilft den Kindern, formal korrekte, aber „falsche" Formen zu bilden wie *Hut – Hut**er** – am Hut**esten***, und unterstützt die Sicherheit beim Bilden der korrekten Steigerungsstufen von Adjektiven. Dies erleichtert die Wortumformungen in der nächsten Lernstufe WU.

Partnerarbeit: Jedes Kind nimmt die Lernkartei des Partners. Abwechselnd lesen sich die Kinder nun ein Wort vor. Der Partner bestimmt die Wortart und benennt die Ableitung (Grundform, Komparativ, Superlativ).

Beispiel

Kind 1	Kind 2
müde	*müde, müder, am müdesten* *Er/sie ist müde – ein Adjektiv.*
Auto	*auto, autoer* *Geht nicht – kein Adjektiv.*
laufen	*laufen, laufener* *Geht nicht – kein Adjektiv.*
schnell	*schnell, schneller, am schnellsten –* *Er/sie ist schnell – ein Adjektiv.*

Wichtig ist, die Kinder immer auch die Ableitung nennen zu lassen. So können sie ihr Sprachgespür bei dieser Übung nutzen und weiterentwickeln. Zur Erleichterung der Arbeit kann eine Sortiertafel mit der Aufgabenstellung verwendet werden (siehe Abb. S. 111).

Schreibaufgabe: *Schreibe die Adjektive und die Ableitungen in dein Heft!* Auf der Karteikarte streichen die Kinder das Feld WA erst dann durch, wenn sie das Wort mit den Ableitungen aufgeschrieben haben.

In den Rechtschreibpass tragen die Kinder ein, wie viele Adjektive sie gefunden und aufgeschrieben haben. Da die Kinder meist über mehrere Trainingsstunden an diesem Arbeitsauftrag mit ihren Wörterkarten arbeiten, empfiehlt es sich, die bearbeiteten Karteikarten mit einem Gummiband zu versehen oder hochkant in den Karteikasten zurückzustellen.

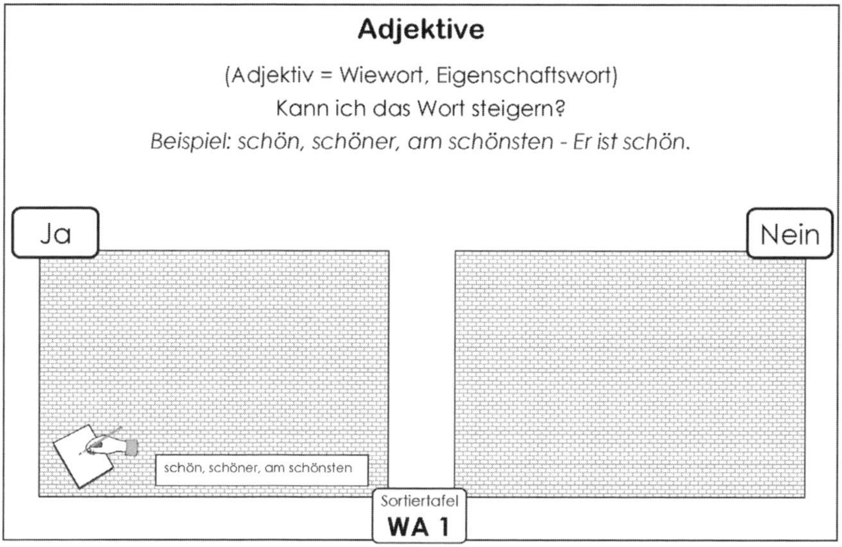

Es ist nicht für alle Kinder notwendig, den gesamten Modellwortschatz auf diese Weise zu bearbeiten. Wenn die Kinder sicher die Adjektive bestimmen können, sollten sie mit der nächsten Übung, der Bestimmung der Verben, fortfahren. Auch das Aufschreiben der Wörter kann pro Übung auf ein angemessenes Maß (z. B. eine Seite im Schreibheft) beschränkt werden.

Bestimmung von Verben

Einführung: Ich vermittele den Kindern, dass sich die Verben nach den Personen richten, die etwas tun (Tuwörter), und dass sie sich entsprechend verändern. Als Beispiel eignen sich alle schwachen und starken Verben, da wir uns auf die Präsensformen zur Bestimmung beschränken. So können wir fast jedes vorgeschlagene Verb eines Kindes benutzen. Wir heben diese Form-Besonderheiten hervor.

Beispiel *lernen* (Grundform) = *wir lernen – ich lern-e, du lern-st, er lern-t.*

Besonders die Endung -e der 1. Person Singular ist hervorzuheben, da sie in der Umgangssprache oft ausgelassen wird. In der Schriftsprache ist sie jedoch verbindlich.

Partnerarbeit: Die Kinder fragen zunächst, ob man *wir* vor das Wort setzen kann. Dann bilden sie die Ableitung (1., 2. und 3. Person Singular).

Beispiel

Kind 1	Kind 2
laufen	*wir laufen; ich laufe, du läufst, er läuft* *Das kann ich tun – ein Verb.*
laut	*Er ist laut – ein Adjektiv.*
Monat	*Wir Monat – nein, geht nicht – kein Verb.*
Nagel *Nein, du darfst das Wort nicht verändern.*	*Wir nageln …* *Dann ist es kein Verb.*
rauben	*wir rauben; ich raube, du raubst,* *er raubt* *Das kann ich tun – ein Verb.*

Auch hier ist wieder wichtig, dass die Kinder die Ableitungen immer wieder benennen. Zur Erleichterung der Arbeit kann eine Sortiertafel mit der Aufgabenstellung verwendet werden:

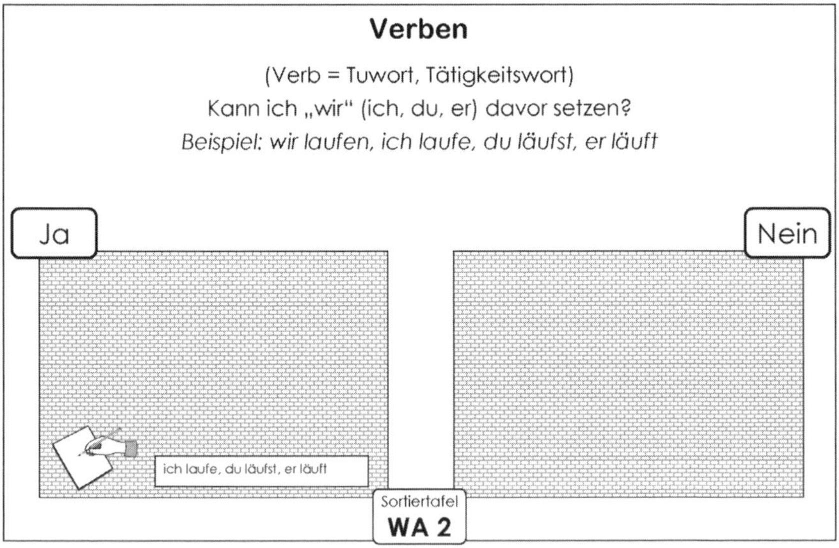

Schreibaufgabe: *Schreibe die Ableitungen mit ich, du und er in dein Heft!* Langsam lernende Kinder und solche, die viel Übung benötigen, können die Endungen auch mit einem farbigen Stift unterstreichen. Damit merken sie noch deutlicher, dass die Endungen konstant bleiben.

In den Rechtschreibpass tragen die Kinder ein, wie viele Verben sie gefunden und aufgeschrieben haben.

Auch bei der Bestimmung der Verben ist es nicht für alle Kinder notwendig, dass sie den gesamten Wortschatz bearbeiten. Sie können mit dieser Übung aufhören, wenn sie die Verben sicher bestimmen können. Das Schreiben beschränke ich meist auf eine Seite in jeder Trainingsstunde.

Bestimmung von Nomen: Konkreta

Einführung – allgemeine Vorgehensweise:

- Reduzierung der Übung auf konkrete Dinge.
- Kinder benennen Dinge, die sie *sehen* können.
- Frage: Kann ich das sehen/malen/anfassen?
- *Bilde die Einzahl und die Mehrzahl.* Hierfür finden die unbestimmten Artikel *ein/eine, viele/wenige* Verwendung.
- Kinder benennen den Begleiter. Dessen Rolle wird erläutert: Alle Nomen haben ein Geschlecht: männlich, weiblich, sächlich.
- Die Kinder bilden eine nominale Wortgruppe: Begleiter + Adjektiv (Attribut) + Nomen.

Jede dieser Hilfen *kann ich anfassen, kann ich sehen, kann ich malen* braucht eine Einführung, die zur Differenzierung führt:

anfassen: Problem: Dinge, die man nicht anfassen mag oder kann.
Beispiele: *Spinne? Gespenst? Tiger?*
Lösung: Nicht nur was ich anfassen kann, sondern auch, was ich anfassen könnte (wenn ich wollte).

sehen: Problem: Dinge, die zu groß/klein oder zu weit weg sind, als dass man sie sehen könnte.
Beispiele: *Himmel, Welt, Meer, Berge* (je nachdem, wo man wohnt), *Atome, Zwerge*
Lösung: Auch Dinge, die ich sehen könnte, wenn ich groß genug oder winzig klein wäre.

malen: Problem: Verwechslung mit Adjektiven oder Verben.
Beispiel: *Der traurige Junge, der Junge rennt.* Kinder malen einen „traurigen Jungen".
Lösung: „Was kannst du malen?" – „Den Jungen." – „Was ist der Junge? Was macht der Junge?"

Die Kinder suchen sich selbst aus, mit welcher „Hilfsvorstellung" sie zunächst am besten zurechtkommen.

Da immer erst die Adjektive, dann die Verben und zum Schluss die Nomen bestimmt werden, hat sich die Hilfe *alles, was ich malen kann* bewährt. Da die Kinder die Adjektive und Verben bei der Einführung der Nomen bereits kennen, können sie auch unterscheiden, was sie malen (das Gesicht), welche Eigenschaft das Gemalte hat (traurig) oder was die gemalte Person gerade tut (er läuft).

Die Bestimmung der Nomen über den Artikel hat sich nicht bewährt: Einerseits steht in normalen Texten der Artikel häufig nicht direkt vor dem Nomen, sondern vor einem zum Nomen gehörenden Adjektiv (Attribut). – Hier sind Kinder dann ganz schnell verwirrt und erklären „formal" das Adjektiv zum Nomen. Andererseits ist diese Bestimmung keine, die dem Kind ein Verständnis für die Wortart des Nomens vermittelt.

Hilfreicher ist es, die Eigenheit der Nomen hervorzuheben: Von Nomen lassen sich Singular- und Pluralformen bilden, sie lassen sich mit Adjektiven ergänzen.

Partnerarbeit: Zunächst verwenden die Kinder die Wörter mit fett gedruckten WA-Markierungen. Dies sind nur Konkreta. Als Ableitung wird der Plural bestimmt.

Die Kinder arbeiten wieder in Partnerarbeit. Abwechselnd ziehen sie Karteikarten aus der Lernkartei des Partners und lesen ein Wort vor. Der Partner bildet die Pluralform und bestimmt die Wortart.

Beispiel

Kind 1	**Kind 2**
Auto	*Ein Auto, viele Autos – kann ich malen – ein Nomen.*
müde	*Er ist müde – ein Adjektiv.*
laufen	*Wir laufen – ein Verb.*
Oma	*Eine Oma, viele Omas – kann ich sehen – ein Nomen.*

Die Kinder sollen immer auch den Plural bilden. Da sie die anderen Wortarten schon kennen, sollten sie diese ebenfalls nennen.

Schreibaufgabe: Für die Bestimmung der Nomen verwenden die Kinder die unbestimmten Zahlwörter *ein* und *viele/wenige*. Dies ist insbesondere für ausländische und für Kinder mit einem geringen Sprachgespür wichtig. Beim Schreiben dagegen können die Kinder nun auf die Vorgaben auf den Karteikarten zugreifen. Indem sie die Nomen mit den dazugehörigen Artikeln schreiben, können sie ihre Sprachkompetenz erweitern. Der Arbeitsauftrag lautet:

Schreibe die Einzahl und Mehrzahl in dein Heft! Schreibe: das Haus, die Häuser!

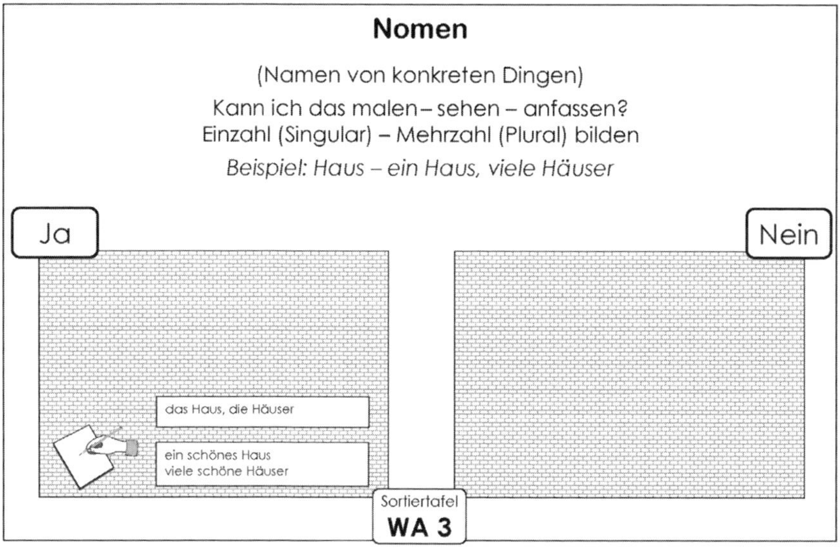

350 LD 15 **Nomen /2**

e ● nst das Fenster, die Fenster

A fensterlos
S Fensterchen
Z Balkonfenster, Dachfenster, Giebelfenster, Glasfenster, einfenstrig, Fensterbank, Fensterfront, Fensterglas, Fenstergriff, Fensterkreuz, Fensterladen, Fensteröffnung, Fensterplatz, Fensterputzer, Fensterrahmen, Fensterscheibe, Kellerfenster, Kirchenfenster, Küchenfenster, Schaufenster

Früher gab es noch keine Fenster aus Glas. Die Lehmhütten der Germanen hatten runde Öffnungen, durch die der Rauch des Feuers abziehen und das Licht hereinkommen konnte. Diese Öffnungen nannte man *Windauge* (wind-ouga). – Schau dir die Übersetzungen an: In welchen Wörtern findest du den Wind und das Auge wieder?

Die Römer hatten schon viel fortschrittlichere Steinhäuser. Daher wurden viele Wörter aus dem Bauwesen von den Römern übernommen. So auch das Fenster: lateinisch *fenestra* = Öffnung für Licht und Luft. Und auch in diesem Wort steckt der Wind = lat. *ventus*.

Lösung für die Übung. Hier werden der Artikel, die Einzahl und Mehrzahl des Wortes angegeben.

Dieser Arbeitsauftrag wird nach wenigen Übungen erweitert: *Schreibe zu den Nomen immer ein Adjektiv hinzu. Schreibe: das große Haus, die großen Häuser.*

Die Kinder kennen die Adjektive aus den vorangegangenen Übungen. Indem sie zu jedem Nomen ein Adjektiv hinzufügen, entwickeln sie ein Gespür dafür, dass der Artikel nicht vor dem Nomen stehen muss. Die Regel ist aber, dass sich der Artikel auf das Nomen beziehen muss.

Um dies deutlich zu machen, können Sie den Kindern auch den Arbeitsauftrag geben, in einem Satz möglichst viele Wörter zwischen dem Artikel und dem Nomen unterzubringen: *Karin trägt ein schönes buntes langes Kleid. Das große graue Haus am Stadtrand.*

In den Rechtschreibpass tragen die Kinder ein, wie viele Nomen sie gefunden (und aufgeschrieben) haben.

Bei dieser Aufgabenstellung ist es wichtig, darauf zu achten, dass die Kinder genügend Sprach- und Schreibübungen durchführen. Die Kinder müssen sicher die Konkreta bestimmen können, bevor sie mit der nächsten Übung beginnen.

Exkurs: Bestimmung des Artikels

Die meisten Kinder, die mit der deutschen Muttersprache groß geworden sind, besitzen ein gutes Gespür für das Geschlecht eines Nomens. Dieses Gespür wird durch die vorangehende Schreibübung weiterentwickelt und gefestigt.

Kinder, die bei der Bestimmung des Geschlechts nach der vorangegangenen Übung unsicher sind (dies gilt oft für ausländische Kinder), können an dieser Stelle eine Zusatzübung durchführen. In der Regel sind den Kindern die Artikel *(der, die, das)* bekannt. Allerdings ordnen sie diese nicht korrekt zu.

Hierfür ist es hilfreich, eine differenzierte Sortiertafel zu verwenden (siehe Abb. S. 117).

Beispiel

Kind 1	Kind 2
Auto	*das Auto – sächlich*
Baum	*der Baum – männlich*
Haut	*die Haut – weiblich*

Das Kind 1 kann die Lösung auf der Rückseite vergleichen. Treten nicht korrekte Zuordnungen auf, gibt es Hilfen. Hierbei muss das Kind den bestimmten Artikel einem unbestimmten Artikel zuordnen.

Kind 1	Kind 2
Auto *Es heißt „ein Auto".*	*der Auto – männlich* *das Auto – sächlich*

Die nicht korrekt zugeordneten Wörter sollten zur Seite gelegt werden.

Schreibaufgabe: Die Kinder sollten vor allen Dingen die nicht korrekt zugeordneten Wörter noch einmal schreiben. Hierbei schreiben sie wie in der vorangegangenen Übung: Artikel, Adjektiv, Nomen.

Beispiel *das neue Auto, der grüne Baum, die dünne Haut* usw.

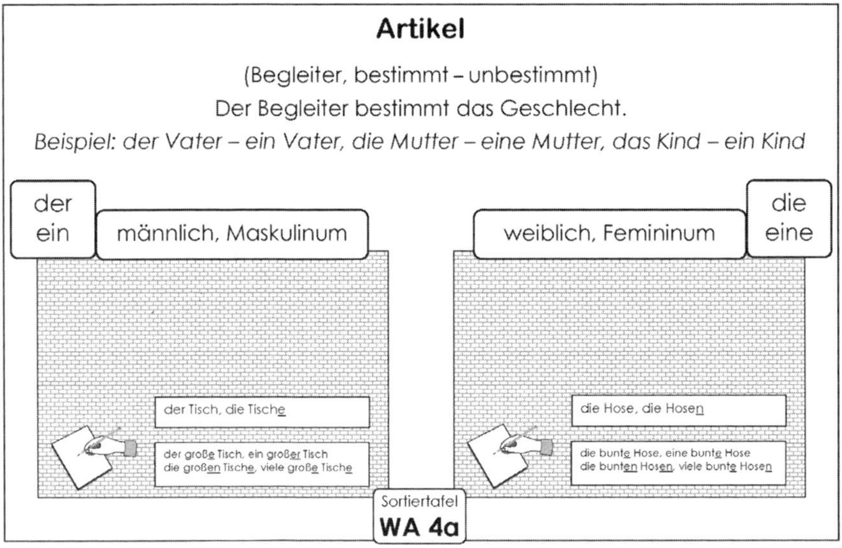

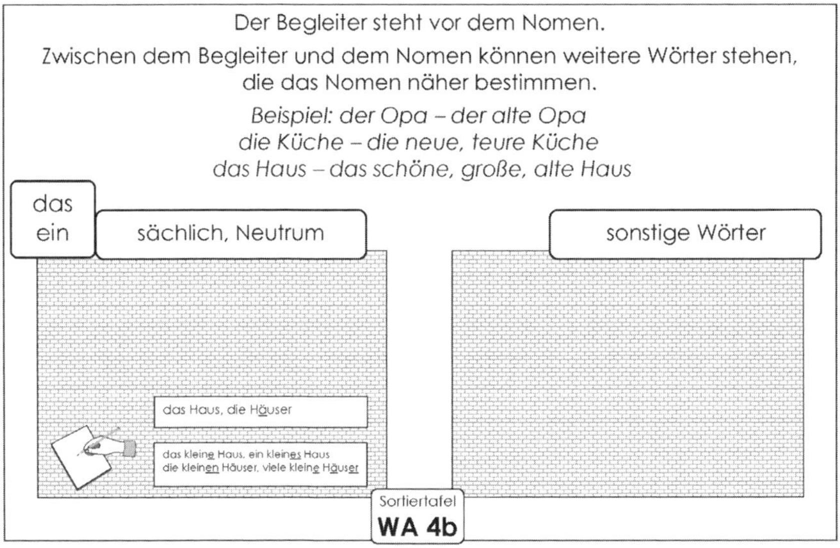

Bestimmung von Nomen: Abstrakta

Erst wenn die Kinder die Konkreta ganz sicher (auch in den eigenen Texten) großschreiben, also ein sicheres Gespür für die Großschreibung entwickelt haben, sollten Sie die Abstrakta und Kollektiva einführen. Es ist äußerst wichtig, diese Übungen **nicht zu früh** anzubieten, da sonst die Entwicklung eines Gespürs für die Substantive behindert wird. Gerade weil oft zu früh von Kindern erwartet wird, dass sie auch abstrakte Begriffe großschreiben, entwickeln sie Schwierigkeiten in diesem Bereich.

Partnerarbeit: Erst wenn die Kinder sicher in der Bestimmung der konkreten Dinge sind, sollten sie die Abstrakta und Maße/Oberbegriffe bestimmen. Auf der Vorderseite ist in dem entsprechenden Feld WA kleiner und nicht fett gedruckt. Für diese Übung werden nur die Nomen benötigt. Alle anderen Wortarten werden aussortiert (Feld „sonstige Wörter").

Beispiel

Kind 1	Kind 2
Auto	*Ein Auto, viele Autos – kann ich malen, also ein konkretes Ding – Konkretum.*
Wut	*Ein Wut – nein – geht nicht, aber Wut kann ich haben – also ein Abstraktum.*
Montag	*Ein Montag, viele Montage – ein Nomen, aber das kann ich nicht malen – also ein sonstiges Nomen.*
Ostern	*Ein Ostern, viele Ostern – das kann ich nicht malen und auch nicht haben, das ist ein Name – also sonstiges Nomen.*

Die Kinder sollen immer auch den Plural bilden. Da sie die anderen Wortarten schon kennen und mehrfach geübt haben, können sie diese nennen oder einfach aussortieren.

Man kann diese Übung auch trennen und zunächst nur die abstrakten Begriffe heraussuchen lassen. Die Reduzierung auf die Frage *„Kann ich das haben?"* vereinfacht die Bestimmung. Erst wenn die Kinder ein Gespür hierfür entwickelt haben, werden alle Nomen gleichzeitig geübt. Ob die Kinder direkt alle Nomen bestimmen oder nur die abstrakten Begriffe, wird man von Lerngruppe zu Lerngruppe neu entscheiden (siehe Abb. S. 119).

Schreibaufgabe: Als Schreibaufgabe lasse ich die Kinder die Einzahl oder die Mehrzahl der Abstrakta zusammen mit einem Adjektiv und in einen Satz eingebunden aufschreiben. Als „Standardsätze" eignen sich für die Abstrakta: *Schreibe die Einzahl oder Mehrzahl mit einem Adjektiv als Satz auf. Verwende als Satzanfang: Ich habe … oder: Ich wünsche mir …*

Beispiel *Ich wünsche mir viel Glück. – Ich wünsche dir schöne Ferien. – Ich habe wenig Mut. – Ich habe großen Spaß.*

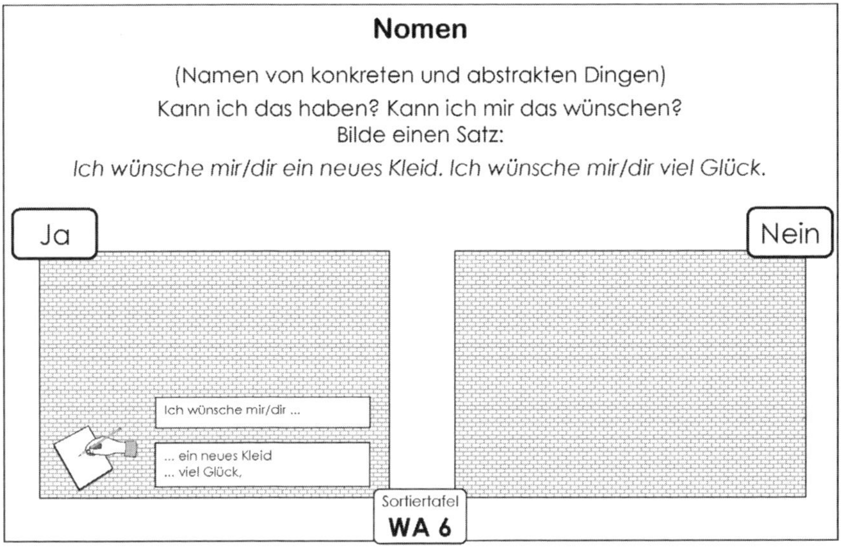

Als Ergänzung können die Kinder Artikel, Adjektiv und Nomen aufschreiben: *das große Glück, die schönen Ferien, der kleine Mut, der große Spaß.*

Die Einbindung in einen Satz und die Ergänzung mit einem (nicht direkt davor stehenden) Artikel führt bei den Kindern zu einem Gespür für die satzbezogene Bestimmung des Substantivs. Von hier bis zur Erfassung von Substantivierungen (Lernbereich SW) ist es dann nur noch ein kleiner Schritt.

In den Rechtschreibpass tragen die Kinder ein, wie viele Nomen sie gefunden (und aufgeschrieben) haben.

Bestimmung von Nomen: Sammelbegriffe, Maße, Zahlsubstantive

Einführung: Sammelbegriffe *(Menschen, Eltern, Tiere, Pflanzen, Werkzeuge)* bereiten den Kindern nach diesen Vorübungen selten Schwierigkeiten. Auch Zeitangaben *(Stunde, Tag, Jahr)* werden von den Kindern meist von selbst großgeschrieben. Im Zweifelsfalle hilft hier der Hinweis: *„Bilde einen Satz! Kannst du einen Artikel und ein Adjektiv hinzufügen?“*

Beispiel *das ganze Jahr, die meisten Menschen, die vielen Tiere*

Schwierig sind für einige Kinder die Maße *(Meter, Kilogramm)* und Kardinalzahlen ab einer Million, da sie oft im Zusammenhang mit einem Nomen auftreten *(ein Kilogramm Zucker, eine Million Menschen).*

Bei manchen Kindern kann der Hinweis weiterhelfen, danach zu fragen, worauf sich der Artikel bezieht: *das Kilogramm, der Zucker, das Kilogramm Zucker; der Liter, die Milch, der Liter Milch.* Anderen Kindern helfen Ergänzungen: *ein Kilogramm von dem Zucker, ein Liter von der Milch.*

Oft bleibt nichts anderes übrig, als sich die Regel zu merken: *Zahlen ab einer Million sowie Maße und Gewichte werden großgeschrieben.*

Differenzierung für sprachlich begabte Kinder: Es gibt einige sprachlich begabte Kinder, die auch ohne Übungen kaum Schwierigkeiten mit der Bestimmung der Wortarten und der Großschreibung der Nomen haben. Damit auch diese Kinder die grammatische Kompetenz, die mit den Wortarten verbunden ist, aufbauen, sollten auch sie die Übungen zur Bestimmung der Wortarten durchführen. Allerdings können diese Kinder meist in einem Schritt die verschiedenen Wortarten bestimmen:

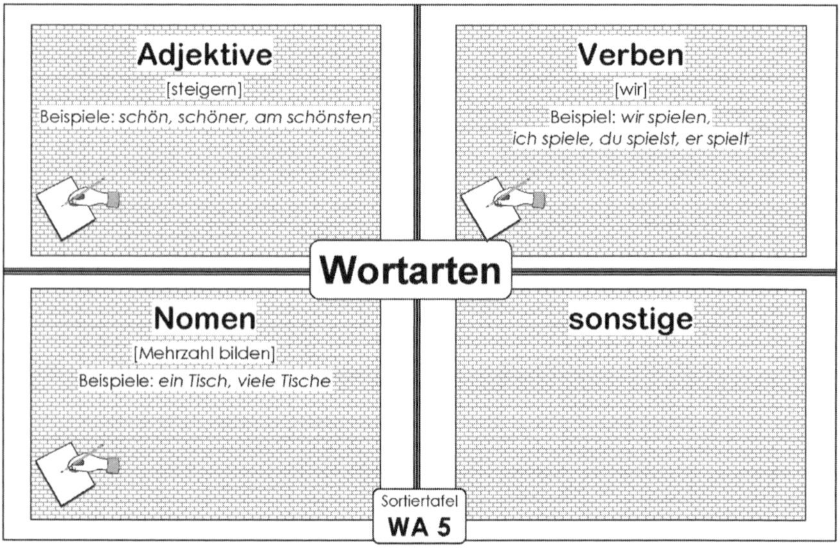

Wichtig ist aber, dass auch diese Kinder wenigstens einige Adjektive, Verben und Nomen mit den oben beschriebenen Ergänzungen aufschreiben, damit sie das Gespür für die Bedeutung der Wörter im Satz entwickeln.

Auch die Differenzierung der Nomen gelingt diesen Kindern nach einiger Einübung oft recht schnell, sodass auch hier eine Zusammenfassung der Übung sinnvoll sein kann (siehe Abb. S. 121).

In der Regel reicht es, wenn diese Kinder Sätze mit den Abstrakta und sonstigen Nomen bilden.

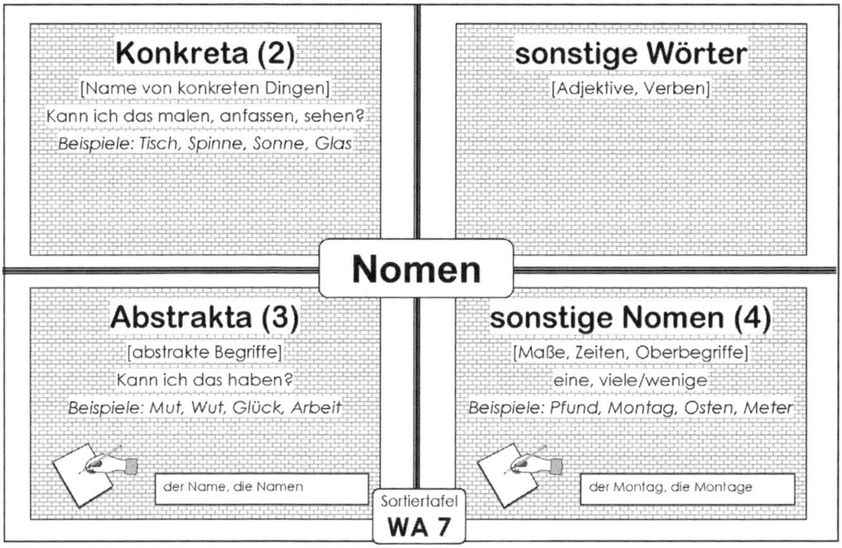

Bestimmung von Eigennamen

Einführung: Den Sonderfall der Eigennamen übe ich mit den Kindern erst, nachdem sie die Nomen sicher bestimmen können. Diese Übung kann auch im Zusammenhang mit den Übungen zu den Ausnahmeschreibungen (Lernbereich AF) durchgeführt werden.

Das Problem bei den Eigennamen ist nur sehr selten die Großschreibung. Schwierig ist, dass Eigennamen häufig nicht regelhaft geschrieben werden und auch nicht im Wörterbuch stehen. Hier ist es wichtig, dass Kinder lernen, im Zweifelsfalle nachzufragen, wie der Name geschrieben wird.

Sammeln, sortieren, schreiben: Die Kinder sammeln Eigennamen auf Karteikarten (Zetteln). Zunächst sammeln sie die Namen der Kinder in der Klasse (Vornamen, Familiennamen). Die Namen werden deutlich gesprochen. Die Kinder entscheiden, ob der Name in die Rumpelkammer gehört oder nicht. Bei dem bis hierher angesammelten Rechtschreibwissen (LB, LD, LV) werden nur die Ausnahmeschreibungen aussortiert:

Regelhafte Schreibung	**Rumpelkammernamen**
Susanne, Malte, Moritz, Josef, Marianne,Monika, Stefan, Dennis, Olaf, Jusuf …	**Ch**risto**ph**, **Ph**illip, Ke**v**in, Bernhar**d**, **Ch**rist**i**ne, Ste**ph**an, De**n**is**e**, Ni**c**ole, Nikol**ai** …

Später werden auch andere Eigennamen (Name der Schule, Straßennamen, Orte, Flüsse usw.) nach dem gleichen Prinzip aufgeschrieben und sortiert. Es kommt dabei darauf an, dass die Kinder ein Gespür dafür entwickeln, bei Eigennamen vorsichtig zu sein. Da diese Wörter meist nicht im Wörterbuch zu finden sind, bleibt nichts anderes übrig, als nachzufragen. Diese Namen sortieren wir nach dem Prinzip: *regelhafte Schreibung – nicht regelhafte Schreibung.*

Interessant ist es auch, den Namen auf den Grund zu gehen, danach zu fragen, wo die Namen herkommen. Hierüber können die Kinder erfahren, wie bestimmte Laute in anderen Ländern geschrieben werden (oder früher geschrieben wurden), worauf dann später bei den Ausnahme- und Fremdwortschreibungen aufgebaut werden kann.

Als ergänzende Aufgabe können die Kinder „Rumpelkammer-Namen" sammeln. Damit erweitern sie auch ihr Gespür für das, was sie schon sicher richtig schreiben können.

Leistungsstarke Kinder stoßen an dieser Stelle auch auf Besonderheiten – z. B. Bindestrichschreibungen bei Straßennamen, Großschreibung von Adjektiven, die zum Namen gehören usw. Erklärungen zu diesen Schreibungen sind jedoch in aller Regel für Grundschulkinder verfrüht.

2.6 Lernbereich WU – Wörter umformen und ableiten

Lernziele

In den Lernbereichen LB und LD haben die Kinder bereits gelernt, deutlich und hochdeutsch zu sprechen. Diese Sprachkompetenz wurde im Lernbereich WA weiterentwickelt. Die Kinder haben hier die Wortarten in Beziehung gesetzt und dabei vor allem auf das deutliche Aussprechen der Flexionsendungen geachtet. Diese Kompetenz wird nun im Lernbereich WU gefestigt und weiterentwickelt.

Bisher haben die Kinder die Wörter des Modellwortschatzes in der Grundform geübt. In diesem Lernbereich übertragen die Kinder die Wörter in von der Grundform abgeleitete Formen. Dabei entwickeln sie ein Gespür dafür, dass bestimmte Teile eines Wortes (Wortstamm) konstant bleiben. Daher heißt der Leitsatz dieses Lernbereichs:

Erhalte in abgeleiteten Wörtern den Wortstamm!

Ziel der Übungen mit dem Modellwortschatz ist es, dass die Kinder das Prinzip der Morphemkonstanz verinnerlichen. Dabei sollen sie aufmerksam werden auf spezifische Abweichungen von der Laut-Buchstaben-Beziehung, insbesondere auf die Auslautverhärtung und Umlautschreibung. Als Konkretisierung wird daher der Leitsatz in diesem Lernbereich ergänzt:

Befrage das Wort: Bilde die Grundform oder verlängere das Wort!

Damit erhalten die Kinder eine Anweisung für das, was sie tun müssen, um sich bei Unsicherheiten die richtige Schreibung zu erschließen.

Einführung

In diesem Lernbereich wird den Kindern das Grundprinzip der Morphemkonstanz vermittelt: Das Stamm-Morphem eines Wortes bleibt über alle Ableitungen des Wortes hinweg erhalten, falls sich nicht die Aussprache beim abgeleiteten Wort ändert *(sehen – du* ***sie****hst, Haus –* ***Häu****ser)*. Doch auch wenn sich die Aussprache ändert, bleiben bestimmte Eigenheiten des Wortes erhalten (z. B. das *h* bei *du siehst*; aus *au* wird *äu*):

<table>
<tr><th>Adjektive</th><th>Verben</th><th>Nomen</th></tr>
<tr><td>böse|</td><td>wir üb|en</td><td>Name|</td></tr>
<tr><td>böse|r</td><td>ich üb|e</td><td>Name|n</td></tr>
<tr><td>böse|sten</td><td>du üb|st</td><td></td></tr>
<tr><td></td><td>er üb|t</td><td>Dose|</td></tr>
<tr><td>müde|</td><td></td><td>Dose|n</td></tr>
<tr><td>müde|r</td><td>wir reit|en</td><td></td></tr>
<tr><td>müde|sten</td><td>ich reit|e</td><td>Monat|</td></tr>
<tr><td></td><td>du reit|est</td><td>Monat|e</td></tr>
<tr><td>oft|</td><td>er reit|et</td><td></td></tr>
<tr><td>öft|er</td><td></td><td>Boden</td></tr>
<tr><td>öft|esten</td><td>wir lauf|en</td><td>Böden</td></tr>
<tr><td></td><td>ich lauf|e</td><td></td></tr>
<tr><td>alt|</td><td>du läuf|st</td><td>Faden</td></tr>
<tr><td>ält|er</td><td>er läuf|T</td><td>Fäden</td></tr>
<tr><td>ält|esten</td><td></td><td></td></tr>
</table>

Die Morphemkonstanz ist ein grundlegendes Prinzip der deutschen Rechtschreibung, das gerade durch die Rechtschreibreform von 1998 deutlich gestärkt wurde: Eine Reihe von Einzelwörtern wurde durch die Rechtschreibreform geändert, sodass nun der Wortstamm in allen Ableitungen erhalten bleibt. Dies betrifft z. B. *schnäuzen (Schnauze)*, *Stängel (Stange)*, *nummerieren (Nummer)*, *platzieren (Platz)* sowie die *ss*-Schreibung und das Aufeinandertreffen drei gleicher Konsonanten. Drei Bereiche bereiten Kindern gelegentlich Schwierigkeiten:

- Wechsel von lang und kurz gesprochenen Vokalen *(fallen – er fiel)*
- Erhalt des Silben trennenden *h (gehen, du gehst, er geht)*
- Ausnahmeschreibungen *(haben – er hat* – trotz kurzem Vokal nur ein *t)*

Im Folgenden beschreibe ich zunächst diese drei Bereiche, um der Lehrerin bzw. dem Lehrer Hinweise darauf zu geben, an welchen Stellen Schwierigkeiten auftreten können. Darauf folgt eine kurze Beschreibung der Prinzipien der Ableitungen bei den drei wichtigsten Wortarten:

- Konjugation und Deklination

Da die Kinder diese Ableitungen bereits im Lernbereich WA praktiziert haben, bereiten sie den Kindern nur an drei Stellen Schwierigkeiten:

- bei der Auslautverhärtung,
- bei der Umlautschreibung in abgeleiteten Wörtern sowie
- beim Erhalt der Wortstammschreibung bei Verben in der 2. und 3. Person Singular.

Im 5. Bereich (Wörter verlängern und zurückführen, siehe S. 130) zeige ich auf, wann und wie sich die Kinder durch Verlängern und Zurückführen der Wörter die richtige Schreibung erschließen können.

Wechsel von lang und kurz gesprochenen Vokalen

Dieser Wechsel ist insbesondere dann schwierig, wenn er zu einer Doppelkonsonantenschreibung führt *(haben – hatte)*, die Doppelkonsonantenschreibung aufgehoben wird *(bitten – bat – gebeten)* und analog hierzu ein Wechsel von *ß* zu *ss* stattfindet *(fließen – floss, essen – aß)*.

Nach einem lang gesprochenen Vokal steht niemals ein Doppelkonsonant. Wenn der kurz gesprochene Vokal des Infinitivs in der abgeleiteten Form lang gesprochen wird, muss sich auch der Doppelkonsonant aus der Grundform ändern. Hier hat also das Lautprinzip Vorrang vor dem Wortstammprinzip. Dies gilt für folgende Verben:

backen	buk
bitten	bat, gebeten
essen	aß
fallen	fiel
fressen	fraß
kommen	kam
lassen	ließ

messen	maß
schaffen	schuf
schrecken	schrak
sitzen	saß
treffen	traf
vergessen	vergaß
wissen	weiß

Der umgekehrte Fall, dass sich ein lang gesprochener Vokal in der Grundform zu einem kurz gesprochenen Vokal in der Ableitung wandelt, kommt (abgesehen von *haben* und *saufen*) praktisch nur bei *ei* und *ie* vor.

Dies gilt für folgende Verben:

haben	hatte (aber: er hat)
saufen	soff, gesoffen

Aus *ei* wird ein kurz gesprochenes [ɪ].

befleiß(ig)en	befliss, beflissen
beißen	biss, gebissen
gleiten	glitt, geglitten
greifen	griff, gegriffen
kneifen	kniff, gekniffen
leiden	litt, gelitten
pfeifen	pfiff, gepfiffen
reißen	riss, gerissen

reiten	ritt, geritten
scheißen	schiss, geschissen
schleifen	schliff, geschliffen
schleißen	schliss, geschlissen
schmeißen	schmiss, geschmissen
schneiden	schnitt, geschnitten
schreiten	schritt, geschritten
streiten	stritt, gestritten

Aus *ie* wird ein kurz gesprochenes [ɔ]:

fließen	floss, geflossen
genießen	genoss, genossen
gießen	goss, gegossen
schießen	schoss, geschossen
schließen	schloss, geschlossen

sieden	sott, gesotten
sprießen	spross, gesprossen
triefen	troff, getroffen
verdrießen	verdross, verdrossen

Gerade hier zeigt sich, wie vorteilhaft es ist, wenn mit den Kindern zunächst die Lautebene gründlich abgesichert wird.

In den ersten Lernbereichen haben die Kinder gelernt, zunächst von der Lautung auszugehen und sich die Schreibung über die Lautung zu erschließen: *Schreib, wie du sprichst – sprich, wie du schreibst.* Im Lernbereich LV haben sie bereits die regelhaften Kennzeichnungen lang und kurz gesprochener Vokale kennen gelernt: *Auf einen lang gesprochenen Vokal folgt niemals ein Doppelkonsonant. – Auf einen kurz gesprochenen Vokal folgen mindestens zwei Konsonanten.*

Nun können die Kinder dieses Wissen auch auf abgeleitete Wörter übertragen. Folgen die Kinder in ihrem Lernen dem Aufbau der Rechtschreibung (wie sie in der Rechtschreibwerkstatt beschrieben wird), so ergeben sich in diesem Bereich keine größeren Schwierigkeiten.

Erhalt des Silben trennenden h

Adjektive mit Silben trennendem *h*: Bei den **Adjektiven** bereitet das Silben trennende *h* am Wortende keine Schwierigkeit, da es hier gerade durch die Steigerung hörbar gemacht werden kann. Dies betrifft die Wörter:

eh(e)	eher	am ehesten
froh	froher	am frohesten
früh	früher	am frühesten
nah	näher	am nächsten
roh	roher	am rohesten
zäh	zäher	am zähesten

Nomen mit Silben trennendem *h*: Ebenso ist es bei **Nomen**. Die Pluralbildung ermöglicht es, das Silben trennende *h* am Wortende hörbar zu machen. Nomen mit Silben trennendem *h* am Wortende:

Floh	Flöhe
Geweih	Geweihe
Kuh	Kühe
Reh	Rehe
Schuh	Schuhe
Stroh	– (Abl. strohern, strohig)
Zeh(e)	Zehen

Seltene, nicht im Wortschatz der Kinder oder nur in Zusammensetzungen vorkommende Wörter:

Dreh	Kniff
Feh	Eichhörnchen
Fluh	Felswand, Bergabhang, Beton
Rah	Querholz am Mast eines Segelschiffes
Schmäh	österr.: Trick, Schwindelei, Ausflucht
Unruh	Gangregler in Uhren
Weh	Heimweh, Fernweh, Bauchweh, Kopfweh

Selten vorkommende Kurzwörter:

jäh	plötzlich (Jähzorn)
bäh, mäh, buh, muh	lautnachahmende Wörter
hüh	Zuruf bei Pferden

Wörter, die erst in einem späteren Lernbereich behandelt werden (AF):

Vieh	Viecher

Silben trennendes *h* im Wort:

Brühe	–
Höhe	–
Mühe	–
Ruhe	–

Ehe	Ehen
Truhe	Truhen
Uhu	Uhus

Lässt man die selten vorkommenden Wörter außer Betracht, so ergibt sich bei den Adjektiven und Nomen durch die Umformung eher eine Hilfe für die Rechtschreibung.

Silben trennendes *h* bei Verben: Schwierigkeiten ergeben sich vor allem bei Verben, da hier in einigen Ableitungen (2. und 3. Person Singular) das Silben trennende *h* nicht mehr hörbar ist. Dies betrifft die Verben:

blühen	–, es blüht	
drehen	du drehst, er dreht	
drohen	du drohst, er droht	
flehen	du flehst, er fleht	
fliehen	du fliehst, er flieht	floh, geflohen
gedeihen	du gedeihst, er gedeiht	gedieh, gediehen
gehen	du gehst, er geht	*ging, gegangen*
geschehen	–, es geschieht	geschah, geschehen
glühen	du glühst, er glüht	
leihen	du leihst, er leiht	lieh, geliehen
mähen	du mähst, er mäht	
mühen	du mühst d., er müht s.	
nähen	du nähst, er näht	
sehen	du siehst, er sieht	sah, gesehen
spähen	du spähst, er späht	
sprühen	du sprühst, er sprüht	
stehen	du stehst, er steht	*stand, gestanden*
wehen	–, es weht	
zeihen	du zeihst, er zeiht	zieh, geziehen

Nur bei *gehen* und *stehen* kommt es zu einem Wechsel in der Vokallänge, sodass hier das Silben trennende *h* nicht erhalten bleibt.

An diesen Wörtern müssen die Kinder lernen, das Wort auf die Grundform zurückzuführen, um das Silben trennende *h* hörbar zu machen (s. u.).

Erhalt des Dehnungs-*h*: Die Ausnahmeschreibung der Kennzeichnung der Vokallänge durch ein Dehnungs-*h* wird im Lernbereich AF (Ausnahmen und Fremdwörter) behandelt. Bei den Umformungen bleibt dieses Dehnungs-*h* ebenso wie das Silben trennende *h* erhalten, wenn es nicht zu einem Wechsel der Vokallänge kommt, wie z. B. bei *wir nehmen – er nimmt.*

Ausnahmeschreibungen

Bei einigen wenigen Wörtern wird in den Ableitungen das Lautprinzip bzw. das Wortstammprinzip aufgegeben:

- Abweichungen vom Lautprinzip: *geben – gib* (kein *ie* trotz langer Aussprache), *haben – hat* (keine Konsonantenverdopplung).
- Abweichungen einzelner Wörter vom Wortstammprinzip: *zie**h**en – zog* (kein *h* in der Ableitung), ***E**ltern – alt* (kein *ä* wegen *die Älteren*), *schw**a**nken – schwenken, spi**nn**en – Gespinst, Spindel, scha**ff**en – Geschäft, bre**nn**en – Brand* (kein *nn* wegen Brände), *pa**ck**en, der Pa**ck**en, Gepä**ck** – Paket* (bei *packen* eingedeutschte Schreibweise, bei *Paket,* frz. *paquet* nur zum Teil; wegen der Betonung auf der zweiten Silbe ist nach den Regelungen zur Konsonantenverdopplung hier kein *ck* möglich; hier gilt: Lautprinzip hat Vorrang vor Wortstammprinzip), ***v**oll – **f**üllen* (*voll* = Adjektiv und Präfix), *Ziga**rr**e – Zigarette* (Betonung auf *e* in *Zigarette* – kein betonter Kurzvokal vor *r*; siehe hierzu die Anmerkung beim Wort *packen*).
- Keine Schwierigkeiten bereitet die Umstellung der Endungen bei: *Atem – atmen, dunkel – dunkle, trocken – trocknen, wider – widrig,* da sie bei deutlichem Sprechen hörbar ist.
- Intuitiv wird von Kindern auch *t* statt *st* (2. Pers. Sing.) richtig geschrieben, wenn der Wortstamm auf *s, ss, ß, x* oder *z* endet: *du löst, fasst, grüßt, faxt, flitzt.*
- Unproblematisch ist meist auch der Wegfall von *l*, wenn auf die Endung *-el* das Suffix *lein* folgt: *Engel + lein = Engelein.*
- Ebenso wird von den Kindern meist intuitiv richtig geschrieben, dass ein Endungs-*e* wegfällt, wenn der Wortstamm auf *e* endet (e-Tilgung): *das Knie – die Knie, der See – die Seen.*
- Keine drei Konsonanten bei den Wortzusammensetzungen: *dennoch (denn + noch), Mittag (Mitte + Tag).*
- Konsonantenverdopplung bei den Endungen *-in, -nis, -as, -is, -os, -us*: *Freundin – Freundinnen* (Weiblichkeitsendung nur im Plural mit *nn*), *Erlebnis – Erlebnisse, Ananas – Ananasse, Kürbis – Kürbisse, Albatros –*

Albatrosse, Globus – Globusse. Da diese Konsonantenverdopplung, abgesehen von der Endung *-in*, nur in Fremdwörtern vorkommt, taucht dieses Problem an dieser Stelle des Lernbereichs für die Kinder noch nicht auf.

Konjugation und Deklination

Neben der Verinnerlichung des Prinzips der Morphemkonstanz kommt es in diesem Lernbereich darauf an, dass die Kinder ein Gespür dafür entwickeln, wann sie was bei welchen Wörtern machen müssen, um sich die richtige Schreibung eines Wortes zu erschließen. Die Technik der Ableitung haben die Kinder bereits bei der Bestimmung der Wortart (Lernbereich WA) kennen gelernt und eingeübt.

Adjektive treten nicht nur in Grundform, Komparativ und Superlativ auf, sie ändern sich auch mit dem Genus des zugehörigen Nomens *(die schlau***en** *Buben, der schlau***e** *Fuchs)* und mit seinem Kasus *(dem schlau***en** *Fuchs).* Ein Adjektiv kann mit bestimmtem und unbestimmtem Artikel stehen *(das schön***e** *Haus, ein schön***es** *Haus).*

Nomen haben ein festes Geschlecht (Genus – *die Mutter, der Vater, das Kind*) und werden durch Numerus (Singular, Plural – *das Haus, die Häuser*) und Kasus (Nominativ, Genitiv, Dativ, Akkusativ – *der Onkel, des Onkels, dem Onkel, den Onkel*) bestimmt.

Die **Verben** ändern nicht nur die Person (ich, du, er/sie/es – *ich lese, du liest, er liest*) und Anzahl (Singular, Plural – *ich lese, wir lesen*), sondern auch die Zeit (Tempus: Präsens, Präteritum, Perfekt, Plusquamperfekt, Futur – *ich lese, ich las, ich habe gelesen, ich hatte gelesen, ich werde lesen*), den Modus (Infinitiv, Imperativ, Indikativ, Konjunktiv – *fragen, frag, er fragt, er frage*) und das Genus (Aktiv, Passiv – *ich frage, ich werde gefragt*).

Neben drei regelmäßigen Bildungsformen gibt es im Deutschen noch 185 Verben mit unregelmäßigen Konjugationen.

Adjektive, Nomen und Verben können in der deutschen Sprache vielfältige Formen annehmen. Diese vielen Erscheinungsformen der drei Wortarten sind über die bisher gelernten Prinzipien auf der Lautebene weitgehend sicher richtig zu schreiben.

Es ergeben sich hieraus eher Sprach- als Rechtschreibschwierigkeiten. Wenn Kinder mit der Konjugation und Deklination Schwierigkeiten haben, dann benötigen sie demnach Sprachübungen zur Verbesserung ihres Sprachgespürs.

Wörter verlängern und zurückführen

Es gibt lediglich zwei Bereiche, die mit den bisher den Kindern bekannten Prinzipien nicht zu erschließen sind:

- die **Auslautverhärtung**: b/p, g/k, d/t, s/ss/ß
- die **Umlautschreibung**: a/ä, au/äu

Es gibt zwei Vorgehensweisen, mit denen die in diesem Lernbereich behandelten rechtschriftlichen Besonderheiten erfasst werden:

■ **1. Vorgehensweise – Grundwort verlängern:** Bei Nomen und Adjektiven ist in der Grundform gelegentlich nicht zu „hören", wie das Wort am Ende geschrieben wird. Hier ist es sinnvoll, das Wort zu verlängern, den Plural oder die Steigerungsformen zu bilden. Bei Verben kommt dies nicht vor, da der Infinitiv bei Verben regelhaft mit der Endung -en gebildet wird.

	Nomen	**Adjektive**
Auslautverhärtung	Sta**b**, Klei**d**, Ber**g**,	Gla**s** gel**b**, blin**d**, billi**g**, nervö**s**
Silben trennendes *h*	Kuh, Schuh, Reh	froh, früh, nah

Die Kinder müssen ein Gespür dafür entwickeln, Wörter zu verlängern (Plural, Steigerungsform), wenn sie am Wortende [p], [t], [k] oder [s] hören. Nur so können sie hörbar machen, ob *b* oder *p*, *d* oder *t*, *g* oder *k* bzw. *s* oder *ß* zu schreiben ist.

■ **2. Vorgehensweise – in die Grundform zurückführen:** Die Umlautschreibung treffen wir in den abgeleiteten Wörtern (Nomen, Adjektive, Verben) an. Um sicher entscheiden zu können, ob der Laut [ɛ] mit e oder ä zu schreiben ist, muss das Wort auf die Grundform/den Infinitiv zurückgeführt werden.

Bei Verben tritt das Phänomen der Auslautverhärtung und des „stummen" Silben trennenden *h* im Singular auf. Hier müssen die abgeleiteten Wörter auf den Infinitiv zurückgeführt werden, um die Schreibweise sicher zu erschließen („hörbar machen").

Die größten Schwierigkeiten bereitet die Zurückführung der Verben. Da die meisten Verben in Texten nicht in der Infinitivform vorkommen, vermitteln Sie den Kindern zunächst, bei Verben grundsätzlich den Infinitiv zu bilden.

Wenn die Kinder bei Nomen und Adjektiven in der Grundform die Ableitung bilden und abgeleitete Wörter in die Grundform zurückführen, können sie

Nomen	Adjektive	Verben
Umlaut ä → a, äu → au		
Häuser, Mäntel, Ärmel	kälter, stärker, am wärmsten	hält, wäscht, läuft
		Verhärtung im Wort
		gibt, sagt, liest, reist
		Silben trennendes *h*
		er geht, du stehst, sieh

sich mit dem in den vorangegangenen Lernbereichen aufgebauten Rechtschreibgespür und Rechtschreibwissen die richtige Schreibung aller regelhaften Wörter erschließen.

Wortschatz

Wortauswahl

Für die Umformungsübungen können alle bisher bearbeiteten Wörter genutzt werden. Zusätzlich zu den Wörtern der Lernstufen 1 bis 21 (Lernbereiche LB, LD, LV) habe ich in den Modellwortschatz die Wörter der Lernstufen 22 bis 24 (Lernbereich WU) aufgenommen.

Lernstufe 22: *Auslautverhärtungen.* Am Wortende werden weich zu sprechende Konsonanten durch hart gesprochene ersetzt. So wird aus *b* → [p] (*Dieb*[diːp]), *d* → [t] (*Hand* [hant]), *g* → [k] (*Tag* [taːk]) und das weich gesprochene [z], geschrieben als *s* → [s] (*Glas* [glaːs]).

Lernstufe 23: *Silben trennendes h am Wortende.* Im Lernbereich LD wurde das Silben trennende *h* eingeführt. Dieses Silben trennende *h* wird auch dann geschrieben, wenn durch die Ableitung des Wortes auf den lang gesprochenen Vokal ein Endungsvokal folgt (z. B. *Reh*, *Kuh*). In dieser Lernstufe sind Beispielwörter zusammengestellt.

Lernstufe 24: *Umformung von a nach ä und von au nach äu.* Das kurz gesprochene [ɛ] schreiben wir regelhaft mit *e*, es sei denn, wir können das Wort auf ein Wort mit *a* zurückführen. Den Diphthong [ɔy] schreiben wir regelhaft mit *eu*, es sei denn, wir können das Wort auf ein Wort mit *au* zurückführen.

Für diesen Lernbereich können alle Wörter des Modellwortschatzes genutzt werden. Schwierige Rückführungen sind in der Lernstufe 24 zusammengestellt. Auf der Rückseite der Karteikarte finden die Kinder Hinweise für die Rückführung.

Wörter des Modellwortschatzes

Der Modellwortschatz zum Lernbereich WU enthält 72 Wörter, die in drei Lernstufen untergliedert sind. Die Wörter sind dem Modellwortschatz Teil 2 zugeordnet und folgen auf die Wörter zum Lernbereich LV:

- 22 Wörter mit Auslautverhärtung
- 23 Wörter mit Silben trennendem h
- 24 Wörter mit schwierigen Rückführungen

Übungsfolge

Im Lernbereich WU kommt den Sortieraufgaben eine zentrale Bedeutung zu. Bislang haben sich die Kinder beim Schreiben von der hochdeutschen Aussprache der Wörter leiten lassen. Bei einigen Wörtern führt diese Aussprache jedoch nicht zu einer korrekten Schreibung (z. B. bei der Auslautverhärtung). In diesen Fällen müssen die Kinder die Wörter verlängern (ableiten) oder die abgeleitete Form des Wortes auf die Grundform zurückführen.

Hierfür ist es notwendig, dass die Kinder einerseits ein Gespür dafür entwickeln, bei welchen Wörtern sie „aufpassen“ müssen. Andererseits müssen sie Techniken kennen, wie sie sich im Zweifelsfall die richtige Schreibung der Wörter erschließen können (ableiten und zurückführen).

Werden von den Kindern lediglich jene Wörter abgeschrieben, bei denen uns die Aussprache zur Erschließung der Schreibung nicht weiterhilft (z. B. Wörterlisten zur Auslautverhärtung), bilden sie keine tragfähigen Techniken aus, die ihnen im Zweifelsfall weiterhelfen können, sich die Schreibung zu erschließen. Wird die Technik des Ableitens nur an Wörtern mit Auslautverhärtung eingeübt, bilden die Kinder keine gezielte Verunsicherung aus, diese Technik bei bestimmten Lauten am Wortende immer anzuwenden, um sich die Schreibung auch bei unbekannten Wörtern zu erschließen.

Aus diesem Grund ist es sinnvoll, mit den Sortieraufgaben zu diesem Lernbereich zu beginnen. Diese werden genutzt, um zunächst das Sprachgespür der Kinder weiterzuentwickeln und ihre Aufmerksamkeit auf das Wortende und die Umlaute auszurichten. So bilden die Kinder ein Gespür für jene Wörter aus, bei denen sich die Aussprache der Grundform von der der abgeleiteten Formen unterscheidet. Indem sie anschließend diese Wörter ebenfalls wieder in der Grundform und der abgeleiteten Form schreiben, können sie aus dem Sprachgespür ein Rechtschreibgespür entwickeln. Die allgemeine Vorgehensweise in diesem Lernbereich ist daher:

1. Sortieraufgabe in Partnerarbeit als Sprachübung. Hiermit verbunden ist die Einübung der Technik des Ableitens (Wort verlängern) und des Zurückführens abgeleiteter Wörter auf die Grundform.
2. Ausrichtung der Aufmerksamkeit auf Änderungen in der Aussprache zwischen Grundform und abgeleiteten Formen des Wortes.
3. Aufschreiben der Wörter in der Grundform und in der abgeleiteten Form. Dies kann als Abschreibübung oder auch als Partnerdiktat erfolgen.
4. Nachdenken über jene Stellen im Wort, bei denen wir uns nicht allein auf das Sprachgespür verlassen können, um uns die korrekte Schreibung zu erschließen. Formulierung von Eigenregeln.

Die im folgenden Kapitel beschriebenen Sortierübungen beziehen sich auf drei Bereiche:

1. Umlautschreibung in abgeleiteten Formen, hier insbesondere *ä* und *äu* (siehe S. 135 ff.)
2. Auslautverhärtung in der Grundform (siehe S. 138 ff.)
3. Erhalt des Wortstamms in Verbableitungen (siehe S. 142 ff.)

Sortieraufgaben

Wörterkarten des Modellwortschatzes

Für die Umformungsübungen können alle Wörterkarten des Modellwortschatzes Teil 1 und Teil 2 genutzt werden. Auf der Vorderseite der Karteikarte ist vermerkt, ob das Wort für die Übung zur Umformung und Ableitung genutzt werden kann oder nicht.

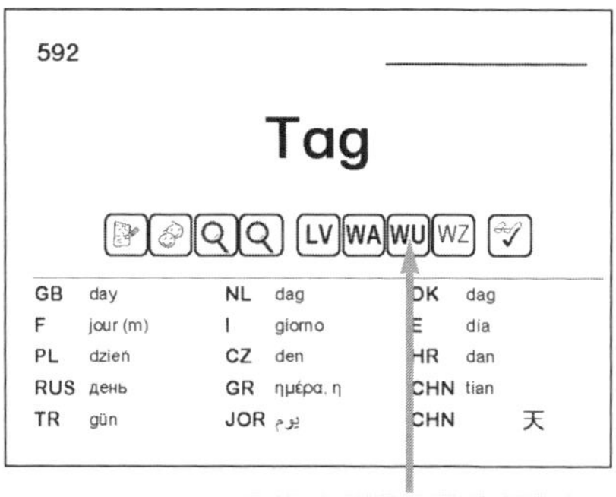

Das Wort kann für die Sortierübung zum Lernbereich WU genutzt werden.

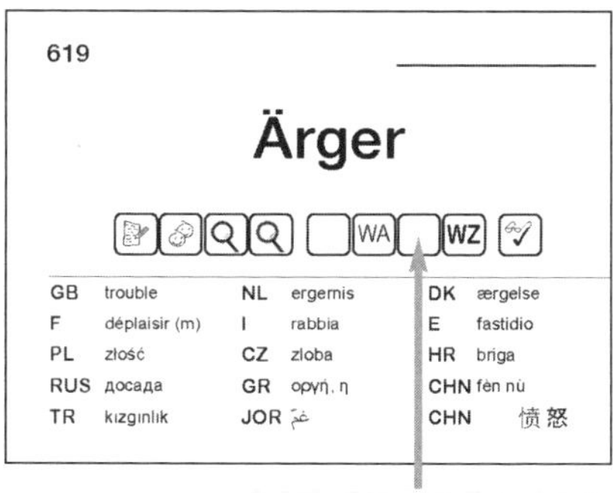

Das Wort kann **nicht** für die Sortierübung zum Lernbereich WU genutzt werden.

Die Markierung [WU] wurde aufgenommen bei

- allen steigerbaren Adjektiven,
- allen Verben und
- allen Nomen, für die es sowohl eine Singular- als auch eine Pluralform gibt.

Bei regelhaft steigerbaren Adjektiven, regelhaften Verben und bei Konkreta wurde die Markierung [WU] **fett** gedruckt. Bei unregelmäßigen Adjektiven und Verben wurde die Markierung kleiner [WU] und in Normalschrift gedruckt. Hier kann zwar die Übung zur Ableitung durchgeführt werden, sie ist jedoch schwieriger. Beim ersten Üben sollte den Kindern der Hinweis gegeben werden, nur die Karteikarten mit dem **fett** gedruckten [WU] zu benutzen. Die Markierung ☐ wurde entfernt bei

- nicht steigerbaren Adjektiven,
- Nomen, von denen es nur eine Singular- oder nur eine Pluralform gibt,
- sonstigen Wörtern (Adverbien, Zahlwörter, Funktionswörter usw.).

Da die Kinder im Lernbereich WA bereits die Wörter umgeformt haben, kann ihre Aufmerksamkeit in einem ersten Schritt direkt darauf ausgerichtet werden, herauszufinden, welcher Teil in einem Wort bei den Ableitungen gleich bleibt. Für diese Übung sollten nur die Wörter mit dem **fett** gedruckten [WU] verwendet werden.

Vorübung zum Wortstamm

Adjektive

böse	
böse	r
böse	sten

müde	
müde	r
müde	sten

oft	
öft	er
öft	esten

alt	
ält	er
ält	esten

Verben

wir	üb	en
ich	üb	e
du	üb	st
er	üb	t

wir	reit	en
ich	reit	e
du	reit	est
er	reit	et

wir	lauf	en
ich	lauf	e
du	l**ä**uf	st
er	l**ä**uf	t

Nomen

Name	
Name	n

Dose	
Dose	n

Monat	
Monat	e

Boden	
B**ö**den	

Faden	
F**ä**den	

In einem ersten Schritt sollen die Kinder herausfinden, was sich in abgeleiteten Wörtern ändert. Hierzu schreiben die Kinder eine Reihe von Wörtern – getrennt nach Wortart – in der Grundform und in allen Ableitungsformen in Druckschrift untereinander. Dabei sollen sie die Teile eines Wortes einrahmen, die in allen Formen gleich bleiben. Wenn sich einzelne Buchstaben im Wort verändern, sollen sie farbig geschrieben (unterstrichen) werden.

Nach den Übungen zur Wortart fällt den Kindern in der Regel schon nach einigen geschriebenen Wörtern das Erhaltungsprinzip des Wortstamms auf. Ebenso merken sie, dass es einige Wörter gibt, bei denen sich auch im Wortstamm einzelne Buchstaben ändern. An dieser Stelle setzen dann die Such- und Sortieraufgaben ein.

Umlautschreibung in abgeleiteten Wörtern

Die Kinder sollen die Wörter herausfinden, bei denen sich die Schreibung des Wortes in der Umformung dahingehend ändert, dass aus *a* ein *ä* und aus *au* ein *äu* wird. Die Übung wird als Partnerarbeit durchgeführt. In den beiden Modellwortschatzteilen sind enthalten:

	Wörter mit ...			
	a	**davon *a* → *ä***	***au***	**davon *au* → *äu***
MWS 1	82	28	32	10
MWS 2	70	33	8	–

Wenn die Kinder durch die vorangegangenen Übungen (Lernbereiche LD, LV) die Wortschätze bereits gemischt haben, dann nutzen sie direkt beide Teile.

Sortierübung 1 A, Wörter mit *a* und *au* aussortieren: Die erste Sortierübung ist eine reine Sprachübung. Die Kinder sollen jene Wörter herausfinden, in denen sie ein *a* oder *au* hören. Da die Kinder diese Übung über mehrere Trainingsstunden durchführen, empfiehlt es sich, die bearbeiteten und die herausgefundenen Wortkarten mit einem Gummiband zu versehen. Wenn die Kinder mit der Sortierübung noch nicht fertig sind, haben sie also drei Päckchen in ihrem Karteikasten:

- Im „Arbeitsfach" liegen alle noch nicht bearbeiteten Karteikarten,
- im Fach „fertig" alle bearbeiteten Karteikarten.

Davon werden die aussortierten Wörter mit *a/au* mit einem Gummiband versehen oder hochkant in den Karteikasten ins Fach „fertig" gestellt.

In der Grundschule ist es hilfreich, für diese und die folgenden Übungen gesonderte Sortiertafeln zu benutzen. Gerade dann, wenn die Kinder diese Übung über mehrere Übungsstunden durchführen, können sie sich mit Hilfe der Sortiertafeln leichter an die Aufgabenstellung erinnern.

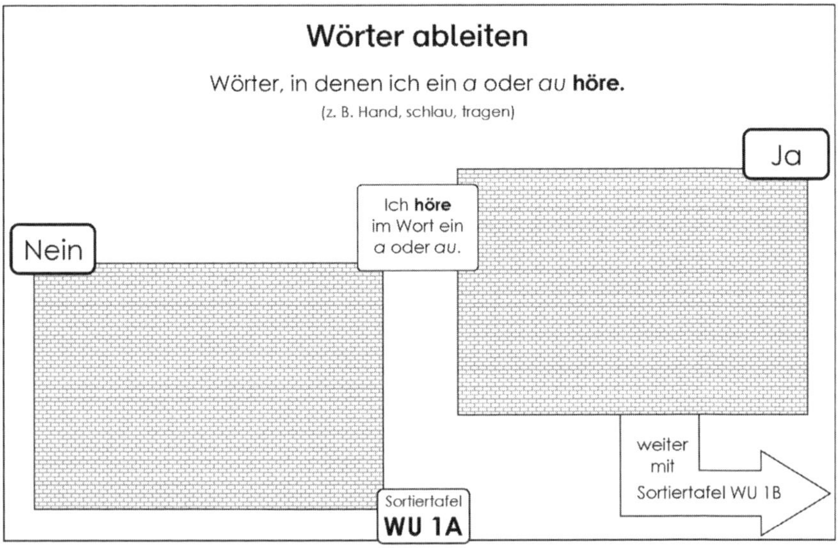

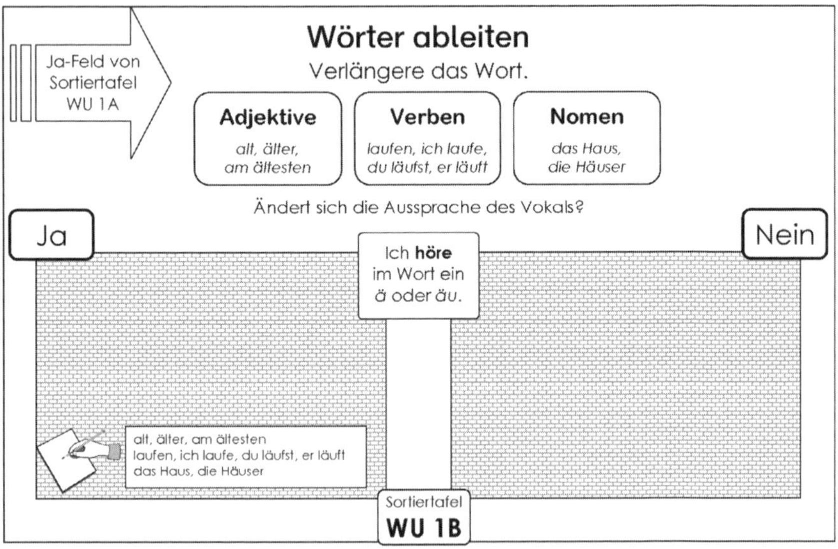

Die Arbeitsanweisung lautet:

> *Arbeite mit einem Partner!*
>
> Kind 1: *Sprich das Wort deutlich!*
> Kind 2: *Sprich das Wort nach!*
> *Entscheide: Hörst du im Wort ein a oder au?*
> Kind 1: *Prüfe die Lösung!*

Beispiel

Kind 1	**Kind 2**
kaufen	*kaufen – Ich höre ein [au].*
oft	*oft – kein a oder au – nein.*
Kasten	*Kasten – Ich höre ein [a].*

Wörter mit *a* oder *au* legen die Kinder auf das Feld „Ja“, die anderen auf das Feld „Nein“. Diese Aufgabe wird noch nicht mit einer Schreibaufgabe ergänzt, sondern Wörter, in denen ein *a* oder *au* vorkommt, sortieren die Kinder nun ein weiteres Mal.

Sortierübung 1 B, Wörter mit *ä* und *äu* in der Ableitung des Grundwortes: Da die Wörter in Abhängigkeit von der Wortart unterschiedlich abgeleitet werden (steigern, Plural bilden, 2./3. Person Singular), ist es sinnvoll, dass die Kinder bei dieser zweiten Sortierübung immer nur eine Wortart bearbeiten. Auf diese Weise wird erreicht, dass sie immer wieder gleiche Ableitungen bilden, was sehr zur Stärkung des Sprachgespürs beiträgt.

Die Kinder nehmen die mit einem Gummiband versehenen, aussortierten Wörter *(a/au)* aus Übung 1A und legen diese ins Arbeitsfach. Alle anderen Karteikarten bleiben im Fach „fertig“. Von den zu bearbeitenden Karteikarten nehmen sie nun nur die Adjektive. Die Nomen und Verben verbleiben im Arbeitsfach.

Von den bearbeiteten Karteikarten werden die Wörter, die in der Ableitung *ä* oder *äu* enthalten, geschrieben. Dann kommen die bearbeiteten Karten ins Fach „fertig“. Die Arbeitsanweisung lautet:

> *Arbeite mit einem Partner! Legt euch auf eine Wortart fest (entweder Adjektive, Verben oder Nomen)! Nehmt die Wörter, in denen ein a oder au vorkommt!*
>
> Kind 1: *Sprich das Wort deutlich!*
> Kind 2: *Sprich das Wort nach!*
> *Bilde die Ableitung:*
> – *Adjektive: steigern*
> – *Verben: 1./2./3. Pers. Singular*

– *Nomen: Plural*
Ändert sich die Aussprache des Vokals im Wort?
Entscheide:
– *Hörst du ein* [ɛː], [ɛ], *oder* [ɔy]*? = Feld „Ja“.*
– *Hörst du ein* [a] *oder* [aʊ] *= Feld „Nein“.*

Kind 1: *Prüfe die Lösung!*

Beispiel

Kind 1	**Kind 2**
kaufen	*kaufen – ich kaufe, du kaufst – Nein, ändert sich nicht.*
Kasten	*ein Kasten, viele Kästen – Ja, aus dem a wird ein ä.*

Es ist wichtig, dass die Kinder die Ableitungen sprechen. So entwickeln sie ein Gespür dafür, ob der Wortstamm erhalten bleibt und welche Buchstaben/Laute sich ändern.

Die auf das „Ja“-Feld sortierten Wörter schreiben die Kinder im Anschluss an die Sortierübung auf. Sie schreiben das Wort in der Grundform und in den Ableitungen. Unsichere und langsam lernende Kinder können zudem die Umlaute farbig unterstreichen.

Differenzierung der Übung: Kinder mit hoher Sprachkompetenz können die erste Übung auch weglassen und sofort die Wörter, in denen ein *a* oder *au* vorkommt, ableiten (Sortiertafel 1B). Für diese Kinder reicht es in der Regel, wenn sie den Modellwortschatz 1 bearbeiten. Dieser enthält 28 Wörter mit *a/ä* und 10 Wörter mit *au/äu* (siehe oben).

Langsam lernende Kinder und Kinder mit geringer Sprachkompetenz sollten sowohl Modellwortschatz 1 als auch 2 bearbeiten. Für sie ist es auch hilfreich, sich bei der zweiten Übung immer nur auf eine Wortart zu beschränken. Eine weitere Sicherheit können diese Kinder dadurch erlangen, dass sie die Schreibübung als Partnerdiktat (siehe S. 148 ff.) durchführen.

Auslautverhärtung

Die Kinder sollen die Wörter herausfinden, bei denen nur durch die Verlängerung des Wortes die Schreibung hörbar gemacht werden kann. Die Übung wird als Partnerarbeit durchgeführt. Die Verteilung der Wörter in den beiden Modellwortschätzen ist in der Tabelle auf Seite 139 gezeigt.

Wenn die Kinder durch die vorangegangenen Übungen (Lernbereiche LD, LV) die Modellwortschätze 1 und 2 bereits gemischt haben, dann nutzen sie direkt beide. Dies ist auch sinnvoll, da die Wörter mit Auslautverhärtung nur in Teil 2 des Modellwortschatzes vorkommen. Um aber auf

	MWS 1	MWS 2		MWS 1	MWS 2	Gesamt
t	47	29	**d**	–	29	105
p	–	–	**b**	–	3	3
k	6	10	**g**	–	7	
			ng	4	–	
			ig	–	12	39
s	3	3	**ss/ß**	–	2/6	14

den Unterschied in der Aussprache der Ableitungen bei Wörtern mit und ohne Auslautverhärtung aufmerksam zu werden, müssen bei den zu übenden Wörtern auch solche vorkommen, bei denen am Wortende *und* in der Ableitung der Konsonant hart gesprochen wird (z. B. *bunt*, *Haut*, *schlank*, *Bank*, *nass*, *Fuß*).

Wie der obigen Tabelle zu entnehmen ist, können die Kinder für einige Bereiche nur wenige Wörter finden und sollten daher mit der Sortierübung zum *t/d* anfangen und anschließend mit *k/g* fortfahren. Die meisten Kinder haben dann das Prinzip des Verlängerns verstanden und können es anwenden. Wenn darüber hinaus Übungsbedarf besteht, kann mit vorgefertigten Wörterlisten weitergearbeitet werden.

Hilfreich sind für diese Sortierübungen vorbereitete Sortiertafeln, auf denen die Aufgabenstellung angegeben ist:

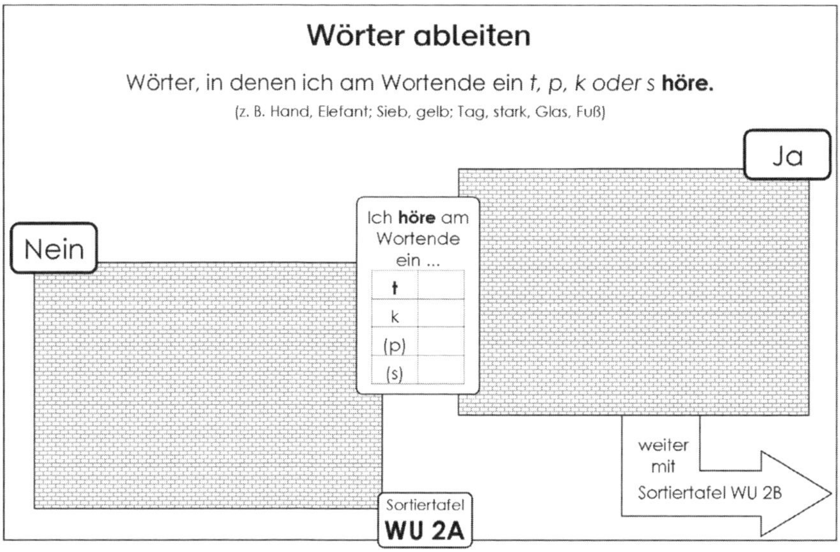

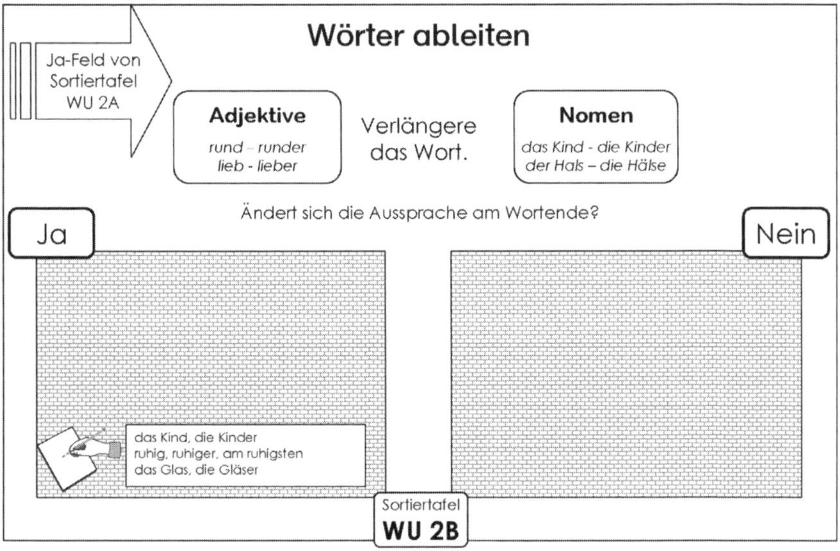

Sortierübung 2 A, Wörter, in denen am Wortende [t], [p], [k], [s] zu *hören* ist. Die Arbeitsanweisung lautet:

> *Arbeite mit einem Partner zusammen. Sucht euch einen der auf der Sortiertafel vorgegebenen Laute* ([t], [k], [s], [p]) *aus! Verwendet nur die Nomen und Adjektive! Die Verben könnt ihr sofort zur Seite legen.*
>
> Kind 1: *Sprich das Wort deutlich!*
> Kind 2: *Sprich das Wort nach!*
> Entscheide: *Was hörst du am Wortende?*
> Kind 1: *Prüfe die Lösung!*
> *Achtung: Es kommt nicht darauf an, was am Ende des Wortes geschrieben wird. Wichtig ist, was man am Ende des Wortes **hört**!*

Beispiel Die Kinder entscheiden sich für *d/t* am Wortende.

Kind 1	Kind 2
Ast	*Ast – Ich höre ein* [t] *am Ende.*
Wasser	*Wasser – Ich höre kein* [t].
Hand	*Hand – Ich höre ein* [t] *am Ende.*

Wörter, in denen man [t] am Ende hört, werden auf das Feld „Ja“, die anderen auf das Feld „Nein“ gelegt. Bei dieser ersten Sortierung brauchen die Wörter noch nicht geschrieben zu werden.

Da die Kinder diese Übung über mehrere Trainingsstunden durchführen, empfiehlt es sich, die bearbeiteten und die herausgefundenen Wortkarten mit einem Gummiband zu versehen. Wenn die Kinder mit der Sortierübung noch nicht fertig sind, haben sie drei Päckchen in ihrem Karteikasten:

- Im Arbeitsfach liegen alle noch nicht bearbeiteten Karteikarten,
- im Fach „fertig“ alle bearbeiteten Karteikarten.

Davon werden die aussortierten Karten (z. B. die Wörter mit [t] am Wortende) mit einem Gummiband versehen oder hochkant in den Karteikasten ins Fach „fertig“ gestellt.

Die Wörter, bei denen am Ende ein [t] zu hören ist, sortieren die Kinder auf der nächsten Sortiertafel nun ein weiteres Mal.

Sortierübung 2 B, Wörter, in denen am Wortende *d, b, g, s* geschrieben wird: Da die Wörter in Abhängigkeit von der Wortart anders abgeleitet werden (Adjektive: steigern, Nomen: Plural bilden), ist es sinnvoll, dass die Kinder bei dieser zweiten Sortierübung immer nur eine Wortart bearbeiten. Auf diese Weise wird erreicht, dass die Kinder immer wieder gleiche Ableitungen bilden, was zur Stärkung des Sprachgespürs beiträgt.

Die Kinder nehmen die auf das Feld „Ja“ sortierten Wörter aus Sortierübung 2 A (z. B. die Wörter mit *t/d* am Wortende) und legen diese ins Arbeitsfach. Alle anderen Karteikarten verbleiben im Fach „fertig“. Von den zu bearbeitenden Karteikarten nehmen sie nun z. B. nur die Adjektive (die Nomen verbleiben dann im Arbeitsfach). Die Arbeitsanweisung lautet:

> *Arbeite mit einem Partner zusammen! Legt euch auf eine Wortart fest (entweder Adjektive oder Nomen)! Nehmt die Wörter, die ihr in der vorangegangenen Übung auf das Feld „Ja“ sortiert habt (Sortiertafel 2 A)!*
>
> Kind 1: *Sprich das Wort deutlich!*
> Kind 2: *Sprich das Wort nach!*
> *Bilde die Ableitung (Adjektive: steigern, Nomen: Plural)!*
> *Ändert sich die Aussprache am Wortende?*
> Oder: *Wird aus dem* [t] *in der Ableitung ein* [d]*?*
> Kind 1: *Prüfe die Lösung!*

Beispiel

Kind 1	**Kind 2**
Ast	*Ast – Äste – Ich höre ein* [t].
rund	*rund – runder – Ich höre ein* [d].
Hand	*Hand – Hände – Ich höre ein* [d].

Es ist wichtig, dass die Kinder die Ableitungen sprechen. So entwickeln sie ein Gespür für diese Umformungen.

Im nächsten Schritt bearbeiten die Kinder nun von den Karteikarten aus dem Arbeitsfach die andere Wortart.

Die bei dieser Sortierübung auf das Feld „Ja" sortierten Wörter schreiben die Kinder anschließend auf. Dabei notieren sie das Grundwort und die Ableitung. Es ist sinnvoll, beim Grundwort den Endbuchstaben (im Beispiel *d*) unterstreichen zu lassen.

Differenzierung der Übung: Die Übung zum Heraushören des [p] am Wortende kann in der Regel weggelassen werden, da die Kinder im Modellwortschatz Teil 2 nur drei Wörter mit *b* am Wortende finden können. Wörter mit *p* am Wortende kommen nicht vor.

Kinder mit hoher Sprachkompetenz können die Übung zumeist auf die erste Übung (Heraushören des [t] am Wortende) beschränken. Wenn die Kinder dann die Vorgehensweise der Ableitung auch bei der Textkorrektur anwenden, erübrigen sich weitere Sortierübungen. Diese Kinder können meist auch die erste Sortierübung überspringen. Sie suchen dann in einem Arbeitsgang die Wörter (Nomen und Adjektive) heraus, bei denen sich in der Ableitung die Aussprache am Wortende ändert. Auf die Schreibübung sollte man jedoch auch bei leistungsstarken Kindern nicht verzichten.

In Regionen, in denen das *-ig* am Wortende als [ich] gesprochen wird, sollte die Übung zu [ik], [ich] auf jeden Fall durchgeführt werden. Wird von den Kindern durchgängig [ik] gesprochen, kann diese Übung auch weggelassen werden.

Langsam lernende Kinder und Kinder mit geringer Sprachkompetenz sollten alle Übungen durchführen. Anhand der Übersichtstabelle (siehe oben) sollte die Lehrperson jedoch den zu sortierenden Wortschatz bestimmen (MWS Teil 1 oder Teil 2) oder nur bestimmte Laute vorgeben, damit die Kinder nicht zu viele Karteikarten vergeblich sortieren müssen. Für diese Kinder ist es auch hilfreich, zusätzlich zu der Schreibübung die unten beschriebenen Übungen zum Partnerdiktat durchzuführen (siehe S. 148 ff.).

Verben umformen

Durch die Ableitung der Verben vom Infinitiv in den Singular ergeben sich im Wortinneren Verhärtungen der weich gesprochenen Konsonanten, analog der Auslautverhärtung bei Adjektiven und Nomen. Ebenso ist in der Ableitung das Silben trennende *h* nicht mehr hörbar. Auch die Verdopplung des Konsonanten nach kurz gesprochenem Vokal ist mit der im Lernbereich LV erarbeiteten Regelung nicht mehr bestimmbar.

Durch die Zurückführung in den Infinitiv kann die richtige Schreibung „hörbar" gemacht bzw. erschlossen werden. Die Sortierübungen dienen dazu, bei den Kindern ein Gespür dafür zu entwickeln, bei abgeleiteten Verben (insbesondere 2. und 3. Person Singular) automatisch den Infinitiv zu bilden, um sich die richtige Schreibung zu erschließen.

Sortierübung 3 A: Bleibt in der Ableitung der Wortstamm erhalten? Für die erste Sortieraufgabe werden alle Wörter des Modellwortschatzes Teil 1 und Teil 2 benötigt. Alle Karteikarten befinden sich zunächst im „Arbeitsfach“. Die Nomen und Adjektive werden während der ersten Sortieraufgabe aus- und ins Fach „fertig“ einsortiert.

Es ist sinnvoll, zunächst die unregelmäßigen Verben auszusortieren. Diese Aufgabe knüpft an die vorangegangenen Sortieraufgaben an und richtet die Aufmerksamkeit auf Veränderungen im Wort. Der Vorteil ist, dass die Kinder anschließend bei der zweiten Sortieraufgabe ihre Aufmerksamkeit ganz auf die Endung ausrichten können. Verben, bei denen man die Schreibung in der Ableitung nicht hören kann (unregelmäßige Verben), sind auf der Vorderseite mit einem kleinen und nicht fett gedruckten WU versehen.

Auch bei dieser Aufgabe wird die Arbeit der Kinder durch eine spezielle Sortiertafel, die jeweils die Aufgabenstellung enthält, erleichtert (siehe Abb. S. 144).

Die Arbeitsanweisung lautet:

> *Arbeite mit einem Partner!*
> *Verwendet für diese Übung nur die Verben!*
>
> Kind 1: *Sprich das Wort deutlich!*
> Kind 2: *Sprich das Wort nach!*
> *Bilde die Ableitung! Bleibt der Wortstamm erhalten?*
> Kind 1: *Prüfe die Lösung!*

Beispiel

Kind 1	Kind 2
dürfen	*dürfen – ich darf, du darfst, er darf – Aus dem „ü“ wird ein „a“, – Feld „Nein“.*
heben	*heben – ich hebe, du hebst, er hebt – Ja, der Wortstamm bleibt erhalten, Feld „Ja“.*
lesen	*lesen – ich lese, du liest, er liest – Aus dem „e“ wird ein „i“ – Feld „Nein“.*

Wörter, bei denen der Wortstamm erhalten bleibt, werden auf das Feld „Ja“, die anderen auf das Feld „Nein“ gelegt.

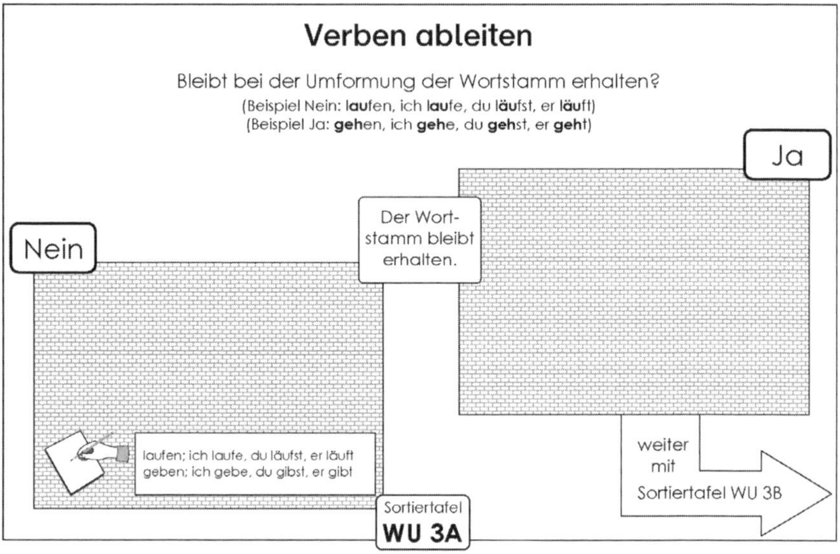

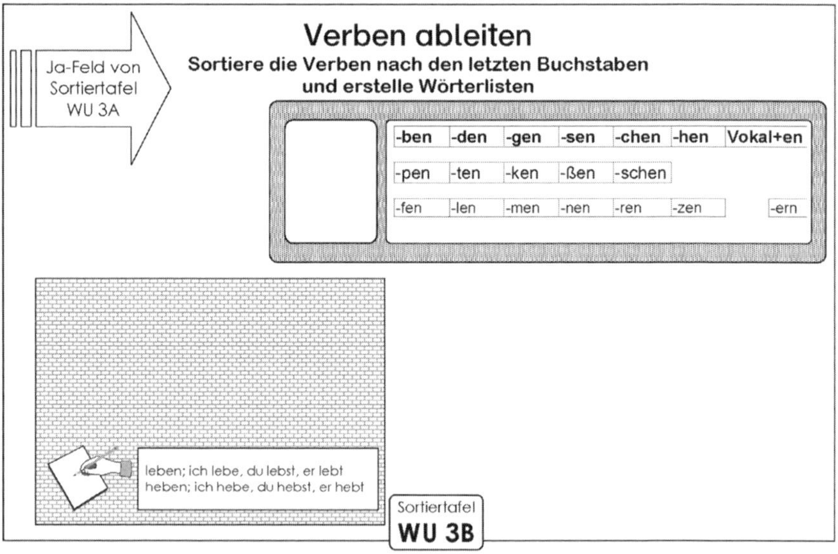

Die Kinder schreiben anschließend die auf das „Ja-Feld" sortierten Wörter auf. Dies sind die unregelmäßigen Verben. Die Kinder sollten das Wort in der Grundform (Infinitiv) und in den Ableitungen im Singular (1., 2. und 3. Person) aufschreiben.

Da die Kinder diese Übung über mehrere Trainingsstunden durchführen, empfiehlt es sich, die bearbeiteten und die herausgefundenen Wortkarten mit einem Gummiband zu versehen. Die Wörter, bei denen der Wortstamm erhalten bleibt, die also auf das „Nein-Feld" sortiert wurden, werden nun ein weiteres Mal sortiert.

Sortierübung 3 B: Was hörst du und was schreibst du in der Ableitung der Verben? Im Karteikasten der Kinder befinden sich zu Beginn der Übung alle regelhaft gebildeten Verben im „Arbeitsfach" und alle anderen Wörter im Fach „fertig".

Die Kinder arbeiten bei dieser Übung in Partnerarbeit. Sie nehmen abwechselnd Wörter aus dem Modellwortschatz und sprechen einander die Ableitung vor. Das andere Kind bildet die Grundform und entscheidet (oder beide gemeinsam), ob man in der abgeleiteten Form die Schreibweise hören kann. Die Arbeitsanweisung lautet:

> *Sucht euch von der Sortiertafel 3 B eine der vorgegebenen Buchstabenfolgen am Wortende aus!*
>
> Kind 1: *Lies von der Rückseite der Karteikarte das Verb in der 3. Person Singular vor!*
> *Sprich das Wort deutlich!*
> Kind 2: *Sprich das Wort nach!*
> *Bilde die Grundform! Kannst du in der Ableitung hören, wie das Wort geschrieben wird?*
> Kind 1: *Prüfe die Lösung!*

Beispiel

Kind 1	**Kind 2**
er geht	*Grundwort ist „gehen". Das h kann man nicht hören.*
er klagt	*Grundwort ist „klagen". Da höre ich ein* [k]. *Das g kann man nicht hören.*
er tankt	*Grundwort ist „tanken". Da höre ich ein* [k] *und schreibe auch k.*

Als Lösungskontrolle (Infinitiv) kann die Vorderseite dienen. Bei der zweiten Sortieraufgabe 3 B fertigen die Kinder Wörterlisten mit gleichen Endungen an. Folgende Verbindungen kommen im Modellwortschatz vor (siehe Tab. S. 146).

	MWS 1	MWS 2	Gesamt
-ben	8	2	10
-den	8	–	8
-gen	13	5	18
-sen/-ssen	3	–/2	5
-chen	10	1	11
-hen	–	10	10
Diphthong + -en	–	6	6
-pen/-ppen	–	–/5	5
-ten	7	3/1	11
-ken/-cken	5	3/8	16
-ßen	–	7	7
-schen/-tschen	4	–/2	6
-fen/-ffen	4	–/2	6
-len/-llen	3	2/3	8
-men/-mmen	–	–/2	2
-nen/-nnen	3	3/4	10
-ren	3	2	5
-zen/-tzen	1	1/4	6

Indem sie solche Wörterlisten erstellen und schreiben, entwickeln die Kinder ein Sprach- und Rechtschreibgespür für die Umformung und Rückführung von Verben. Um das Sprachgespür für die Entwicklung des Rechtschreibgespürs zu nutzen, ist es wichtig, dass sich die Kinder bei der zweiten Sortieraufgabe 3 B immer nur auf eine Endung konzentrieren.

Differenzierung der Übung: Dies ist eine Schreib- und Sprachübung, die leistungsstarke Kinder auch ohne Partner durchführen können. Dabei ist es nicht notwendig, alle Endungen zu sortieren und zu schreiben. Die Kinder suchen sich am besten selbst aus, was sie üben möchten. Sinnvoll sind vor allem die Übung zum Silben trennenden *h* (Wortende *-hen*) sowie die Wortenden *-sen*, *-ßen* und *-zen*, da hier in der 2. Person Singular ein *s* wegfällt.

Sobald die Kinder bei der Textkorrektur die Rückführung von Verben in die Grundform durchführen, kann diese Übung für leistungsstarke Kinder beendet werden.

Für ausländische Kinder sind die Verbumformungen sprachlich oft recht schwierig. Daher ist es sinnvoll, diese Kinder viele Ableitungen sprechen (und schreiben) zu lassen. Diese Kinder sollten die Übung in jedem Fall mit einem Partner durchführen, wobei darauf zu achten ist, dass dies ein sprachkompetentes Kind ist. Bei der ersten Sortieraufgabe 3 A kennen die

Kinder oft die unregelmäßigen Verbformen nicht. In diesen Fällen hat die Sortieraufgabe keinen großen Sinn. Kinder, die in einer anderen Muttersprache groß geworden sind, und sprachlich ungeschickte Kinder sollten zunächst die unregelmäßigen Verben abschreiben oder sich diese Wörter als Partnerdiktat diktieren lassen (siehe S. 148 ff.).

Langsam lernende Kinder und Kinder mit geringer Sprachkompetenz sollten bei der zweiten Sortieraufgabe zunächst den umgekehrten Weg – vom Infinitiv zur Ableitung – gehen. Hier lautet die Arbeitsanweisung:

> *Sucht euch von der Sortiertafel 3 B eine der vorgegebenen Buchstabenfolgen am Wortende aus!*
>
> Kind 1: *Lies das Wort in der Grundform! Sprich das Wort deutlich!*
> Kind 2: *Sprich das Wort nach!*
> *Bilde die Ableitungen!*
> Kind 1: *Prüfe die Lösung auf der Rückseite der Karteikarte!*

Beispiel

Kind 1	**Kind 2**
gehen	*gehen – ich gehe, du gehst, er geht*
klagen	*klagen – ich klage, du klagst, er klagt*
tanken	*tanken – ich tanke, du tankst, er tankt*

Die Kinder schreiben anschließend die Wörter in der Grundform und in den Ableitungen auf. Sie unterstreichen den Wortstamm (das, was im Wort gleich bleibt). Als Alternative oder als weiterführende Wiederholung können die Kinder die Schreibübung auch als Partnerdiktat durchführen (siehe S. 148 ff.).

Erst nach dieser Übung sollten die Kinder die Sortieraufgabe 3 B so durchführen, wie sie oben beschrieben wurde. Kinder, die sehr viele Übungen benötigen, können im Anschluss hieran noch einmal die aussortierten Wörter in der Grundform und in den Ableitungsformen aufschreiben.

Aufgaben zum Nachdenken: Die Sortieraufgaben sollten auch dazu genutzt werden, die Kinder zum Nachdenken über die Rechtschreibung anzuregen.

Ziel der Aufgaben zum Nachdenken ist es, dass die Kinder Eigenregeln zum Prinzip der Morphemkonstanz formulieren und auf Besonderheiten aufmerksam werden. Den Kindern soll bewusst werden, bei welchen Wörtern (Endungen) sie beim Schreiben „aufpassen“ müssen und wie sie sich die richtige Schreibung im Zweifelsfalle erschließen können (ableiten und zurückführen).

Um die Kinder zum Nachdenken anzuregen, können in diesem Lernbereich die Sortieraufgaben genutzt werden. Nachdem die Kinder die oben beschriebenen Sortieraufgaben (siehe S. 133 ff.) erledigt und die aussortierten Wörter geschrieben haben, kann ihnen nun als weiterführende Aufgabe gestellt werden, ihre Beobachtungen in ihr „Spürnasenbuch" aufzuschreiben. Beispiele für solche Fragestellungen sind:

- *Die Grundwörter bestehen aus dem Wortstamm, an den bei einigen Wörtern eine Endung angehängt wird. Woran kannst du den Wortstamm erkennen?*
  Schreibe einige Beispielwörter auf, die nur aus dem Wortstamm bestehen (z. B. Haus, Ast, schön, blau), und einige Grundwörter, die aus dem Wortstamm + Endung bestehen (z. B. Lampe, laufen, schreiben)!
- *Einige Wörter haben in der Ableitung einen Umlaut. Bei welchem Umlaut kannst du von der Aussprache (vom Hören) aus nicht entscheiden, wie das Wort geschrieben wird?*
- *Welche Endungen findest du bei Verben in der Grundform? Welche Endungen haben die Verben in der 1., 2. und 3. Person Einzahl?*
- *Bei welchen Lauten am Wortende musst du aufpassen und das Wort verlängern?*

Die Aufgaben zum Nachdenken sollten die Kinder immer in kleinen Gruppen diskutieren. Sie sollten sich dabei auf eine gemeinsame Formulierung für die Eigenregel verständigen. Das Ergebnis tragen sie dann in ihr „Spürnasenbuch" ein.

Langsam lernende Kinder und Kinder mit Sprachschwierigkeiten sind häufig überfordert, wenn sie Eigenregeln formulieren sollen. Hier ist es hilfreich, diese Kinder mit anderen, sprachlich geschickteren Kindern zusammenarbeiten zu lassen.

Abschreibübung und Partnerdiktat

Ein Ziel dieses Lernbereichs ist es, dass Kinder ein Gespür dafür entwickeln, Wörter abzuleiten und abgeleitete Wörter auf die Grundform zurückzuführen. Hier helfen reine Abschreibübungen und das Partnerdiktat nicht weiter.

In veränderter Form können die Abschreibübung und das Partnerdiktat aber als Differenzierung und Zusatzübung für langsam lernende Kinder, die sehr viel Übung benötigen, dienen. Sie können darüber hinaus für leistungsstarke und sprachlich geschickte Kinder als Einzelarbeit und damit auch als Alternative zu den Sortieraufgaben eingesetzt werden.

Partnerdiktat für sprachlich ungeschickte und langsam lernende Kinder

Die oben beschriebenen Sortier- und Schreibaufgaben können für langsam lernende Kinder ergänzt werden. Zunächst werden die Wörter – wie im vorangegangenen Kapitel beschrieben – sortiert. In einem Zwischenschritt werden die aussortierten Wörter von Kind 1 als Ableitung diktiert und von Kind 2 als Grundwort geschrieben.

Zusatzübung zur Sortieraufgabe 1 B:

- Bei Nomen diktiert das Kind 1 den Plural: *Hände* – Kind 2 schreibt *Hand.*
- Bei Adjektiven diktiert das Kind 1 den Komparativ: *älter* – Kind 2 schreibt die Grundform: *alt.*

Durch diesen umgekehrten Weg lernen die Kinder zunächst, die Wörter mit Umlauten in der Ableitung auf ein Wort mit *a* bzw. *au* zurückzuführen. Genau diese Technik benötigen die Kinder auch bei der Textkorrektur, wenn sie unsicher sind, ob die Ableitung mit *e* oder *ä* bzw. *eu* oder *äu* geschrieben wird.

Zusatzübung zur Sortieraufgabe 2 B:

- Kind 1 diktiert zunächst bei den Adjektiven das Wort im Komparativ (z. B. *rund*). Kind 2 schreibt hierzu die Grundform *(runder).*
- Bei Nomen diktiert Kind 1 den Plural (z. B. *Wände*) und Kind 2 schreibt die Singularform *(Wand).*

Hier können die Kinder zunächst über die Ableitung **hören**, wie die Singularform am Ende geschrieben wird. Dies erleichtert es ihnen in einem zweiten Schritt (siehe S. 133 ff.), sich den umgekehrten Weg selbst zu erschließen.

Zusatzübung zur Sortieraufgabe 3 B:
Bei den Verben besteht für Kinder mit geringer Spracherfahrung die Schwierigkeit in der deutlichen Aussprache der Ableitungsendungen. Daher diktiert Kind 1 zunächst die Grundform und die Singularformen.

Beispiel *gehen – ich gehe, du gehst, er geht*

Kind 2 schreibt diese Formen auf.

Bei unsicheren Kindern können auch die schwierigen Stellen im Wort von Kind 1 mitdiktiert werden.

Beispiele

- *gehen – mit h im Wortinneren – schreibe ebenso: ich gehe, du gehst, er geht;*
- *laufen – ich laufe, du läufst – mit äu – er läuft;*

- *schwimmen – mit zwei m – schreibe ebenso: ich schwimme, du schwimmst, er schwimmt;*
- *schlucken – mit ck – ich schlucke, du schluckst, er schluckt;*
- *kratzen – mit tz – ich kratze, du kratzt – mit tzt – er kratzt.*

Den Kindern, die das Wort diktieren, wird der Hinweis gegeben, zunächst nur die Vorderseite der Karte zu nutzen und die Ableitung selber zu bilden. Sie können dann auf der Rückseite vergleichen, ob ihre Ableitung richtig war. Damit üben die diktierenden Kinder zugleich ihr Sprachgespür für die Wortumformungen.

Zusätzliche Abschreibübung für Adjektive und Nomen

Die Wörter der Lernstufe 22 und 23 können von Kindern, die weitere, zusätzliche Übung benötigen, in Einzelarbeit abgeschrieben werden. Dabei schreiben die Kinder die Grundform und alle Ableitungsformen: bei Adjektiven den Komparativ und Superlativ und bei Nomen den Plural (Verben kommen nicht vor). Für diese Abschreibübung nutzen die Kinder die Lösung auf der Rückseite der Karteikarte.

Karteikartenrückseite:

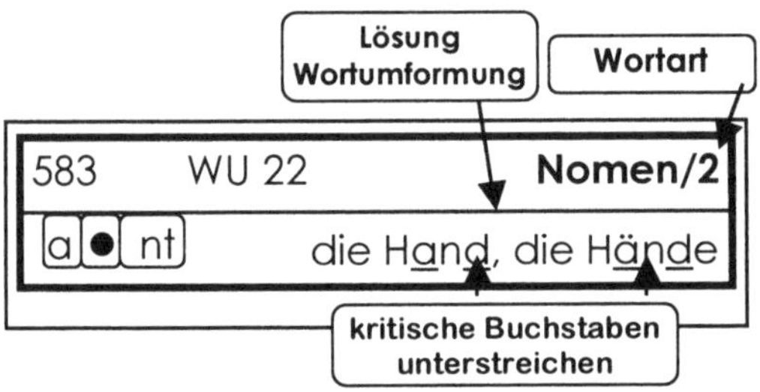

Bei der Abschreibübung hat es sich nicht bewährt, die Kinder die Ableitungen selbst finden, dann aufschreiben und erst dann mit der Lösung auf der Rückseite vergleichen zu lassen. Dies ist für Kinder, die das notwendige sprachliche Gespür nicht mitbringen, häufig eine Überforderung und führt zu vielen unnötigen Verschreibungen. Hilfreicher ist es, wenn die Kinder das Grundwort bilden, die Ableitungen nennen, diese mit der Lösung auf der Karteikartenrückseite vergleichen und dann abschreiben.

Beispiele

Kind liest	Kind spricht	Kind vergleicht	Kind schreibt
wild	wilder, am wildesten	mit der Lösung auf der Karteikartenrückseite	wild, wilder, am wildesten
Hand	die Hände		die Hand, die Hände
froh	froher, am frohesten		froh, froher, am frohesten
Reh	die Rehe		das Reh, die Rehe

Damit die Aufmerksamkeit beim Schreiben auf den kritischen Konsonanten am Wortende ausgerichtet wird, sollten die Kinder den „kritischen" Buchstaben am Wortende mit einem farbigen Stift unterstreichen.

Abschreibübungen für sprachlich geschickte und leistungsstarke Kinder: Für leistungsstarke Kinder können die im vorigen Kapitel beschriebenen Sortierübungen auch in Einzelarbeit und damit als Abschreibübung durchgeführt werden. Hier lauten die Arbeitsaufträge:

Übung 1: *Schreibe die Adjektive in der Grundform und in den Steigerungsformen auf!*
Unterstreiche in der Grundform die Stellen, die in der Ableitung anders gesprochen werden (Auslautverhärtung)*!*
Unterstreiche die Stellen in den Ableitungen, die sich von der Grundform unterscheiden (Umlautschreibung)*!*

Übung 2: *Schreibe die Nomen in der Einzahl und der Mehrzahl auf!*
Unterstreiche in der Einzahl (Singular) die Stellen, die in der Mehrzahl (Plural) anders gesprochen werden (Auslautverhärtung)*!*
Unterstreiche in der Mehrzahl (Plural) die Stellen, die sich von der Einzahl (Singular) unterscheiden (Umlautschreibung)*!*

Übung 3: *Schreibe die Verben in der Grundform (Infinitiv) und in den Formen der 1., 2. und 3. Person Singular auf!*
Unterstreiche in den Ableitungen den Wortstamm, wenn dieser in allen Formen gleich bleibt!
Unterstreiche die Ableitungen, wenn diese vom Wortstamm verschieden sind!

Die Kinder schreiben zunächst das Wort in der Grundform, dann die Ableitungen und kontrollieren danach auf der Karteikartenrückseite, ob sie die Ableitungen richtig gebildet und geschrieben haben.

Bei leistungsstarken Kinder reicht es meist aus, sie die Wörter des Modellwortschatzes Teil 2 bearbeiten zu lassen. Sobald die Kinder in ihren eigenen Texten keine Verschreibungen mehr in diesem Lernbereich machen bzw. bei der Textkorrektur entsprechende Verschreibungen selbst finden, sollten die Übungen im Lernbereich WU beendet werden. Gerade bei sprachlich geschickten Kindern ist es wichtig, sie nicht über Gebühr lange in diesem Lernbereich festzuhalten. Einen viel größeren Ertrag haben diese Kinder in den Lernbereichen WZ (Wörter zusammensetzen und zerlegen) und AF (Ausnahmeschreibungen und Fremdwörter).

Schwierige Ableitungen – Merkwörter

Erst nachdem die Kinder in diesem Lernbereich eine hohe Sicherheit aufgebaut haben, sollten sie die Wörter der Lernstufe 24 (Wörter mit schwierigen Ableitungen) üben.

Tipps, wie man sich die Wörter merken kann, finden die Kinder auf der Rückseite der Karteikarte. An dieser Stelle weise ich die Kinder auf das Symbol für die Lernhilfen auf der Vorderseite der Karteikarte hin.

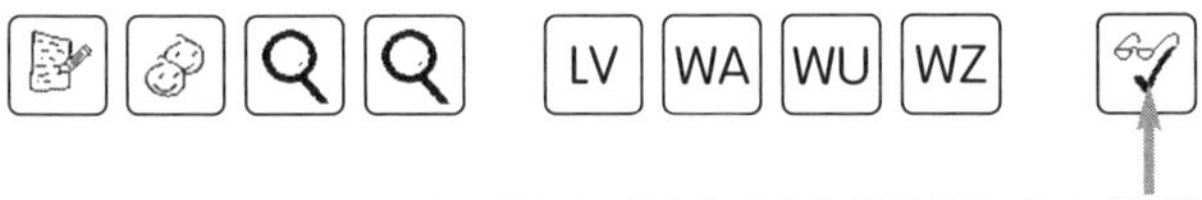

Weiterführende Hinweise zur Rechtschreibung

An den schwierigen Umformungen lernen die Kinder, „historische" Erklärungen und Geschichten als Merkhilfen zu nutzen und passende Assoziationen für schwierige Ableitungen zu bilden. Darüber hinaus erfahren sie, dass solche „Ausnahmen" einen sinnvollen Hintergrund haben und dass die Rechtschreibung etwas recht Ordentliches (Erklärbares) ist.

Erklärungen zu einigen schwer zurückführbaren Wörtern (siehe hierzu die Anmerkungen auf der Rückseite der Karteikarten des Modellwortschatzes):

ändern

> Wenn ich etwas ändere, dann will ich es anders machen. In dem Wort *ändern* steckt *anders*. Daher schreiben wir es am Anfang mit *ä*.

Ärger

> Das Wort *Ärger* ist auf das altgermanische Wort *arga* (= arg) zurückzuführen. Es war ein schlimmes Schimpfwort und bedeutete: schlimm, böse, schlecht. Wenn man jemanden ärgert, dann will man, dass er böse oder zornig wird. Heute wird das Wort *arg* nur noch selten und meist in Zusammensetzungen gebraucht: arglistig, arglos, Argwohn, argwöhnisch.

Gebäude

☞ In dem Wort *Gebäude* steckt das Wort *bauen*. Heute kennen wir noch das Wort *Bau* (oder Bauwerk), was früher das Gleiche bedeutete. Dieser Wortursprung ist der Grund dafür, dass wir *Gebäude* mit *äu* schreiben.

Geländer

☞ Früher bezeichnete man einen Zaun aus Holzstangen als *lander*. Vielleicht ist es leichter, an den *Lattenzaun* zu denken, damit du das *ä* nicht vergisst.

Das Wort *Geländer* hat nichts mit dem Wort *Gelände* zu tun. Das Wort *Gelände* ist von *Land* abgeleitet.

genug

☞ Es ist für alle genug zu essen da. Hierfür kann ich auch sagen: Es ist genügend zu essen da.
genug wird also auf *genügen* zurückgeführt. Deshalb schreiben wir am Ende ein *g*, obwohl wir ein [k] sprechen.

Geräusch

☞ Das Nomen zu *rauschen* hieß im 13. Jh. *geriusche*. Später hat sich dieses Wort verselbstständigt und wurde dann allgemein für jede Art von Lärm verwendet.
Weil *Geräusch* von *rauschen* abgeleitet ist, schreiben wir es mit *äu*.

Gold

☞ Die Ableitungswörter von *Gold* sind *golden* und *goldig*. Hier hören wir ein [d]. Deshalb schreiben wir auch in *Gold* am Ende ein *d*, obwohl wir hier ein [t] hören.

hängen

☞ Mit dem Wort *hängen* ist das Wort *Hang* (= *sich nach unten neigen*) eng verwandt. So kannst du dir merken, warum es mit *ä* geschrieben wird.

häufig

☞ Bis ins 19. Jh. hinein war die Bedeutung von *häufig = etwas in großen Mengen haben*. Das Wort wurde also auf *Haufen* zurückgeführt. Heute verwenden wir das Wort in der Bedeutung von *oft: Ich habe häufig Kopfschmerzen*.
Obwohl sich inzwischen die Bedeutung geändert hat, schreiben wir *häufig* wegen seiner Verwandtschaft zu *Haufen* auch heute noch mit *äu*.

Lärm

> ☞ Wenn die Wachposten eines römischen Heerlagers einen Feind erspähten, riefen sie *all arme*, was soviel bedeutet wie *zu den Waffen*. Aus diesem *all arme* ist unser Wort *Alarm* geworden.
> Wenn nun aber viele hundert Krieger zu ihren Waffen eilen, dann machen sie hierbei viel Krach und Geschrei = *Lärm*.
> Dieser Zusammenhang zwischen *Lärm* und *Alarm* hat für das *ä* im Wort *Lärm* gesorgt.

Mädchen

> ☞ Früher hieß die unverheiratete Frau *Magd*. Demnach hieß eine kleine/junge Frau: *Mägdchen*. Erst im 17. Jh. ließ man das nur schwer zu sprechende *g* im Wortinneren weg und es entstand unser heutiges *Mädchen*.

März

> ☞ Der Name geht auf den römischen Kriegsgott *Mars* zurück, dem dieser Monat geweiht war. Das *ä* im Wort erinnert noch an diesen Zusammenhang.

Sand

> ☞ Die Ableitungswörter von *Sand* sind *sandig* und *versanden*. Hier hören wir ein [d]. Deshalb schreiben wir auch in *Sand* ein *d*, obwohl wir hier ein [t] hören.

Säule

> ☞ Unser Wort *Säule* geht auf den gotischen Begriff *sauls* zurück. Schon damals bezeichnete man so eine runde Stütze eines Bauwerks.

täuschen

> ☞ Die Wörter *täuschen* und *tauschen* haben beide den gleichen Ursprung: *Waren gegen etwas anderes hergeben.* Und zugleich auch: *Jemandem etwas (in betrügerischer Absicht) aufschwatzen.* Beim Eintausch von Waren musste man früher vorsichtig sein, um nicht betrogen = getäuscht zu werden.
> Dieser gemeinsame Ursprung ist der Grund dafür, dass wir *täuschen* auch heute noch mit *äu* schreiben.
>
> Heute verwenden wir das Wort nicht nur für *betrügen*, sondern auch für *unwahr reden* und im Sinne von *sich irren: Ich habe mich getäuscht. Er sieht seinem Bruder täuschend ähnlich.*

Wenn die Kinder die „Erklärung" auf der Rückseite gelesen haben, schreiben sie in ihr Heft ein Stichwort zu dem erläuterten Zusammenhang auf.

Beispiel

Wort	**Kind schreibt beispielsweise in sein Heft**
ändern	*ändern – anders*
hängen	*hängen – Hang*
genug	*genug – genügend*
Sand	*Sand – sandig*
Lärm	*Lärm – Alarm*

Solche Stichwörter sind Assoziationsbrücken, über die sich die Kinder solche „Ausnahmeschreibungen" merken können.

Rumpelkammer aufräumen

Zum Abschluss dieses Lernbereichs durchforsten die Kinder wieder in kleinen Gruppen ihre Rumpelkammer. Dabei werden sie vor allem auf zwei Wortgruppen stoßen:

1. abgeleitete Wörter (z. B. *gibt, ist, Häuser, kälter, sieht, kommt*) und
2. Wörter mit Auslautverhärtung (z. B. *gelb, Hand, Weg, fertig*).

Beide Wortgruppen können mit dem in diesem Lernbereich aufgebauten Wissen erkannt werden. Es ist sinnvoll, das Aufschreiben der aussortierten Wörter damit zu verbinden, dass die Kinder zugleich auch die Begründung dafür aufschreiben, wie sie sich nun die richtige Schreibung erschließen können.

Die Kinder schreiben also: *Häuser* wegen *Haus*, *gelb* wegen *gelber*, *gibt* kommt von *geben*; oder sie schreiben vereinfacht: *kälter – kalt, kommt – kommen, Hand – Hände, Weg – Wege, fertig – fertiger*.

Nicht selten kommt es vor, dass Kinder bereits in dieser Phase auch zusammengesetzte Wörter aussortieren und beispielsweise begründen: *Gelblich* – da steckt das Wort *gelb* drin. Daher wird es mit *b* geschrieben. *Handball* – die *Hand* wird mit *d* geschrieben – weil die Mehrzahl *Hände* heißt.

Solche klugen Lösungen sollten zugelassen und zugleich als Anlass genommen werden, in den nächsten Lernbereich WZ (Wörter zusammensetzen und zerlegen = Wortbildung) einzuführen.

2.7 Lernbereich WZ – Wörter zusammensetzen und zerlegen

Lernziele

In den Lernbereichen auf der Lautebene haben die Kinder gelernt, die Schreibung von der deutlich gesprochenen hochdeutschen Aussprache der Wörter abzuleiten. Im Lernbereich WU haben sie den Wortstamm als gleich bleibende rechtschriftliche Einheit kennen gelernt. Über die Techniken des Verlängerns und Zurückführens können sie sich die Schreibung abgeleiteter Wörter erschließen. Wenn die Kinder darüber hinaus die Wortart und die Vokallänge bei der Schreibung berücksichtigen, können sie im Prinzip alle Grundwörter der deutschen Gegenwartssprache bis auf die Ausnahmeschreibungen richtig schreiben.

Die weitgehend einsilbigen Wortstämme der deutschen Sprache ermöglichen und erleichtern die Bildung zusammengesetzter Wörter. Aus ca. 3 500 deutschstämmigen Wörtern der Gegenwartssprache lassen sich durch verschiedene Wortbildungsprinzipien über 50 000 neue Wörter bilden. Aus diesem Grund kommt der Wortbildung in der deutschen Sprache eine besonders große Bedeutung zu.

Kinder lernen zusammengesetzte Wörter als feste Begriffe kennen. Dabei sind ihnen die Ursprungswörter in der Regel nicht bewusst. Ziel dieses Lernbereichs ist es daher zunächst, bei den Kindern ein Bewusstsein dafür zu entwickeln, dass viele Wörter aus anderen Wörtern zusammengesetzt sind. Daher heißt der Leitsatz dieses Lernbereichs:

Viele Wörter sind „gebildet“. – Zerlege daher zusammengesetzte Wörter in ihre Bestandteile!

Für die Schreibung der Wörter bedeutet dies: Wenn ich zusammengesetzte Wörter in ihre Ursprungswörter zerlegen kann und die Schreibung der Ursprungswörter kenne, kann ich mir auch die Schreibung der zusammengesetzten Wörter über die bisher bekannten Techniken erschließen.

Ein Gespür für zusammengesetzte Wörter können Kinder am leichtesten dadurch entwickeln, dass sie selbst zusammengesetzte Wörter bilden. Dieser aktive und konstruktive Prozess der Wortbildung ist somit das erste Ziel und die Grundlage für die Wortanalyse.

Einführung

In der Regel werden aufeinander folgende Wörter getrennt geschrieben, d. h. durch eine „Schreiblücke“ voneinander getrennt, es sei denn, die aufeinander folgenden Wörter gehören eng zusammen und bilden einen neuen Begriff. Ob ein Wort getrennt oder zusammengeschrieben wird, ist letztlich nur aus dem Kontext heraus zu entscheiden.

Beispiel *Er sprach vor lautem Publikum.* Oder: *Sei nicht so vorlaut! – Kannst du das Seil festhalten?* (Im Sinne von „nicht loslassen".) Oder: *Kannst du das Seil fest(e) halten?* (Im Sinne von „noch fester" halten.)

Die Berücksichtigung des Kontextes bei der Zusammen- oder Getrenntschreibung wird im Lernbereich SW (**S**atzabhängige Schreibung der **W**örter) behandelt. Dennoch ist es auch in diesem Lernbereich schon wichtig, zusammengesetzte Wörter immer auch im Satzzusammenhang zu betrachten bzw. Sätze mit zusammengesetzten Wörtern zu bilden.

Bei einer Vielzahl von Wörtern wird die Zusammenschreibung jedoch auch vom Wort ausgehend und unabhängig vom Satz entschieden. Dies ist immer dann der Fall, wenn durch die Zusammensetzung ein neuer Begriff entsteht. Es gibt in der deutschen Rechtschreibung vier Typen der Wortbildung:

1. Wortbildung durch Vorsilben (Präfixe) *(kaufen – verkaufen, Haus – Hinterhaus):* Präfixe verändern die Wortart nicht. Die wichtigsten Präfixe sind bei **Verben**: *ver-*, *be-*, *ent-*, *er-*, *miss-*, *zer-*, *ab-*, *an-*, *auf-*, *aus-*, *ein-*; bei **Adjektiven**: *un-*; bei **Nomen**: *Ge-*, *Miss-*, *Un-*, *Ur-*. Weitere Präfixe (vor allem bei Verben) sind: *durch-*, *hinter-*, *ein-*, *über-*, *um-*, *unter-*, *wider-*, *bei-*, *entgegen-*, *los-*, *mit-*, *nach-*, *vor-*, *wieder-*, *zu-*, *zurecht-*.

2. Wortbildung durch Endungen (Suffixe) *(kaufen – käuflich, Land – landen, Lehrer – Lehrerin)*: Die Suffixe bestimmen die Wortart. Meist wird durch Suffigierung die Wortart geändert.

- Suffixe zur Bildung von **Nomen**: aus Verben: *-ung*, *-er*; aus Adjektiven: *-heit*, *-keit*, *-igkeit*, *-e*; Verkleinerungsformen: *-chen*, *-lein*; Kollektivbezeichnungen: *-schaft*, *-tum*, *-leute*, *-volk*, *-werk*, *-zeug*, *-gut*, *-material*, *-sachen*, *-wesen*; Personenbezeichnungen: *-in (-innen)*, *-kraft*, *(-er*, *-ler*, *-ling)*.
- Suffixe zur Bildung von **Adjektiven:** aus Adjektiven: *-lich*; aus Verben: *-lich*, *-bar*; aus Nomen: *-lich*, *-isch*, *-ig*, *-los*.
- Suffixe zur Bildung von **Verben:** aus Verben: *-eln*; aus Nomen: *-ieren*.

3. Wortbildung durch Wortzusammensetzungen (Komposita) *(Kauf-mann, Fuß-ball):* Wortzusammensetzungen können aus Adjektiven, Verben, Nomen und Partikeln gebildet werden. Der letzte Teil des Wortes, das Grundwort, bestimmt die Wortart.

Nomen	+	Nomen	→	Nomen
Adjektiv				
Verb				
Partikel				

Haus + Tür	Haustür
heilen + Quelle	Heilquelle
halten + Griff	Haltegriff
um + Bau	Umbau

Nomen	+	Adjektiv	→	Adjektiv
Adjektiv				
Verb				
Partikel				

Stein + reich	steinreich
nass + kalt	nasskalt
sprechen + faul	sprechfaul
vor + laut	vorlaut

Nomen	+	Verb	→	Verb
Adjektiv				
Verb				
Partikel				

Eis + laufen	eislaufen
fest + halten	festhalten
aus + suchen	aussuchen

Ist der zweite Bestandteil des Wortes ein Verb, so schreiben wir vornehmlich getrennt.

Nomen:

Nomen	+	Verb

Auto + fahren	Auto fahren
Berg + steigen	bergsteigen

Zusammengeschrieben wird, wenn das **Verb** in dieser Zusammensetzung **nur im Infinitiv vorkommt**. Eine vereinfachte Prüfung ergibt sich aus der Satzergänzung: „Ich bin …“

Beispiel

- [*Auto fahren* oder *autofahren*?] *Ich bin Auto gefahren.* (Möglich, daher getrennt.)
- [*Eis laufen* oder *eislaufen*?] *Ich bin Eis gelaufen.*
- [*Berg steigen* oder *bergsteigen*?] *Ich bin Berg gestiegen.* (Nicht möglich, daher zusammen.)

Adjektive:

Adjektiv	+	Verb

groß + schreiben	großschreiben groß schreiben

Bei der Wortfolge Adjektiv + Verb gibt es häufig zwei Schreibmöglichkeiten. Nur aus dem Satzzusammenhang ist zu entscheiden, ob getrennt oder zusammengeschrieben werden muss. Getrennt geschrieben wird, wenn das **Adjektiv steigerbar** oder **erweiterbar** ist.

Beispiel [*Kannst du das Wort großschreiben* oder *groß schreiben*?] Wenn gemeint ist: *Kannst du etwas größer schreiben?*, wird getrennt geschrieben. Ist gemeint: *Schreibe das Wort mit großem Anfangsbuchstaben!*, wird zusammengeschrieben.

Verben:

Verb	+	Verb

laufen + lassen	laufen lassen

Folgen im Text zwei Verben aufeinander, werden sie getrennt geschrieben.

Adjektive:

Partikel	+	Verb

um + fahren	umfahren
durch + brechen	durchbrechen
ab + biegen	abbiegen
hinein + gehen	hineingehen

Zusammensetzungen von Partikel + Verb werden in der Regel zusammengeschrieben. Lediglich am Satzanfang ist Getrenntschreibung möglich *(Hinzu kommt, dass ...)*.

■ **4. Wortbildung durch Ableitungen** (z. B. durch Ableitungssuffixe und -präfixe) und **Umsetzungen** in eine andere Wortart: *der Käufer, der Kauf, die Suche, der Versuch, das Lesen und Schreiben.*

Diese vier Wortbildungsprinzipien können natürlich auch kombiniert auftreten.

Es geht nicht darum, dass die Kinder all diese Zusammensetzungsprinzipien, die Präfixe und Suffixe „kennen" oder lernen sollen. Ziel der Übungen zur Wortbildung ist es, bei den Kindern ein Gespür dafür aufzubauen, wie Wörter in ihre Bestandteile zerlegt werden können. Genau dieses Gespür brauchen die Kinder, um sich bei vielen zusammengesetzten Wörtern die Rechtschreibung erschließen zu können.

Die Kinder müssen also nicht alle Aufgaben dieses Lernbereichs durcharbeiten. Vielmehr reicht es, an einigen Beispielen die Wortbildungsprinzipien kennen zu lernen und die Kompetenz zum Zerlegen von Wörtern aufzubauen. Zugleich wird das Sprachgespür ausgebaut und der Wortschatz der Kinder erweitert.

Die Übungen in diesem Lernbereich beginnen mit Sortieraufgaben zur Wortbildung (siehe S. 166 ff.). Im Mittelpunkt steht die Erweiterung der Sprachkompetenz der Kinder. Erst in einem zweiten Schritt üben sie dann die Zerlegung von zusammengesetzten Wörtern. Dabei sollen sie auf solche Besonderheiten in der Rechtschreibung achten, die nur durch das Zerlegen der Wörter erschlossen werden können. Hierzu gehören vor allem die Auslautverhärtung an der Silbengrenze sowie Umlaute und Ausnahmeschreibungen bei Vorsilben (z. B. *ver-*, *vor-*, *ab-*, *an-*).

Erst ganz zum Schluss sollten die Kinder die schwer zurückführbaren Wortbildungen bearbeiten. Erst in der Sekundarstufe werden die grundlegenden Prinzipien der Getrennt- und Zusammenschreibung vermittelt. Dies können Kinder letztlich nur verstehen, wenn sie bereits eine hohe grammatische Kompetenz erworben haben.

Wortschatz

Wortauswahl

Fast alle Wörter des Modellwortschatzes können für die Übungen zur Wortbildung und zum Zerlegen von Wörtern verwendet werden. Hierfür ist auf der Vorderseite der Karteikarte WZ angegeben.

Zu den Grundwörtern auf der Vorderseite der Karteikarte sind auf der Rückseite zusammengesetzte Wörter aufgeführt.

Beispiel

Vorderseite

321

bauen

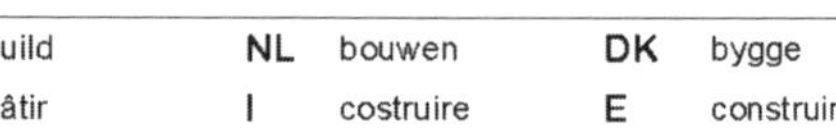

GB	build	NL	bouwen	DK	bygge
F	bâtir	I	costruire	E	construir
PL	budować	CZ	stavìt	HR	graditi
RUS	строить	GR	χτίζω	CHN	da
TR	kurmak, dikmek	JOR	يبني	CHN	搭

Rückseite

321 LD 13	**Verb**
	ich baue, du baust, er baut

V	abbauen, anbauen, aufbauen, ausbauen, bebauen, einbauen, erbauen, nachbauen, überbauen, umbauen, unterbauen, verbauen, vorbauen, zubauen
N	Bau; Abbau, Anbau, Aufbau, Ausbau, Bauernschaft, Bebauung, Einbau, Erbauung, Nachbau, Umbau, Vorbau; Gebäude
A	baulich; abbaubar, ausbaubar, erbaulich
P	Bauer, Bäuerin
S	Bauerei, Baumaterial, Bauwerk, Bauwesen
Z	Ackerbau, Altbau, Bauherr, Bauholz, Baujahr, Baukasten, Baukosten, Baukunst, Bauland, Bauleiter, Baumeister, Bauordnung, Bauplan, Bauplatz, Baurat, Bausparer, Baustein, Baustelle, Bauteil, Bauzeit, Bergbau, Fertigbauweise, Gartenbau, Geigenbauer, Hausbau, Hochbau, Knochenbau, Körperbau, Landbau, Maschinenbau, Nestbau, Neubau, Neubauwohnung, Orgelbauer, Rohbau, Rundbau, Schiffsbau, Stahlbau, Tagebau, Tiefbau, Vogelbauer, Wagenbauer, Weinbau, Zweckbau

Auf der Rückseite wurden (soweit vorhanden) aufgeführt:
V = Vorsilben und Verben
N = Nomen
A = Adjektive
P = Personenbezeichnungen
S = sonstige Wortbildungen (Kollektiva, Verkleinerungsformen)
Z = Wortzusammensetzungen (Komposita)

Wie groß die Bedeutung der Wortbildung für die deutsche Sprache ist, kann auch am Verhältnis von Grundwort und zusammengesetzten Wörtern erkannt werden. Die 640 Karteikarten des Modellwortschatzes Teil 1 und Teil 2 enthalten 640 Grundwörter. Zu diesen Grundwörtern gibt es über 14 000 zusammengesetzte Wörter. Im Mittel gibt es demzufolge zu jedem Grundwort ca. 22 zusammengesetzte Wörter. Die größte Gruppe machen hierbei die Komposita aus, die bei weitem nicht alle auf die Rückseite der Karteikarten aufgenommen wurden.

Übersicht über die Lösungswörter

Auf die Rückseite der Karteikarten des Modellwortschatzes habe ich nur solche Wörter aufgenommen, von denen angenommen werden kann, dass diese den Kindern bekannt sein könnten. Dabei wurde eine große Toleranz angelegt, da der interindividuelle Bekanntheitsgrad einzelner Wörter recht groß sein dürfte. Die folgenden Tabellen geben die Anzahl der Lösungswörter zu den unten dargestellten Sortieraufgaben an (siehe S. 164 ff.):

Sortieraufgaben 1: Vorsilben

MWS	1 + 2	1	2
ab-	169	85	84
an-	164	79	85
auf-	137	70	67
aus-	153	82	71
be-	215	115	100
ein-	141	80	61
ent-	52	20	32
mit-	47	26	21
um-	78	35	43
ver-	235	112	123
vor-	86	46	40
zu-	61	23	38
Summe:	**1538**	**773**	**765**

Sortieraufgaben 2: Nachsilben – Adjektivendungen

MWS	1 + 2	1	2
-ig	147	65	82
-bar	59	30	29
-lich	168	86	82
-isch	34	19	15
-los	72	40	32
Summe:	**480**	**240**	**240**

Sortieraufgaben 3: Nachsilben – Nomenendungen (1)

MWS	1 + 2	1	2
-ung	251	134	117
-heit	44	26	18
-keit	98	45	53
Summe:	**393**	**205**	**188**

Sortieraufgaben 4: Nachsilben – Nomenendungen (2)

MWS	1 + 2	1	2
-chen	153	71	82
-lein	36	19	17
-er	180	105	75
-in	113	65	48
-werk	25	11	14
-zeug	15	9	6
-sonst	39	18	21
Summe:	**561**	**298**	**263**

Sortieraufgaben 5: Zusammengesetzte Wörter

MWS	1 + 2	1	2
Zusammengesetzte Wörter	4 788	2 399	2 389

Wörter des Modellwortschatzes

Der Modellwortschatz zum Lernbereich WZ enthält ca. 630 Wörter (fast alle Wörter des Modellwortschatzes Teil 1 und Teil 2). Darüber hinaus wurden acht Wörter mit schwierigen Zusammensetzungen und als Beispiele für unikale Morpheme aufgenommen. Diese Wörter sind dem Modellwortschatz Teil 2 zugeordnet und folgen auf die Wörter zum Lernbereich WU:

25 Schwer zurückführbare Zusammensetzungen

Für die Zerlegung der Wörter finden die Kinder Hilfen auf der Rückseite der Karteikarten von Lernstufe 25. Diese Lernhilfen sollen verdeutlichen, dass selbst diese wenigen Wörter historisch gewachsene, „sinnvolle" Zusammensetzungen sind, auch wenn wir dies heute nicht mehr auf Anhieb erkennen können. So können Sie die Kinder darin bestärken, die Rechtschreibung (auch in den Ausnahmeschreibungen) als ein geordnetes System zu erleben. Erläuterungen auf der Karteikartenrückseite sind:

eigentlich

> *Eigen* bedeutete früher *etwas haben* oder *besitzen*. In dem Wort *Eigentum* ist diese Bedeutung erhalten geblieben.
> Heute wird das Wort in verschiedenen Bedeutungen gebraucht:
> *im Grunde genommen* = Es ist eigentlich nicht richtig …
> *wenn man es recht bedenkt* = Eigentlich hast du Recht …
> *wirklich* = Wie spät ist es eigentlich?

Nachbar

> Das Wort geht auf das althochdeutsche Wort *nāhgibūro* zurück.
> Es ist zusammengesetzt aus *nāh* = nahe bei und *gebūro* = Bauer.
> Der *Nachbar* ist also der nebenan wohnende Bauer.

Sonntag

> Dieser Name für den letzten Tag der Woche ist von der *Sonne* abgeleitet. Schon die Babylonier (und später die Juden, die Griechen und Römer) benannten die Tage der Woche nach den damals bekannten Planeten: Mond (Montag), Mars, Merkur, Jupiter, Venus, Saturn und Sonne (Sonntag).

Dienstag

> Dieser Name für den zweiten Tag der Woche hat eine kuriose Geschichte: Schon die Babylonier (und später die Juden, die Griechen und Römer) nannten die Tage der Woche nach den damals bekannten Planeten: Sonne (Sonntag), Mond (Montag), Mars, Merkur, Jupiter, Venus und Saturn. So hießen auch die alten Götter.
> Die Germanen übernahmen diese Einteilung, ersetzten aber die Namen zum Teil durch ihre Götter. Der Mars war bei den Römern der Kriegsgott (siehe März). Der germanische Kriegsgott hieß *Thingsus*. So entstand *Thingsdach*, später *dinsdach* und noch später *Dienstag*.

Frühstück

> Die ursprüngliche Bedeutung war: das in der *Frühe* gegessene Stück Brot. In *Frühstück* stecken die Wörter *frühe* und *Stück*. Deshalb schreiben wir nach dem „*ü*“ ein „*h*“.

Brombeere

> Heute sprechen wir die *Brombeere* mit einem kurzen <o> (wie das <i> im Wort Himbeere). Früher sprach man *bramberi* mit einem langen <a>. Vielleicht ist das die Erklärung dafür, dass wir bei diesem Wort nach dem kurz gesprochenen <o> keine Konsonantenverdopplung schreiben.

Himbeere

> Früher nannte man diese Frucht auch *hintberi*. Vielleicht ist das die Erklärung dafür, dass wir nach dem kurz gesprochenen <i> keine Konsonantenverdopplung schreiben.

rückwärts

> Rückwärts gehen bedeutet: mit dem Rücken zuerst. In dem Wort *rückwärts* steckt das Wort *Rücken* und die Nachsilbe *-wärts*. Diese Nachsilbe bezeichnet immer eine Richtung. Du findest sie auch noch in anderen Wörtern: ab*wärts*, auf*wärts*, seit*wärts*, vor*wärts*

Such- und Sortieraufgaben

Übungsverlauf

Im Mittelpunkt dieses Lernbereichs stehen die Erweiterung der Sprachkompetenz und die Entwicklung eines Gespürs für zusammengesetzte Wörter.

In einem **ersten Schritt** sollen die Kinder selbst zusammengesetzte Wörter bilden. Hierüber entwickeln sie ein Gespür für die Wortbildungsprinzipien der deutschen Sprache. Als Reihenfolge für die Einführung der Wortbildungsprinzipien hat sich bewährt,

- mit der Wortbildung durch *Vorsilben bei Verben* zu beginnen. Da hier die Grundform (Infinitiv) erhalten bleibt, ist dieses Wortbildungsprinzip für die Kinder häufig am leichtesten nachvollziehbar.
- Etwas schwieriger ist die Bildung von Wörtern durch Nachsilben, da sich hier oft die Wortart ändert (Nomen- oder Adjektivendungen).

Auf *Wortzusammensetzungen* (Komposita) kann in diesem Schritt verzichtet werden. Hier können die Kinder nur auf die ihnen bekannten Wörter zurückgreifen. Daher haben sie in dieser Phase keinen Zugewinn für ihr Sprachgespür und können auch ihren Wortschatz nicht eigenständig erweitern.

Die Nutzung vorgefertigter Wörterkarten, auf denen auf der einen Seite das Grundwort und auf der Rückseite verschiedene zusammengesetzte Wörter zu finden sind, ermöglicht es, dass diese Übung in Partnerarbeit selbstständig durchgeführt werden kann. In dieser Phase sind Schreibübungen nur dort sinnvoll, wo Vor- oder Nachsilben rechtschriftliche Besonderheiten bzw. Ausnahmeschreibungen enthalten (oder zu solchen führen).

In einem **zweiten Schritt** können die Kinder dieses Sprachgespür nutzen, um zusammengesetzte Wörter in ihre Bestandteile zu zerlegen. Nun ist es sinnvoll, mit Wortzusammensetzungen (Komposita) zu beginnen. Auch wenn ein einzelnes Wort den Kindern nicht bekannt ist, so erschließt sich doch in den meisten Fällen die Wortbedeutung über das Grundwort und das Bestimmungswort. An diese Übung können sich Schreibübungen anschließen, die das zusammengesetzte Wort erklären, beispielsweise: *Ein Schneeball ist ein Ball aus Schnee.*

An einigen Beispielen sollten die Kinder auch einige Zerlegungsübungen bei Wörtern mit Nachsilben und Vorsilben durchführen. In der Regel reichen die Übungen im ersten Schritt hierfür aus, sodass es meist keine Schwierigkeit für die Kinder bedeutet, Vor- und Nachsilben zu erkennen und zusammengesetzte Wörter zu zerlegen. Eine Schreibübung mit diesen Wörtern ist in der Regel nicht erforderlich.

In einem **dritten Schritt** geht es schließlich darum, zusammengesetzte Wörter in Texten zu erkennen, sie zu zerlegen und dann Techniken anzuwenden (z. B. das Wort verlängern oder die Grundform des Wortes bestimmen), die dem Kind helfen können, sich die richtige Schreibung zu erschließen. Auch für das Erschließen rechtschriftlicher Besonderheiten bei zusammengesetzten Wörtern kann der Modellwortschatz als Vorübung genutzt werden. In dieser Übungsphase ist es wichtig, die Kinder jene Wörter schreiben zu lassen, die rechtschriftliche Schwierigkeiten enthalten.

Die Ziele dieses Lernbereichs können weitgehend über Sortieraufgaben mit den Wörtern des Modellwortschatzes erreicht werden. Dabei wird die Aufmerksamkeit des Kindes immer nur auf ein sehr eingeschränktes Wortbildungsphänomen ausgerichtet (z. B. nur die Wortbildung mit der Vorsilbe *ver-*). Gerade durch die Einschränkung der Übung bildet sich bei den Kindern recht schnell ein Sprachgespür für die Wortbildungsprinzipien.

Im folgenden Kapitel werden, am Beispiel der Sortieraufgabe zur Wortbildung durch Vorsilben, die verschiedenen Standardaufgaben und im darauf folgenden Kapitel Möglichkeiten zur Differenzierungen beschrieben.

In gleicher Weise können die Kinder auch die anderen Wortbildungsprinzipien bearbeiten.

Es kommt nicht darauf an, dass die Kinder alle Sortieraufgaben bearbeiten. Dies ist weder sinnvoll noch notwendig. Die Kinder sollen anhand selbst ausgewählter Vor- und Nachsilben Sprach- und Schreibübungen durchführen, um ein Gespür für zusammengesetzte Wörter zu erlangen. Manche Kinder haben diese Prinzipien schon nach einer Übung verinnerlicht, andere Kinder benötigen hierfür sehr viel mehr Übung. Die Übungen können beendet werden, wenn das Kind in eigenen Texten zusammengesetzte Wörter als solche erkennt und hierauf rechtschriftliche Prinzipien (zerlegen, verlängern, zurückführen usw.) anwendet.

Standardaufgaben

Auf der Vorderseite der Karteikarte ist angegeben, ob das Grundwort für die Übung zur Wortbildung genutzt werden kann.

Ist die Markierung **WZ** groß und **fett** gedruckt, lassen sich mit diesem Wort die Übungen zu den Vorsilben durchführen. Steht WZ klein und in Normalschrift, lassen sich nur andere Wortbildungen finden. Ist keine Markierung angegeben, sind Wortbildungsübungen nicht oder nur in sehr geringem Umfang möglich.

■ Sortieraufgabe 1: Bei welchen Wörtern kann ich durch das Hinzufügen einer Vorsilbe ein neues Wort bilden?

1. Standardaufgabe – Sprachübung: Für die erste Sortieraufgabe werden alle Wörter des Modellwortschatzes Teil 1 und Teil 2 benötigt. Alle Karteikarten sind zunächst im „Arbeitsfach". Die Kinder suchen sich eine der vorgegebenen Vorsilben aus. Bei der ersten Durchführung dieser Übung können Sie den Kindern auch eine Vorsilbe (z. B. die Vorsilbe *ver-*) vorgeben. Der Übungsablauf kann für die Kinder durch spezielle Sortiertafeln erleichtert werden (siehe Abb. S. 167).

Die Arbeitsanweisung lautet:

> *Arbeite mit einem Partner!*
> *Verwendet für diese Übung nur die Verben!*
>
> Kind 1: *Sprich das Grundwort deutlich!*
> Kind 2: *Sprich das Wort nach!*
> *Bilde ein zusammengesetztes Wort mit der vorgegebenen Vorsilbe!*
> Kind 1: *Prüfe die Lösung!*

Sortiertafel 1

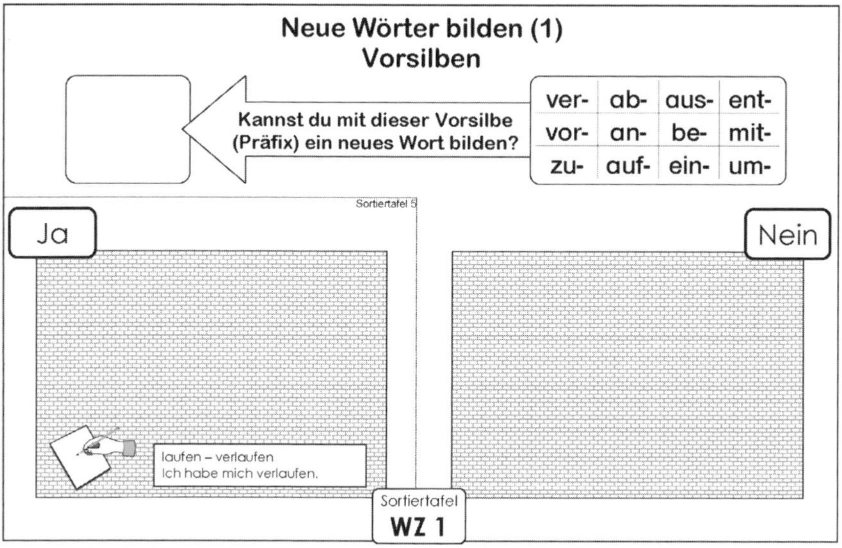

Karteikartenrückseite

36 LB 1		**Verb**
a →		ich rate, du rätst, er rät

V abraten, anraten, beraten, erraten, mitraten, verraten; rätseln
N Rat, Beratung, Rätsel, Verrat
A ratlos, rätselhaft
P Berater, Rater, Ratgeber, Verräter
Z Rathaus, Ratschlag, Bilderrätsel, Kreuzworträtsel, Rätselspiel, Silbenrätsel

Lösungen – Vorsilben

ϟ	Vergangenheit: **ich riet, du riet(e)st, er riet, wir rieten; wir haben geraten;** Befehlsform: **rate! ratet!**
☺	Die Verbindung aus Substantiv und Verb wird getrennt geschrieben, ebenso aus Substantiv und Partizip: Er wollte bei ihr Rat suchen.
☺	Großschreibung: zu Rate ziehen (Klein- und Zusammenschreibung ist möglich: zurate ziehen)

Beispiel Die Kinder haben sich für die Vorsilbe *ver-* entschieden. Da sie inzwischen die Wortart bestimmen können, suchen sie sich zunächst nur die Verben für diese Übung heraus:

Kind 1	**Kind 2**	**Kind 1 kontrolliert auf der Rückseite**
raten	*verraten – Ja, das geht.*	*Stimmt – Feld „Ja".*
lösen	*verlösen – Nein, das geht nicht.*	*Stimmt – Feld „Nein".*
hören	*verhören – Nein, das geht nicht.*	*Hier steht das Wort aber.*

Die Kinder versuchen nun, einen Satz mit dem nicht gefundenen Wort zu bilden:

„Die Polizei verhört den Zeugen." Also auf Feld „Ja".

Wenn die Kinder keinen Satz bilden können, weil sie das Wort nicht kennen, dann wird die Karteikarte zur Seite gelegt. Sie können andere Kinder fragen oder aber im Wörterbuch nachschlagen:

beten	*verbeten – Ja, das geht.*	*Hier steht das Wort nicht.*

Die Kinder versuchen wieder, mit dem Wort einen Satz zu bilden:

Das sieht ganz verbeten aus.

Sagt man da nicht:
Das sieht verboten aus?

Ja stimmt. Also auf Feld „Nein".

Wenn die Kinder ein Wort finden, das nicht auf der Rückseite vermerkt ist, und einen Satz mit diesem Wort bilden können, schreiben sie das Wort auf die Rückseite der Karteikarte. Ich lasse mir diese Änderungen immer zeigen, damit die Kinder sicher sein können, dass nur wirklich existierende Wörter aufgeschrieben werden. Im Zweifelsfalle entscheidet unser dickes Wörterbuch.

2. Standardaufgabe – Ausrichtung der Aufmerksamkeit auf die Rechtschreibung: Nachdem die Kinder Wörter mit einer Vorsilbe sortiert haben, können sie nun in einem zweiten Schritt ihre Aufmerksamkeit auf die Rechtschreibung richten. Dabei nutzen sie nur die zuvor auf das Feld „Ja" sortierten Wörter. Die Kernfrage, die sich die Schüler hierbei stellen, lautet: *Verändert sich durch die Neubildung die Schreibung des Wortstamms?*

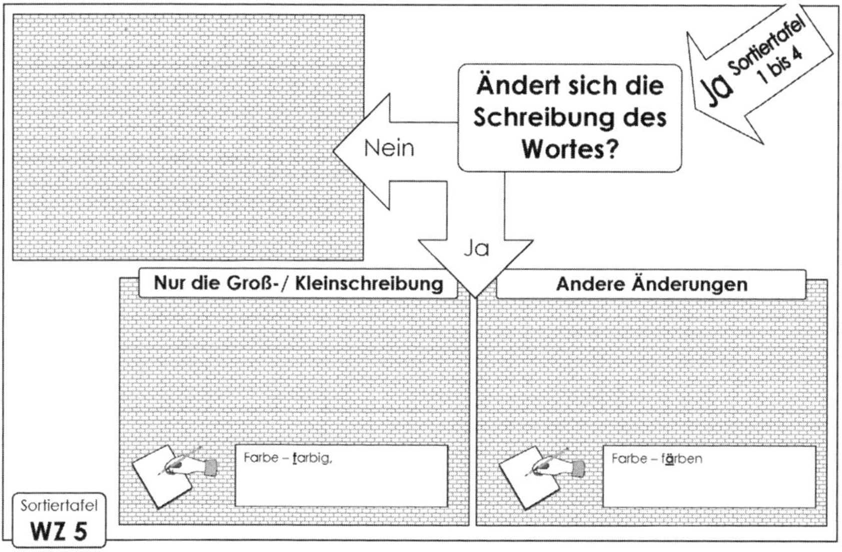

Beispiele

Kind 1	Kind 2	Kind 1 kontrolliert auf der Rückseite
falsch	*verfälschen – Aus dem „a" wird ein „ä".*	*Stimmt – Feld „andere Änderungen".*
hören	*verhören – Nein, keine Änderung.*	*Stimmt – Feld „Nein".*
Blut	*verbluten – Großschreibung.*	*Stimmt – Feld „Großschreibung".*
Farbe	*verfärben – Ja, da ändert sich die Großschreibung und aus dem „a" wird ein „ä".*	*Stimmt – Feld „andere Änderungen".*

3. Standardaufgabe – nachdenken und aufschreiben: Die Wörter, bei denen sich Änderungen in der Schreibung des Wortstamms ergeben, werden als Wörterliste aufgeschrieben. Dazu können Sie den Kindern auch den Hinweis geben, die Wörter vor dem Schreiben auf dem Feld „Andere Änderungen" zu gruppieren:

a) nach dem Phänomen, was sich ändert (z. B. alle Wörter, in denen aus *a* ein *ä* wird usw.) und/oder
b) nach der Wortart.

Dabei werden die Kinder in der Regel recht schnell selbst entdecken, dass

- sich die Schreibung nur bei wenigen unregelmäßigen Verben ändert (z. B. *gut – verbessern*),
- bei Adjektiven und Nomen in der Neubildung gelegentlich Umlautschreibungen vorkommen (z. B. *stark – verstärken*, *groß – vergrößern*, *Hut – verhüten*) und
- Nomen zu Verben umgeformt werden.

Alle diese Änderungen in der Schreibung der zusammengesetzten Wörter bergen für die Kinder, die im Lernbereich WU gelernt haben, Wörter abzuleiten bzw. auf die Grundform zurückzuführen, keine Schwierigkeiten.

Aufgaben zur Differenzierung: Die drei Standardaufgaben können für schnell lernende Kinder mit einer hohen Sprachkompetenz auch zusammengefasst werden. Hierbei bearbeiten die Kinder die verschiedenen Sortieraufgaben in einem Schritt.

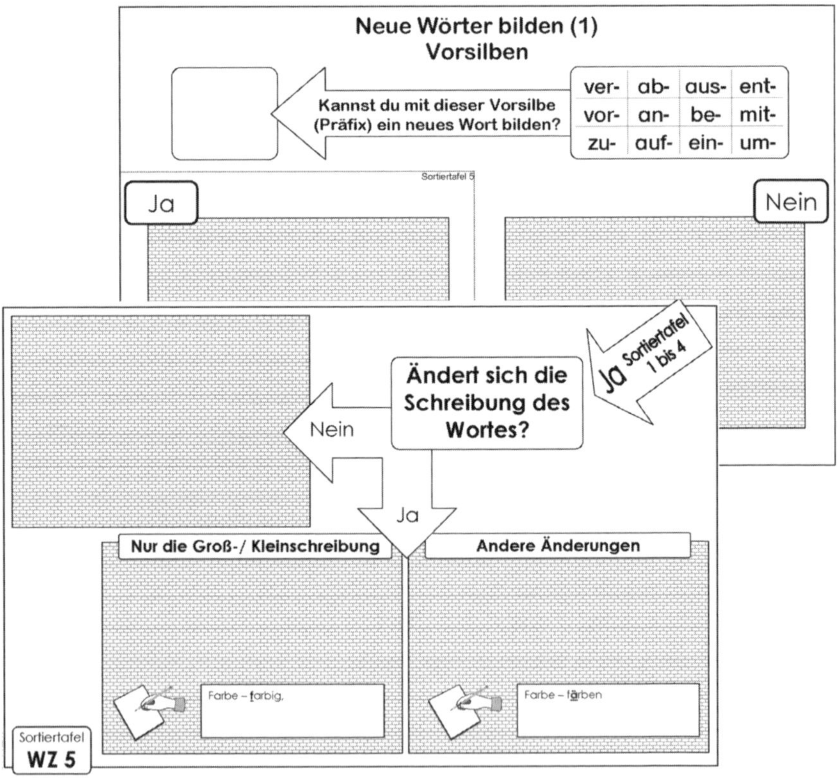

Die Kinder suchen sich eine Vorsilbe heraus. Sie überprüfen, ob aus dem Grundwort mit der ausgewählten Vorsilbe ein neues sinnvolles Wort gebildet werden kann. Wenn dies möglich ist, prüfen sie, ob sich der Wortstamm des neuen Wortes vom Grundwort unterscheidet, und ordnen die Karteikarte (siehe Abb. S. 170) dementsprechend zu. Im Anschluss an die Sortieraufgabe sollten die Kinder die Wörter gruppieren und als Wörterliste schreiben (jeweils Grundwort und zusammengesetztes Wort).

Kinder mit einem geringen Sprachgespür sollten bei dieser Übung immer auch einige Wörter mit der Ableitung und einem Satz schreiben. Diese Übung bietet sich als fortführende Hausaufgabe an. In diesem Fall schreiben die Kinder während der Trainingsstunde nur die Grundwörter in ihr Schreibheft. Zu Hause denken sie sich dazu dann Sätze aus:

Das schreiben die Kinder in der Schule		**Das schreiben sie zu Hause**
teilen	*verteilen*	*Wir verteilen Zeitungen.*
laufen	*verlaufen*	*Wir haben uns verlaufen.*
schreiben	*verschreiben*	*Ich habe mich verschrieben.*

Bei der Bildung neuer Wörter durch Vorsilben kommt es gelegentlich zu einem Wechsel der Wortart (Beispiel: *Schule – verschulen*). Das ist für manche Kinder schwierig. In diesen Fällen sollte die Aufgabenstellung dahingehend verändert werden, dass die Kinder zunächst nur die **Verben** bearbeiten. Da die Kinder die Bestimmung der Wortart in dem vorausgegangenen Lernbereich WA bereits geübt haben, bereitet dies in der Regel keine Schwierigkeit:

Kind 1	**Kind 2**	**Kind 1 kontrolliert auf der Rückseite**
raten	*Verb – verraten – ja, das geht.*	*Stimmt – Feld „Ja".*
Schule	*Nomen – nein.*	*Stimmt – Feld „Nein".*
schön	*Adjektiv – nein.*	*Stimmt – Feld „Nein".*

Sobald die Kinder durch das Hinzufügen von Vorsilben bei der Bildung neuer Verben sicher sind, kann diese Aufgabe auf andere Wortarten erweitert werden. Hierzu werden dieselben Vorsilben und dasselbe Sortierbrett verwendet. Diesmal benutzen die Kinder zunächst nur die **Adjektive** und beim nächsten Durchgang nur die **Nomen**:

Kind 1	**Kind 2**	**Kind 1 und Kind 2 überlegen gemeinsam**	**Kind 1 kontrolliert auf der Rückseite**
Teufel	*verteufeln*	*Ja, das geht.*	*Stimmt – Feld „Ja“.*
Tisch	*vertischen*	*Nein, das geht nicht.*	*Stimmt – Feld „Nein“.*
Beule	*verbeulen*	*Nein, das geht nicht.*	*Hier steht das Wort aber.*
Ach ja, der Hut kann verbeult sein oder der Topf oder meine Tasche …			*Also: Feld „Ja“.*

Diese Umformung ist sehr viel schwieriger, weil sich in den meisten Fällen zugleich auch die Wortart ändert. Hier werden die Kinder auf viele Wörter stoßen, bei denen sie nicht auf Anhieb erkennen, dass es eine Verbform mit dieser Vorsilbe gibt. Indem die Kinder immer wieder Sätze bilden, entwickelt sich ein Gespür für diese Form der Wortbildung. Die Kinder erweitern hierüber auch ihren Wortschatz und verbessern ihr Sprachgespür.

Weitere Sortieraufgaben

■ Sortieraufgabe 2: Bei welchen Wörtern kann durch das Hinzufügen einer Nachsilbe ein Adjektiv gebildet werden?

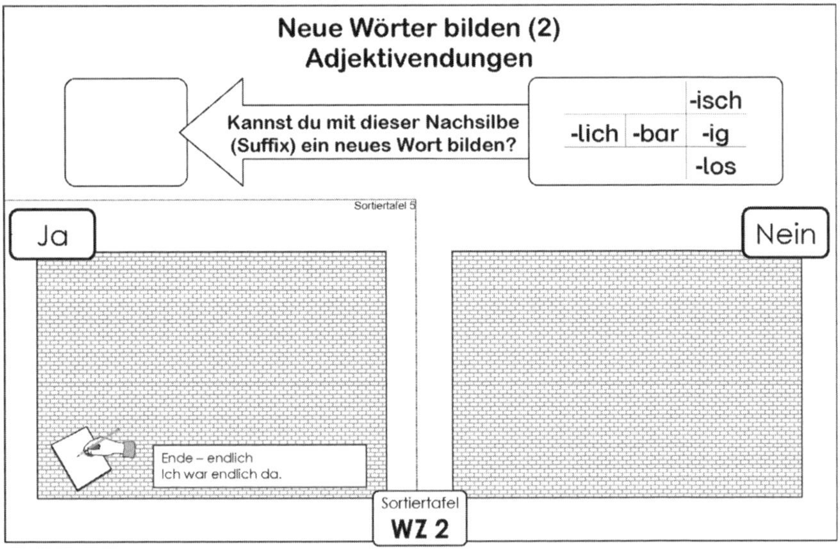

Die Kinder suchen sich eine Nachsilbenkarte aus. Abwechselnd lesen sie sich ein Wort vor und überprüfen, ob das Vorgabewort mit dieser Nachsilbe zu einem Adjektiv verändert werden kann. Auf der Rückseite der Karteikarte können sie überprüfen, ob es dieses Wort gibt oder nicht.

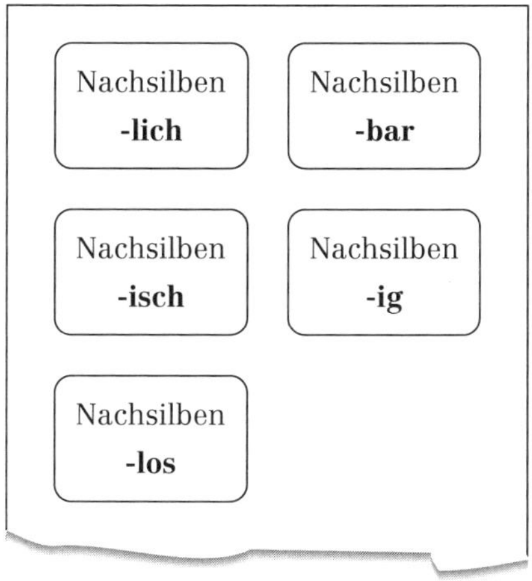

Beispiel Die Kinder haben sich die Nachsilbe *-bar* ausgesucht.

Kind 1	Kind 2	Kind 1 und Kind 2 überlegen gemeinsam	Kind 1 kontrolliert auf der Rückseite
lesen	*lesbar*	*Ja, das geht.*	*Stimmt – Feld „Ja".*
geben	*gebbar*	*Nein, das geht nicht.*	*Stimmt – Feld „Nein".*
lösen	*lösbar*	*Nein, das geht nicht.* *Ja, man kann sagen: Die Aufgabe ist lösbar.*	*Hier steht das Wort aber, also auf Feld „Ja".*

Die Kinder schreiben einige Wörter (z. B. mindestens fünf) und dazugehörige Sätze in ihr Heft. Sie können auch nur die Wörter aufschreiben und die Sätze als fortführende Hausaufgabe bilden lassen. Auf jeden Fall sollen die Kinder die Wörter aufschreiben, bei denen sich durch das Hinzufügen der Nachsilbe die Schreibung des Wortstammes ändert. Die auf S. 170 ff. beschriebenen Möglichkeiten der Differenzierung können auch auf diese Sortierübung angewendet werden.

Sortieraufgabe 3: Bei welchen Wörtern kann durch das Hinzufügen einer Nachsilbe ein Nomen gebildet werden?

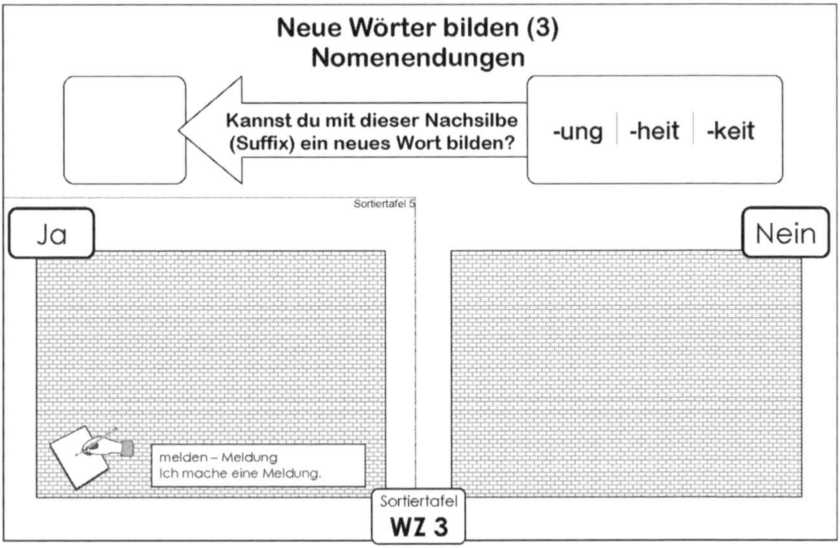

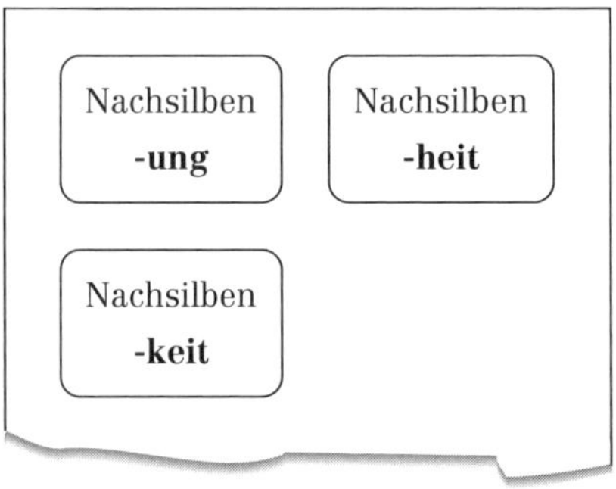

Die Kinder suchen sich eine Nachsilbenkarte aus. Abwechselnd lesen sie sich ein Wort vor und überprüfen, ob das Vorgabewort mit dieser Nachsilbe zu einem Nomen verändert werden kann. Auf der Rückseite der Karteikarte können sie überprüfen, ob es dieses Wort gibt oder nicht (Beispiel siehe S. 175).

Die Kinder schreiben einige Wörter (z. B. mindestens fünf) und dazugehörige Sätze in ihr Heft. Sie können auch erst einmal nur die Wörter aufschreiben und die Sätze dann als fortführende Hausaufgabe bilden. In jedem Fall sollen die Kinder jene Wörter aufschreiben, bei denen sich durch das Hinzufügen der Nachsilbe die Schreibung des Wortstamms ändert. Hier werden die Kinder darauf aufmerksam, dass sich vor allen Dingen die Großschreibung ändert. Auch diese Schreibaufgabe kann als Hausaufgabe fortgeführt werden. Die vorher beschriebenen Möglichkeiten der Differenzierung können auch auf diese Sortierübung angewendet werden.

Beispiel Die Kinder haben sich die Nachsilbe *-ung* ausgesucht.

Kind 1	Kind 2	Kind 1 und Kind 2 überlegen gemeinsam	Kind 1 kontrolliert auf der Rückseite
heilen	*Heilung*	*Ja, das geht.*	*Stimmt – Feld „Ja“.*
rufen	*Rufung*	*Das geht nicht.*	*Stimmt – Feld „Nein“. Hier steht „Berufung“.*
		Das kenn ich nicht. Wir legen die Karte zur Seite und fragen nachher einmal.	
schön	*Schönung*	*Das geht nicht, aber „Verschönerung“ kenne ich.*	*Ja, das steht auch hier, also auf Feld „Ja“.*
binden	*Bindung*	*Ja, das geht.*	*Stimmt – Feld „Ja“. Hier gibt es noch ganz viele andere Wörter: Anbindung, Entbindung, Verbindung …*
		Entbindung ist, wenn man ein Kind bekommt, und Verbindung ist, wenn man was zusammenbindet oder beim Telefonieren …	

■ Sortieraufgabe 4: Aus welchen Wörtern kann durch eine Nachsilbe eine Personenbezeichnung, Verkleinerungsform oder Gruppenbezeichnung gebildet werden?

Die Personenbezeichnungen und Verkleinerungsformen kommen zwar nur selten vor, sie führen jedoch in der Rechtschreibung häufig zu Schwierigkeiten.

Bei den **Personenbezeichnungen** gibt es die gleichen Änderungen wie bei den Ableitungen *(a – ä, au – äu; handeln – Händler, verkaufen – Verkäufer)*. Hier müssen vor allem die Weiblichkeitsform *(-in; Arzt – Ärztin)* und die Verdopplung im Plural *(-innen; Ärztinnen)* thematisiert werden.

Bei den **Verkleinerungsformen** mit *-chen* und *-lein* ergeben sich oft schwierige Konsonantenfolgen *(Heftchen, Schwesterchen, Gärtlein, Kirchlein)*. Hier ist es ratsam, die Kinder einige Wörter aufschreiben zu lassen. Die Endung *-lein* wird für Kinder dann problematisch, wenn das Ausgangswort auf *-el* endet. In diesen Fällen wird ein *l* weggelassen (Verkürzungsprinzip: *Engel + lein = Engelein*).

Zu den **Kollektivbezeichnungen** gibt es nur wenige Wörter. Lediglich die Endungen *-werk* und *-zeug* kommen häufiger vor. Daher wurden die Übungen auf diese beiden Endungen reduziert. Auch bei diesen Wortbildungen ergeben sich schwierige Konsonantenfolgen, insbesondere dann, wenn ein Fugen-*s* eingefügt wird *(Leben**s**werk, Hilf**s**werk, Handwerk**s**-zeug)*.

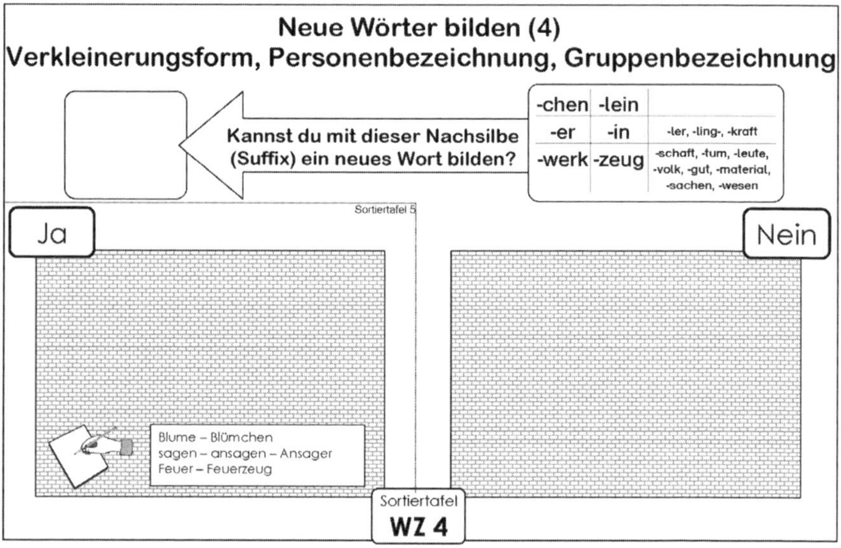

Verkleinerungsform **-chen**	Verkleinerungsform **-lein**
Personenbezeichnung **-er**	Personenbezeichnung **-in**
Gruppenbezeichnung **-werk**	Gruppenbezeichnung **-zeug**

Die Kinder suchen sich eine Nachsilbe aus. Abwechselnd lesen sie sich ein Wort vor und überprüfen, ob das Vorgabewort mit der gewählten Nachsilbe zu einer Verkleinerungsform (oder Personen- oder Gruppenbezeichnung) verändert werden kann. Auf der Rückseite der Karteikarte können sie überprüfen, ob es dieses Wort gibt oder nicht (Beispiel siehe S. 177).

Die Kinder schreiben wieder – wie bei den anderen Übungen auch – einige Wörter und dazugehörige Sätze in ihr Heft. In jedem Fall sollen sie jene Wörter aufschreiben, bei denen sich durch das Hinzufügen der Nachsilbe die Schreibung des Wortstamms ändert. Hier werden die Kinder auf schwierig zu sprechende Wörter aufmerksam und bilden dadurch ein Gespür dafür aus, Wörter mit Endungen zu zerlegen und deutlich zu sprechen, bevor sie diese aufschreiben. Auch diese Schreibaufgabe kann als Hausaufgabe (wie oben beschrieben) fortgeführt werden. Die vorher beschriebenen Möglichkeiten der Differenzierung können auch auf diese Sortierübung angewendet werden.

Beispiel Die Kinder haben sich die Verkleinerungsendung *-chen* ausgesucht:

Kind 1	Kind 2	Kind 1 und Kind 2 überlegen gemeinsam	Kind 1 kontrolliert auf der Rückseite
Hand	*Händchen*	*Ja, das geht.*	*Stimmt – Feld „Ja".*
Kind	*Kindchen*	*Das geht nicht, das heißt Kindlein.*	*Stimmt – hier stehen aber beide Formen: Kindchen und Kindlein, also auf das Feld „Ja".*
Wand	*Wändchen*	*Das geht nicht.*	

Sortieraufgabe 5 – Adjektive, Verben und Nomen umformen

Diese Sortieraufgaben sind vor allem für Kinder gedacht, die über die vorangehenden Aufgabenstellungen hinaus noch zusätzliche Übungen benötigen. Es ist sinnvoll, für diese Aufgabenstellungen drei verschiedene Sortiertafeln zur Verfügung zu stellen (siehe unten).

Bei diesen Sortieraufgaben wird die Wortbildung unter einem anderen Aspekt betrachtet: Wie kann ein Wort einer bestimmten Wortart in eine andere Wortart überführt werden?

Nacheinander werden die Adjektive, Verben und Nomen des Modellwortschatzes bearbeitet (siehe Abb. S. 178).

Die Kinder nehmen abwechselnd eine Karte des Modellwortschatzes. Dabei verwenden sie zunächst nur die Adjektive. Die Nomen und Verben werden aussortiert und für die späteren Übungen genutzt (Beispiel siehe S. 179).

Auf der Rückseite der Karteikarten finden die Kinder viele Wörter als Lösung angegeben, die nicht zu ihrem aktiven Wortschatz gehören oder ihnen völlig unbekannt sind. Solche Wörter können die Kinder natürlich nicht nennen. Um den aktiven Wortschatz der Kinder zu erweitern, sollte Kind 1 die Wörter sagen, die von Kind 2 nicht genannt wurden. Dabei geht es nicht um „Vollständigkeit". Sinnvoll ist es auch, wenn die Kinder unbekannte Wörter in einem Wörterbuch nachschlagen. Allerdings sollten Sie die Kinder hierbei nicht überfordern und verlangen, dass alle unbekannten Wörter nachgeschlagen werden.

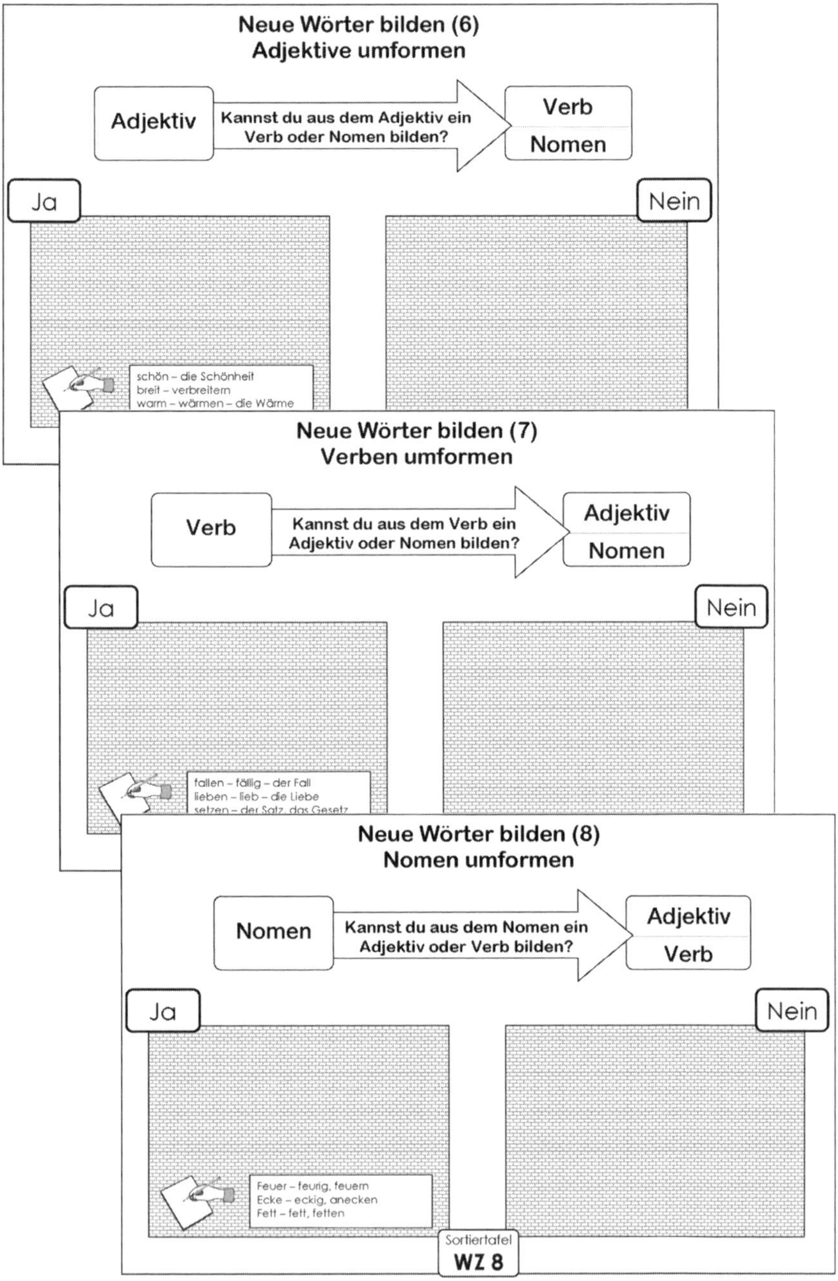
Neue Wörter bilden (6)
Adjektive umformen
Adjektiv
Kannst du aus dem Adjektiv ein Verb oder Nomen bilden?
Verb
Nomen
Ja
Nein
schön – die Schönheit
breit – verbreitern
warm – wärmen – die Wärme
Neue Wörter bilden (7)
Verben umformen
Verb
Kannst du aus dem Verb ein Adjektiv oder Nomen bilden?
Adjektiv
Nomen
Ja
Nein
fallen – fällig – der Fall
lieben – lieb – die Liebe
setzen – der Satz, das Gesetz
Neue Wörter bilden (8)
Nomen umformen
Nomen
Kannst du aus dem Nomen ein Adjektiv oder Verb bilden?
Adjektiv
Verb
Ja
Nein
Feuer – feurig, feuern
Ecke – eckig, anecken
Fett – fett, fetten
Sortiertafel
WZ 8

Beispiel

Kind 1	Kind 2	Kind 1 kontrolliert auf der Rückseite
schwer	*die Schwere*	*Bei den Verben steht hier noch „beschweren" und „erschweren".*
kurz	*Kürzung, kürzen*	*Hier stehen noch die Verben „abkürzen" und „verkürzen". Bei den Nomen gibt es noch das Wort „Kürzel".*
fern	*die Ferne – entfernen*	*Bei den Nomen steht hier noch „Entfernung".*
normal	*Da kenne ich kein Verb und auch kein Nomen.*	*Hier stehen als Verben „normen, normieren, normalisieren" und bei den Nomen „Norm" und „Normalität".*

Diese Übungen können auch gut in **kleineren Gruppen** durchgeführt werden. Als erweiterte Aufgabenstellung sollen die Kinder so viele neue Wörter finden wie nur eben möglich. Auch hier ist es sinnvoll, sich immer nur eine Wortart vorzunehmen.

Vorgehensweise: Die Karteikarten des Modellwortschatzes werden mit der Wortseite nach oben in die Mitte des Tisches gelegt. Reihum nimmt jedes Kind eine Karte von dem Karteikartenstapel und nennt die Wortart.

Hat das Wort die gesuchte Wortart, überlegen die Kinder gemeinsam, ob aus dem Adjektiv ein Nomen oder ein Verb gebildet werden kann. Das Kind, das die Karte gezogen hat, schaut auf der Rückseite nach, ob die genannten Wörter vorkommen.

Bei dieser Aufgabenstellung können die Kinder für jedes gefundene Wort auf einem Zettel einen Strich machen oder Spielsteine (z. B. zwei verschiedenfarbige Chips) sammeln.

Die Kinder entscheiden selbst, welche Wörter sie anschließend aufschreiben. Sinnvoll ist es, wenn jedes Kind ein Wort aufschreibt, was es selbst nicht genannt hat. Unbekannte Wörter sollten in einen Satz eingebunden aufgeschrieben werden.

Sortieraufgabe 6: Aus welchen Wörtern können Wortzusammensetzungen gebildet werden?

Diese Sortieraufgabe beschäftigt sich mit zusammengesetzten Wörtern. Die Ausgangsfrage ist: *Wie können zwei selbstständige Wörter zu einem neuen Wort zusammengesetzt werden?* Bei dieser Sortieraufgabe sind alle Kombinationen von Wörtern, die zu neuen Wörter führen, erlaubt.

Die Aufgabe kann aber auch darauf beschränkt werden, dass nicht die Wörter genannt werden dürfen, die lediglich durch eine Vor- oder Nachsilbe zu einem neuen Wort gebildet werden. Auch bei dieser Übung ist der größte Ertrag für die Kinder dann gegeben, wenn sie in kleineren Gruppen zusammenarbeiten. So profitieren sie von dem Wissen anderer Kinder.

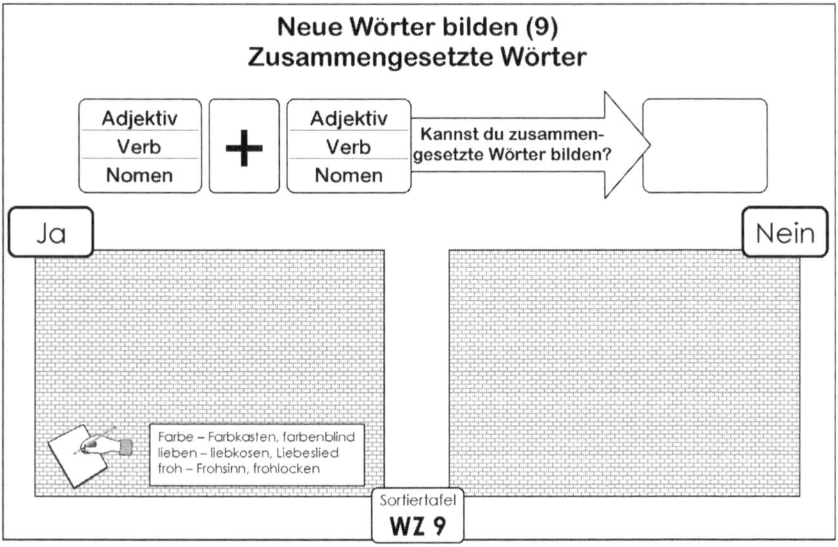

Die Karteikarten werden mit der Wortseite nach oben in die Mitte gelegt. Abwechselnd zieht jedes Kind eine Karte.

Kind 1 nennt das Wort. Die anderen Kinder nennen so viele Wortzusammensetzungen, wie ihnen einfallen. Kind 1 vergleicht auf der Karteikartenrückseite, ob das genannte Wort aufgeführt ist. Um den Überblick nicht zu verlieren, ist es sinnvoll, die genannten Wörter durchzustreichen (oder zu unterstreichen).

In zusammengesetzten Wörtern bestimmt in der Regel das erste Wort (Bestimmungswort) den an zweiter (letzter) Stelle stehenden Begriff (Grundwort). Damit die Kinder ein Gespür für diese Zusammenhänge aufbauen, ist es sinnvoll, sie *beschreibende* Sätze zu einigen gefundenen Wörtern aufschreiben zu lassen. Während der Sortieraufgabe markieren die Kinder hierzu ausgewählte Wörter. Zu diesen Wörtern werden Sätze nach folgendem Muster gebildet:

Ein *Esstisch* ist ein *Tisch*, an dem *gegessen* wird.
Eine *Autostraße* ist eine *Straße*, auf der *Autos* fahren.
Ein *Kopftuch* ist ein *Tuch*, das auf dem *Kopf* getragen wird.

Wenn sich die Kinder an dieses Muster halten, ergibt sich eine Reihe witziger oder sogar unsinniger Sätze – aber gerade darin liegt auch der Reiz.

Beispiel Ein *Handschuh* ist ein Schuh, der an der Hand getragen wird.

Durch diese Schreibaufgabe finden die Kinder die in den Wörtern steckenden Bedeutungen. Das führt zugleich dazu, dass die Kompetenz zum Zerlegen der Wörter gestärkt wird.

Sortieraufgabe 7 – Wörter zerlegen

Bezogen auf die Rechtschreibung ist das Ziel aller Sortierübungen, bei den Kindern ein Gespür für zusammengesetzte Wörter aufzubauen, aus dem heraus sie dann zusammengesetzte Wörter als solche erkennen und in die Ausgangswörter zerlegen können.

Bei dieser Standardaufgabe wählt Kind 1 ein Wort von der Rückseite der Karteikarte aus (die Kinder können sich auch auf Einschränkungen einigen und z. B. nur Wortzusammensetzungen zulassen). Kind 2 zerlegt das Wort in seine Bestandteile und schreibt es auf.

Beispiel zur Sortieraufgabe 1: Es wird ein Wort von der Rückseite aus der Zeile, die mit **V** gekennzeichnet ist, ausgewählt:

Kind 1	Kind 2
verkaufen	*ver- + kaufen*

Beispiel zur Sortieraufgabe 2: Auswahl von der Rückseite aus Zeile **A**:

Kind 1	Kind 2
unverkäuflich	*un- + ver- + kaufen + -lich*

Beispiel zur Sortieraufgabe 3: Auswahl von der Rückseite aus Zeile **N**:

Kind 1	Kind 2
Beschreibung	*be- + schreiben + -ung*

Beispiel zur Sortieraufgabe 4: Auswahl von der Rückseite aus den Zeilen **P** oder **S**:

Kind 1	Kind 2
Werkzeug	*werken + -zeug*

Beispiel zur Sortieraufgabe 9: Auswahl von der Rückseite aus Zeile **Z**:

Kind 1	Kind 2
Kaufmann	*kaufen + Mann*
Zielfernrohr	*zielen + fern + Rohr*

Diese Sortierübung kann entweder als Umkehrung mit den zuvor beschriebenen Übungen verknüpft werden – in diesem Fall machen die Kinder zunächst die Sortieraufgabe 1 und direkt anschließend die Umkehraufgabe dazu.

Die Übung kann aber auch abschließend zu diesem Lernbereich durchgeführt werden – in diesem Fall werden alle Wortbildungen zugelassen.

Sortieraufgaben – Einzelarbeit

Anstelle der Partnerarbeit (oder auch als Fortführung und Ergänzung) können die Kinder die Übungen zur Wortbildung auch allein durchführen.

Hierbei wird die Aufmerksamkeit der Kinder auf die Rechtschreibung gerichtet. Gesucht werden Wörter, bei denen sich die Rechtschreibung in der Zusammensetzung ändert.

Für diese Übung können alle Karteikarten des Modellwortschatzes, die auf der Vorderseite die Kennzeichnung WZ haben, verwendet werden.

Die Aufgabe kann auf jeweils ein Wortbildungsprinzip eingeschränkt werden (z. B. *Suche aus den Wörtern mit den Vorsilben …*). Wenn die Kinder diese Übung bereits als Partnerübung durchgeführt haben, können Sie die Aufgabenstellung auch allgemein halten und es den Kindern überlassen, welche Wörter sie zerlegen wollen.

Die erste Aufgabenstellung lautet: *Suche Wörter von der Karteikartenrückseite! Zerlege die Wörter in ihre Bestandteile und schreibe auf.*

Zusammengesetztes Wort	Bestandteile	Grundwort
Leseübung	*lesen + üben + ung*	*üben*
Telefonhörer	*Telefon + Hörer*	*hören*
Frühstückspause	*früh + Stück + Pause*	*Pause*

Die zweite Aufgabenstellung lautet: *Suche Wörter von der Karteikartenrückseite, bei denen sich die Rechtschreibung geändert hat! Unterstreiche diese Stellen mit einem farbigen Stift! Schreibe Wörter, die du schwierig findest, auf:*

Zusammengesetztes Wort	Bestandteile	Grundwort
*Verk**äu**ferin*	*ver + Käufer + in*	*kaufen*
***Äu**glein*	*Auge + lein*	*Auge*
*unverk**äu**flich*	*un + ver + käuf + lich*	*kaufen*

Durch die Ausrichtung der Aufmerksamkeit auf die Stellen, die sich rechtschriftlich ändern, erfahren die Kinder, dass nur wenige Stellen in zusammengesetzten Wörtern rechtschriftlich schwierig sind. Neben der Großschreibung sind es vor allem die Umformungen von „*a*“ zu „*ä*“ und von „*au*“ zu „*äu*“. So können die Kinder ein Gespür dafür entwickeln, bei welchen zusammengesetzten Wörtern sie besonders aufpassen und das Wort zerlegen (oder zurückführen) müssen.

Abschreibübung

Erst ganz zum Schluss sollten die Kinder die Wörter der Lernstufe 25 des Modellwortschatzes bearbeiten (abschreiben). Hier sind einige wenige Wörter zusammengestellt *(eigentlich, Nachbar, Sonntag, Dienstag, Frühstück, Brombeere, Himbeere, rückwärts)*, die sich nicht oder nur schwer zurückführen lassen.

Wenn die Kinder die „Erklärung“ auf der Rückseite gelesen haben, schreiben sie in ihr Heft ein Stichwort zu dem erläuterten Zusammenhang auf.

Beispiel

Wort	**Kind schreibt ins Heft**
eigentlich	*Eigentum – eigent + lich*
Nachbar	*nahe bei – nach + bar*
Frühstück	*Stück Brot in der Frühe*

Es ist sinnvoll, die Kinder anzuregen, solche nicht (oder nur schwer) zerlegbaren Wörter zu sammeln und aufzuschreiben.

Rumpelkammer aufräumen

Zum Abschluss dieses Lernbereichs durchforsten die Kinder wieder in kleinen Gruppen ihre Rumpelkammer. Dabei sortieren sie alle zusammengesetzten Wörter aus. Meist sind es Wörter mit der Vorsilbe „*ver-*“ bzw. Nomen- und Adjektivendungen, die in der Rumpelkammer lagern und nun herausgenommen werden können. Als zusätzliche (oder abschließende) Übung können die zusammengesetzten Wörter aus der Rumpelkammer in die Wortbausteine zerlegt und aufgeschrieben werden.

Allerdings können die Kinder dies nicht unreflektiert und formal durchführen, da bei den zusammengesetzten Wörtern auch solche dabei sein werden, die Ausnahmeschreibungen enthalten (z. B. *Fahrrad*, *Vatertag*, *Mittag*). Bei zusammengesetzten Wörtern, die Ausnahmeschreibungen enthalten, sollten die Kinder die Wörter zerlegen, das Grundwort mit der Ausnahmeschreibung auf einen neuen Zettel schreiben und in die Rumpelkammer zurücklegen.

Beispiele

- *Fahrrad* – auf einen neuen Zettel schreibt das Kind *fahren*. Das Wort *Rad* (Lernbereich WU) wird nicht aufgenommen.
- *Vatertag* – auf einen neuen Zettel wird *Vater* als Grundwort in die Rumpelkammer aufgenommen.
- *Mittag* – das Wort bleibt erhalten, da nur das zusammengesetzte Wort eine Ausnahmeschreibung bedeutet. Die Zusammensetzung aus *Mitte* und *Tag* müsste mit drei *t* geschrieben werden.

Es ist daher wichtig, die Kinder die aussortierten Wörter aufschreiben zu lassen und sie zu überprüfen. Gerade die zusammengesetzten Wörter, die auch Ausnahmeschreibungen enthalten, können zum Anlass genommen werden, in den nächsten Lernbereich einzuführen bzw. hierauf hinzuweisen.

2.8 Lernbereich AF – Ausnahmeschreibungen

Lernziele

In den vorangegangenen Lernbereichen haben die Kinder gelernt, die richtige Schreibung von der deutlich gesprochenen hochdeutschen Aussprache der Wörter abzuleiten. Darüber hinaus haben sie ein Gespür dafür entwickelt, dass die Länge des Vokals und die Wortart Konsequenzen für die Schreibung haben. Wenn Kinder darüber hinaus bei abgeleiteten oder zusammengesetzten Wörtern die Schreibung des Wortstamms berücksichtigen, können sie im Prinzip alle Wörter der deutschen Gegenwartssprache (bis auf die Ausnahmeschreibungen) richtig schreiben.

Immer wieder sind die Kinder in der Vergangenheit auf Wörter gestoßen, die den Grundprinzipien der Rechtschreibung (Laut- und Wortstammprinzip) nicht folgen. Diese Wörter haben sie in ihrer „Rumpelkammer“ gesammelt. Hierüber haben sie Schritt für Schritt ein Gespür dafür aufgebaut, dass diese Grundprinzipien allein nicht ausreichen, um sich die richtige Schreibung aller Wörter zu erschließen, was zu einer „gezielten Verunsicherung“ führt. Die so genannten Ausnahmeschreibungen werden in diesem Lernbereich aufgegriffen und geordnet. Darüber sollen die Kinder ein Gespür für jene Wörter aufbauen, bei denen man sich über die Schreibung nicht ganz sicher sein kann. In diesen Fällen ist es die sicherste Hilfe, das Wort im Wörterbuch nachzuschlagen. Daher heißt der Leitsatz für diesen Lernbereich:

Wenn du unsicher bist, schlage das Wort im Wörterbuch nach!

Ziel der Übungen mit dem Modellwortschatz ist es, dass die Kinder ein Gespür für Ausnahmeschreibungen bekommen. Auf diesem Gespür („gezielte Verunsicherung“) aufbauend lernen sie, solche Wörter im Wörterbuch nachzuschlagen.

Darüber hinaus sollen die Kinder die wichtigsten nicht regelhaft geschriebenen Wörter rechtschriftlich sichern. Hierfür sind vor allem Merkhilfen für Wörtergruppen und Einzelwörter hilfreich. Die Geschichte der Wörter, die frühere Bedeutung und die Herkunft erweisen sich oft als tragfähige Lernhilfe.

Durch die Ordnung der Ausnahmeschreibung (Rumpelkammer aufräumen) und durch die Rechtschreibübungen (Abschreiben, Sortieraufgaben, Aufgaben zum Nachdenken) erfahren die Kinder, dass es nur wenige Bereiche gibt, in denen die Schreibung eines Wortes nicht den bisher bekannten Rechtschreibprinzipien folgt.

Sie lernen hierüber auch, dass ihnen bei manchen Wörtern gerade die deutliche und hochdeutsche Aussprache der Wörter nicht weiterhilft, um sich die richtige Schreibung zu erschließen. Aus diesem Grund spielen Sprachübungen in diesem Lernbereich keine bzw. nur eine untergeordnete Rolle. Im Lernbereich AF geht es um

- die Ordnung der Ausnahmeschreibung,
- das Erkennen von Fremdwörtern,
- Merkhilfen für die wichtigsten nicht regelhaften Schreibungen,
- die Technik des Nachschlagens von Wörtern im Wörterbuch.

In diesem Kapitel werden zunächst nur die Ausnahmeschreibungen behandelt. Die Fremdwortschreibungen werden in Kapitel 2.10 behandelt.

In der Einführung beschreibe ich die Ausnahmeschreibungen auf den verschiedenen Ebenen (LB, LD, LV, WU). Hier sind auch Wörterlisten abgedruckt, die alle Ausnahmen eines Bereichs umfassen und über den Modellwortschatz hinausgehen. In der Einführung gibt es, dort wo es möglich ist, Hinweise auf ihren Ursprung. Das Kapitel enthält auch Anmerkungen zum Aufbau des Modellwortschatzes und zur Auswahl der Wörter. Dann beschreibe ich die Übungen zu diesem Lernbereich.

Einführung

Die Ausnahmeschreibungen werden in fünf Gruppen unterteilt:

1. Ausnahmen in der Laut-Buchstaben-Zuordnung *(pf, v, ai, chs, dt, eih)*. Hier werden Verstöße gegen die in den Lernbereichen LB und LD erfahrenen Prinzipien behandelt.
2. Ausnahmen bei der Kennzeichnung lang gesprochener Vokale (*i* anstatt *ie*, Doppelvokal, Dehnungs-*h*). Dies sind Verstöße gegen die im Lernbereich LV gelernten Prinzipien.
3. Auslautverhärtung im Wort (z. B. *Her**b**st*, *Er**b**se*, *A**d**ler*). Diese Schreibungen lassen sich nicht mit den im Lernbereich WU geübten Techniken (verlängern, zurückführen) erschließen.
4. Funktionswörter
5. Eigennamen

Viele Regeln des amtlichen Regelverzeichnisses der deutschen Rechtschreibung befassen sich mit Ausnahmeschreibungen. Im Folgenden erläutere ich kurz die wichtigsten Rechtschreibregeln („RR", jeweils aus: Die amtliche Regelung der deutschen Rechtschreibung, Teil I) und einige Hintergründe dieser Schreibungen.

1. Ausnahmen in der Laut-Buchstaben-Zuordnung [LB]:

Die wichtigsten Ausnahmeschreibungen auf der Lautebene sind die Buchstaben *Pf/pf*, *V/v*, *ai*, *chs*, *dt* und *eih*:

■ **Pf/pf:** Im Regelwerk zur deutschen Rechtschreibung wird die Buchstabenfolge *pf* als Konsonantenfolge behandelt. Daher fällt die *pf*-Schreibung eigentlich nicht unter die Ausnahmeschreibungen.

Im Wortinneren und am Wortende ist ein Unterschied zwischen [pf] und [f] hörbar. Einerseits verläuft zwischen [p] und [f] die Silbengrenze (Beispiel: [ap-fəl] – *Apfel*). Andererseits ist vor dem [f] ein hörbarer Plosiv, meist [p] oder [b], gesprochen (Beispiel: [tsopf] – *Zopf*). Die Kinder können durch Weglassen des Plosivlauts schnell überprüfen, ob *pf* oder *f* geschrieben wird. Sie nutzen hierzu die im Lernbereich LV eingeübte Technik des Paarvergleichs und sprechen überdeutlich: [aːf̲əl – aːp̲əl – ap̲f̲əl]. Insofern ergeben sich im Wortinneren und am Wortende selten Schwierigkeiten.

Am Wortanfang wird das *pf* in einigen Sprachregionen wie [f] gesprochen (Beispiele: [fɛɐt] für *Pferd* oder [fɛnik] für *Pfennig*). Nach meiner Erfahrung ist diese Konsonantenfolge für viele Kinder recht schwierig zu hören. Auch die Technik des Paarvergleichs hilft Kindern hier oftmals nicht weiter. Deshalb wurden die Wörter mit *pf* dem Lernbereich AF zugeordnet, auch wenn sie, formal gesehen, zu den regelhaften Schreibungen gehören.

■ **V/v:** Im Regelwerk der deutschen Rechtschreibung ist dazu aufgeführt: „RR § 29: Für den Laut [f] schreibt man *v* statt *f* in *ver-* (wie in *verlaufen*) sowie am Anfang einiger weiterer Wörter. Das betrifft Wörter wie: *Vater, Veilchen, Vettel, Vetter, Vieh, viel, vielleicht, vier, Vlies, Vogel, Vogt, Volk, voll (*aber *füllen), von, vor, vordere, vorn.* Dazu kommen *Frevel, Nerv (Nerven).* RR § 30: Für den Laut [v] schreibt man in Fremdwörtern regelmäßig und in wenigen eingebürgerten Entlehnungen *v* statt *w.*"

Das Regelwerk der deutschen Rechtschreibung ist in dieser Frage nicht konsequent. So wird nicht zwischen Funktionswörtern und bedeutungstragenden Wörtern (Adjektive, Verben, Nomen) unterschieden. Auch die Geschichte und Herkunft der Wörter bleibt unberücksichtigt.

Wenn der Ursprung der Wörter betrachtet wird, dann gibt es – ganz genau genommen – gar keine deutschen Wörter mit *V/v* am Wortanfang. Allerdings werden einige Wörter heute als deutsche Wörter und nicht mehr als Fremdwörter erlebt. Für Kinder ist die *V*-Schreibung leichter verständlich zu machen, wenn zunächst nur solche Wörter behandelt werden, die als deutsche Wörter erlebt werden.

Es gibt nur wenige bedeutsame bzw. häufig vorkommende Wörter, die mit *v* geschrieben und [f] gesprochen werden[2]: *Vogel, Vater, Vetter, Vieh, Volk, Vers, Vesper, Veilchen.* Alle anderen Wörter sind Fremdwörter, die auch als solche leicht zu identifizieren sind.

Neben diesen wenigen Wörtern gibt es noch sechs Partikel: *viel, voll, vom, von, vor, vorne,* die Zahl *vier* und das Präfix *ver-* mit *v* am Wortanfang.

Im Lernbereich WZ (Wörter bilden und zerlegen) haben die Kinder die Präfixe bereits kennen gelernt. Bei diesen Wörtern handelt es sich im Grunde genommen auch nicht um echte Ausnahmeschreibungen. In der deutschen Rechtschreibung werden Präfixe in der Regel nicht regelhaft geschrieben, damit sie von bedeutungstragenden Wortteilen (Wortstamm) schnell zu unterscheiden sind. (Andere Beispiele für die nicht regelhafte Schreibung von Vorsilben: *ab-* → nach dem Lautprinzip wäre *ap korrekt, *an-* → *ann-, *zer-* → *zerr-, *mit-* → *mitt.)

■ **ai:** Dazu steht im Regelwerk der deutschen Rechtschreibung: „R § 18: In wenigen Wörtern schreibt man den Diphthong [ai] ausnahmsweise *ai.* Dies betrifft Wörter wie: *Hai, Kaiser, Mai.* Zu unterscheiden sind gleich lautende, aber unterschiedlich geschriebene Wortstämme wie: *Bai ≠ bei; Laib ≠ Leib; Laich ≠ Leiche; Laie/Laien ≠ leihen; Saite ≠ Seite; Waise ≠ Weise, weisen."*

2 Eine für Kinder nachvollziehbare Erklärung hierfür gibt Graf Ortho in seiner „Geschichte zum V": http://rechtschreib-werkstatt.de/GrafOrtho/AF/html/w-v.html

Die Wörter mit *ai* sind aus Fremdsprachen übernommene Wörter, die zum Teil jedoch nicht mehr als Fremdwörter erlebt werden. Hier ist es für Kinder hilfreich, die Geschichte der Wörter zu kennen. Auf der Rückseite der Karteikarten ist daher die jeweilige Herkunft des Wortes beschrieben.

■ **chs:** Dazu das Regelwerk der deutschen Rechtschreibung: „RR § 31: Für die Lautverbindung [ks] schreibt man in einigen Wortstämmen ausnahmsweise *chs* bzw. *ks* statt *x*." Bei der chs-Schreibung können wir drei Gruppen von Wörtern unterscheiden:

- In Tiernamen schreiben wir grundsätzlich *chs* und niemals *x*. Ursprünglich wurde das *ch* nicht /k/, sondern [x] (wie in *Bach*) gesprochen. Das folgende, angehängte *s* war das Männlichkeitssuffix. Parallel hierzu gab es die Weiblichkeitsform mit dem Weiblichkeitssuffix *a* (oder *e*). Beispiele: m = *Fuchs*, w = *Fucha*, ebenso *hunt – hunda*. Mit der Zeit setzte sich bei Tiernamen die Männlichkeitsform als Gattungsbezeichnung durch, bevor später bei einigen wenigen Tieren erneut eine Weiblichkeitsform auf *in* eingeführt wurde (Beispiele: *Füchsin*, *Hündin*). Das Phänomen tritt auf bei:

Nr. MWS	Wort	Alter	ahd	mhd	weiblich
673	Dachs	< 11	dahs	Dahs	dahe
677	Eidechse	< 8	egidehsa	Egedehse	
675	Fuchs	< 11	fuhs	Vuhs	voha, fohe
674	Lachs	< 8	lahs	Lahs	lahse
	Luchs	< 9	luhs	Luhs	luha
676	Ochse	< 8	ohso	Ohse	

- Die Buchstabenfolge *chs* kommt nur in einer begrenzten Anzahl alter Wörter mit meist indogermanischer Wurzel vor. Die wichtigsten sind: *Achse, Achsel, Büchse, Deichsel; drechseln, Flachs, sechs, Wachs; wachsen, wechseln / Wechsel.*
  In den Anfängen wurde (bis ca. 13 Jh.) der Laut /x/ (wie in *Bach*) mit dem Buchstaben *h* verschriftet. Die Germanen sprachen hier vermutlich einen härteren Explosivlaut (siehe die altenglische Verschriftung *gh*). Erst später änderte sich die Aussprache vor *s* in [k].
- Die Buchstabenfolge *ks* kommt nur in Wörtern englischen Ursprungs vor. Bedeutsam sind: *links, Keks.*

dt: Dazu gibt es im RR keine Regelungen, sondern Einzelfestlegungen. Die Buchstabenfolge *dt* kommt nur in dem Wort *Stadt* vor, ursprünglich um Verwechslungen mit *Statt = Stelle, Ansammlung von Häusern* zu vermeiden (Homonymieprinzip).

Darüber hinaus gibt es noch einige wenige Ableitungen, in denen sich die Buchstabenfolge *dt* ergibt: *bewandt, Bewandtnis* (abgeleitet von bewenden = hinwenden, verwenden) und *verwandt, Verwandtschaft* (abgeleitet von verwenden = sich einander zuwenden; erst in der Neuzeit Einengung auf heutige Bedeutung).

eih: Das Regelwerk der deutschen Rechtschreibung schreibt dazu: „RR § 7: Das *h* steht ausnahmsweise auch nach dem Diphthong [ai]. Dies betrifft Wörter wie: *gedeihen, Geweih, leihen (≠ Laien), Reihe, Reiher, seihen, verzeihen, weihen, Weiher;* aber sonst: *Blei, drei, schreien.*"

In der Regel steht nach einem Diphthong kein Silben trennendes *h* (bauen, freuen, schreien). Einige Wörter mit *ei* wurden jedoch früher mit [i] gesprochen. Hier blieb das Silben trennende *h* trotz der Änderung der Aussprache erhalten.

2. Ausnahmen bei der Kennzeichnung lang und kurz gesprochener Vokale (LV):

Doppelvokal: Das Regelwerk der deutschen Rechtschreibung dazu: „RR § 9: Die Länge von [a:], [e:] und [o:] kennzeichnet man in einer kleinen Gruppe von Wörtern durch die Verdopplung *aa, ee* bzw. *oo.*

- E_1: Zu unterscheiden sind gleich lautende, aber unterschiedlich geschriebene Wortstämme wie: *Waage ≠ Wagen*; *Heer ≠ her*; *leeren ≠ lehren*; *Meer ≠ mehr*; *Reede ≠ Rede*; *Seele, seelisch ≠ selig*; *Moor ≠ Mohr.*
- E_2: Bei Umlaut schreibt man nur *ä* bzw. *o,* zum Beispiel*: Härchen – aber Haar; Pärchen – aber Paar; Säle – aber Saal; Bötchen – aber Boot.*"

Abgesehen von den Wörtern *Waage, Beere* und *Seele* kommen Doppelvokalschreibungen in deutschen Wörtern nur bei einsilbigen Wörtern vor. Es waren vornehmlich ästhetische Prinzipien, die zu dieser Schreibung (im 15.–16. Jahrhundert) führten. Die meisten Wörter mit Doppelvokal sind erst nach dem 16. Jahrhundert aus anderen Sprachen (meist aus dem Französischen) entlehnt und der deutschen Schreibung angepasst worden (z. B. *Kaffee* und *Idee*).

Regelhaft werden einsilbige Wörter mit lang gesprochenem [e] mit *ee* geschrieben, falls nicht ein auslautendes Silben trennendes *h* geschrieben wird (Wortstammprinzip). Wörter mit Doppelvokal *aa* und *oo* sind Einzelfestlegungen, oft mit historischem Ursprung. In diesen Fällen finden die Kinder einen Hinweis dazu auf der Rückseite der Karteikarte.

Lang gesprochenes [iː] ohne Dehnungskennzeichen: Dazu das Regelwerk: „RR § 10: Wenige einheimische Wörter und eingebürgerte Entlehnungen mit dem langen Vokal [iː] schreibt man ausnahmsweise mit *i*.

E: Zu unterscheiden sind gleich lautende, aber unterschiedlich geschriebene Wörter wie: Lid ≠ Lied; Mine ≠ Miene; Stil ≠ Stiel; wider ≠ wieder."

Es gibt nur sehr wenige deutsche Wörter, bei denen das lang gesprochene [iː] nicht als *ie* geschrieben wird. Dies ist vornehmlich bei einigen Tiernamen der Fall, bei wenigen Fremd- bzw. Lehnwörtern sowie bei einigen gleich klingenden Wörtern verschiedener Bedeutung.

Hinzu kommen noch die Funktionswörter (*dir*, *mir*, *wir*), die jedoch durchgängig nicht regelhafte Elemente enthalten (siehe oben).

Lediglich das Wort *gib* (das „versehentlich" im ersten Duden falsch aufgenommen wurde) bildet eine echte Ausnahme.

Dehnungs-h: Das Regelwerk: „RR § 8: Wenn einem betonten langen Vokal einer der Konsonanten [l], [m], [n] oder [r] folgt, so wird in vielen, jedoch nicht in der Mehrzahl der Wörter nach dem Buchstaben für den Vokal ein *h* eingefügt."

Die größte Schwierigkeit bei den Ausnahmeschreibungen bereitet das Dehnungs-*h*, welches sich erst mit der Bibelübersetzung von Luther verbreitete. Das Dehnungs-*h* folgt weitgehend ästhetischen Prinzipien. Wir finden es nur vor den Buchstaben ohne Ober- oder Unterlänge: *m*, *n* und *r* und vor dem schmalen *l*. Die Buchdrucker versuchten offensichtlich, jene Wörter „größer" zu machen, bei denen auf den lang gesprochenen Vokal ein „unscheinbarer" Buchstabe folgte. Waren die Wörter schon groß genug, ließ man das Dehnungs-*h* weg. Daher finden wir diese Kennzeichnung, von wenigen Ausnahmen abgesehen, nicht nach Konsonantenfolgen und Diphthongen. Für die Setzung des Dehnungs-*h* lassen sich folgende Regelhaftigkeiten festhalten:

1. **Schreibe ein Dehnungs-*h* in deutschen Wörtern nur vor den Buchstaben *l*, *m*, *n* und *r*!**
   - Ausnahme mit *h*: *Fehde* (ahd. *fehida*, mhd. *vehede*; das *e* in der Wortmitte ist später verloren gegangen).
   - Ausnahme ohne *h*: *Öl*, *Same*, *Hüne*; *Name*, *malen*, *holen*, *selig*, *Ware* ...
   - Fremdwörter: *Dame*, *Dom*, *Pol*, *Mole*, *Zone*, *Düne*, *Lore*, *Pore* ...
2. **Schreibe ein Dehnungs-*h* nicht, wenn vor dem Vokal eine Konsonantenfolge steht! Schreibe ein Dehnungs-*h* nie nach Doppellaut (Diphthong) und nie nach *t* oder *qu*!**
   - Ausnahmen mit *h*: *prahlen*, *strahlen*, *Drohne*, *dröhnen*

- Ausnahmen: Auf *st* und *pf* folgt ein Dehnungs-*h*. Diese Buchstabenfolgen werden wie ein Buchstabe behandelt (in der alten deutschen Schrift waren dies Ligaturen).

3. **Einige gleich lautende Wörter mit verschiedenen Bedeutungen gibt es mit und ohne Dehnungs-*h*.**
Mahl – mal, Mal; mahlen – malen; Wahl – Wal; wahr – war; wahren – Waren; währen – wären; Mähre – Märe; hohl – hol; Sohle – Sole; nahmen – Namen; dehnen – denen; wehrt – wert; bohren – geboren; Uhrzeit – Urzeit

Die beiden ersten Regelungen können von Kindern „im Zweifelsfall“ herangezogen werden und bieten in der Regel eine zuverlässige Rechtschreibhilfe. Zumindest können sie so die falsche Setzung des Dehnungs-*h* vermeiden:

- Dehnungs-*h* nur vor *l, m, n* und *r*
- Dehnungs-*h* nicht nach Konsonantenfolgen, nicht nach Doppellauten, nicht nach *t* oder *qu*

In der deutschen Schrift gibt es nur etwa hundert Wortstämme mit Dehnungs-*h,* wovon nur etwa die Hälfte für Kinder gebräuchlich ist.

Für den Umgang mit dem Dehnungs-*h* bieten sich zwei Vorgehensweisen an, die auch miteinander kombiniert werden können:

Zunächst sollten die Kinder die Wörter des Modellwortschatzes mit Dehnungs-*h* schreiben und weitere Wörter sammeln. Hierüber bildet sich ein Gespür für die beiden Grundprinzipien. Setzen die Kinder dann viele Dehnungs-*h* zusätzlich, gebe ich ihnen die Korrekturhilfe: *„Dehnungs-h nur vor l, m, n und r!“* und/oder: *„Dehnungs-h nie nach Konsonantenfolgen (Ausnahmen: st/pf und t/qu)!“*

Dehnungs-h nach i bzw. ie: Das Regelwerk der deutschen Rechtschreibung schreibt: „RR § 12: In Einzelfällen kennzeichnet man die Länge des Vokals [iː] zusätzlich mit dem Buchstaben *h* und schreibt *ih* oder *ieh*. Im Einzelnen gilt:

1. *ih* steht nur in den folgenden Wörtern: *ihm, ihn, ihnen; ihr* (Personal- und Possessivpronomen), außerdem *Ihle.*
2. *ieh* steht nur in den folgenden Wörtern: *fliehen, Vieh, wiehern, ziehen.*“

Die erste Gruppe sind Funktionswörter, die schon deshalb sinnvollerweise mit *h* geschrieben werden, damit sie nicht mit *im* und *in* verwechselt werden (*ie* am Wortanfang kommt in deutschen Wörtern nicht vor). In der zweiten Gruppe handelt es sich um Wörter mit Silben trennendem *h*. Auch diese sind regelhaft.

Bleiben lediglich als „echte“ Ausnahmen *Ihle* (Fachsprache: Hering, der schon gelaicht hat) und *Vieh* (ahd. *fihu*, *fiho*, mhd. *vihe*, *vehe* – also auch eine Verkürzung eines ursprünglich Silben trennenden *h*).

3. **Auslautverhärtung im Wort [WU]:** Die Auslautverhärtung am Wortende wurde im Lernbereich WU und an der Silbenfuge im Lernbereich WZ behandelt.
   Das Regelwerk der deutschen Rechtschreibung dazu: „RR § 23 E_2: Bei einer kleinen Gruppe von Wörtern ist es nicht oder nur schwer möglich, eine solche Erweiterung durchzuführen oder eine Beziehung zu verwandten Wörtern herzustellen. Man schreibt sie trotzdem mit *b, d, g* bzw. *s*.“
   Die Auslautverhärtung kann nicht nur am Wortende und an der Silbenfuge, sondern bei einigen wenigen Wörtern auch im Wortinneren vorkommen. Hier ist sie in der Regel durch Umformung oder Ableitung nicht mehr zu erschließen. Historisch lassen sich meist eingeschobene Vokale nachweisen (z. B. *herbest*), die im Laufe der Zeit in der Sprache wegfielen.
4. **Funktionswörter:** Um beim Lesen bedeutungstragende Wörter (Nomen, Verben, Adjektive) schneller erfassen zu können, werden die Pronomen und Partikel häufig nicht regelhaft geschrieben. So können diese syntaktisch notwendigen „Füllwörter“ schnell unterschieden und die Aufmerksamkeit auf die bedeutungstragenden Nomen, Adjektive und Verben gelenkt werden.
   Es ist meist nicht notwendig, diese Wörter besonders zu üben. Da sie im allgemeinen Schriftsprachgebrauch oft vorkommen, schreiben die Kinder sie meist ohne besonderes Hervorheben richtig.
5. **Eigennamen:** Eigennamen folgen oft nicht den Regelungen der deutschen Rechtschreibung. Dies hängt damit zusammen, dass Eigennamen (insbesondere Vornamen) oft einen sehr alten Ursprung haben oder aus anderen Sprachen entlehnt wurden. Bei den Nachnamen wurden häufig regionale Schreibweisen eines Wortes beibehalten, die durch die Vereinheitlichung der Schriftsprache heute nicht mehr vorkommen.

Wortschatz

Wortauswahl

Für die Vermittlung der Ausnahmeschreibungen habe ich Modellwörter zusammengestellt. Diese sind dem Modellwortschatz Teil 3 zugeordnet. Die Ausnahmeschreibungen sind nach folgenden Lernbereichen geordnet:

- A-LB = Ausnahmen in der Laut-Buchstaben-Zuordnung
- A-LV = Ausnahmen bei der Kennzeichnung lang gesprochener Vokale
- A-WU = Ausnahmen bei Wortumformungen

Vorderseite

Dachs

Der Dachs ist ein Feind des Igels.

GB	badger	NL	das	DK	grævling
F	blaireau (m)	I	tasso	E	tejón
PL	borsuk	CZ	jezevec	HR	jazavac
RUS	барсук	GR	ασβός, ο	CHN	hùan
TR	porsuk	JOR	الغُرَيْر	CHN	獾

673 A-LB 28 **Nomen**

der Dachs, die Dachse

P Dächsin
S Dächschen, Dächslein
Z Dachsbau, Dachshund, Frechdachs

Tiernamen, die wir mit [ks] sprechen, werden immer mit *chs* geschrieben. Früher wurde der [ch]-Laut nur mit *h* geschrieben. An diesen Wortstamm (*dah*) wurde bei Männchen ein *s* (*dahs*) und bei Weibchen ein e oder *a* (*dahe*) angehängt.
Ähnlich war die Entwicklung bei den Tiernamen *Fuchs* (fuhs/fohe) *Lachs* (lahs/lahe) und *Luchs* (luhs/luha).

Frechdachs = kleines Kind, das so frech und vorwitzig ist wie ein Dachs.

Rückseite

Zu den Einzelbereichen habe ich schreibwichtige und häufig vorkommende Wörter ausgewählt. Da einige Wörter den Kindern nicht geläufig sein können, wurde auf die Vorderseite der Karteikarte ein erklärender Satz aufgenommen.

Die Fremdwörter werden in den Lernstufen 33 bis 41 (Lernbereich AF – Fremdwörter) behandelt.

Soweit es möglich war, wurde bei den nicht regelhaft geschriebenen Wörtern auf der Rückseite der Karteikarte eine Erklärung zur Rechtschreibung aufgenommen, die versucht zu ergründen, warum dieses Wort nicht regelhaft geschrieben wird. Die entsprechenden Hinweise sind mit dem Symbol  versehen.

Wörter des Modellwortschatzes

Der Modellwortschatz zu den Ausnahmeschreibungen enthält 120 Wörter, die in sieben Lernstufen untergliedert sind. Die Wörter sind dem Modellwortschatz Teil 3 zugeordnet und folgen auf die Wörter zum Lernbereich WZ:

- 26 Wörter mit pf
- 27 Wörter mit v
- 28 Wörter mit ai, chs, dt
- 29 Wörter mit Doppelvokal
- 30 Wörter mit i bei lang gesprochenem [iː]
- 31 Wörter mit Silben trennendem h
- 32 Wörter mit Auslautverhärtung im Wortinneren

Vollständige Wörterlisten

Die im Gebrauchswortschatz der deutschen Gegenwartssprache vorkommenden deutschen Wörter mit Ausnahmeschreibungen sind sehr begrenzt. Zu den meisten Phänomenen kann man daher vollständige Wörterlisten angeben. Soweit dies möglich ist, sind solche Listen ab Seite 199 aufgeführt.

Übungsfolge

In diesem Kapitel beschreibe ich zunächst die allgemeine Vorgehensweise. Insbesondere bei der Einführung in diesen Lernbereich muss die Kompetenz der Kinder berücksichtigt werden. An leistungsstarke Kinder wird man höhere Anforderungen (bezogen auf die Reflexion) stellen als an langsam lernende Kinder. Auch beim Üben der Wörter mit Ausnahmeschreibungen ist es sinnvoll, nach Leistungsgruppen zu differenzieren.

Die Ausnahmeschreibungen werden Schritt für Schritt besprochen und von den Kindern bearbeitet.

Einführung in den Lernbereich – Phänomene ordnen

Wie die Ausnahmeschreibungen in einer Klasse oder Lerngruppe eingeführt und bearbeitet werden, hängt stark von der Kompetenz und dem Lernverhalten der Kinder ab.

Vorgehensweise bei leistungsstarken und sprachkompetenten Kindern: In der Regel wird in einer Klasse zunächst eine kleine Gruppe leistungsstarker Kinder in diesen Lernbereich wechseln. An diese Kinder kann eine höhere Anforderung, vor allem an die Reflexion rechtschriftlicher Phänomene, gestellt werden als an langsam lernende Kinder.

Es ist sinnvoll, von den in der Rumpelkammer gesammelten Wörtern auszugehen. Die Kinder arbeiten in einer kleinen Gruppe (mindestens drei bis vier Kinder). Zunächst nehmen sie alle Wörterkarten, die in ihren Rumpelkammern verblieben sind. Zusammengesetzte Wörter werden zerlegt und der Wortteil mit der Ausnahmeschreibung auf einen neuen Zettel geschrieben.

Die erste Aufgabe für die Kinder besteht darin, die Stellen in den Wörtern zu markieren, die nicht den bisher bekannten Regelungen folgen. Sie sollen damit darauf aufmerksam werden, warum dieses Wort noch in der Rumpelkammer verblieben ist.

In einem zweiten Schritt werden dann die Wörter in Gruppen mit gleichen rechtschriftlichen Phänomenen zusammengefasst. In der Regel ist es notwendig, dass die Lehrerin bzw. der Lehrer die Kinder hierbei begleitet, um frühzeitig eingreifen zu können, wenn weniger hilfreiche Gruppierungen gewählt werden. Manchmal kann es auch sinnvoll sein, die Kinder zunächst alle Wörter aussortieren zu lassen, die sie als Fremdwörter erleben. Das vereinfacht später die Gruppierung der Wörter mit Abweichungen von der Laut-Buchstaben-Zuordnung.

Vorgehensweise bei durchschnittlich sprachkompetenten Kindern: Bei durchschnittlich kompetenten Kindern ist es ebenfalls sinnvoll, von den in der Rumpelkammer gesammelten Wörtern auszugehen. Im Regelfall wird man Kindern allerdings für den ersten Schritt konkrete Vorgaben für die Ordnung der Ausnahmeschreibungen machen müssen.

Die Kinder nehmen alle Wörterkarten, die in der Rumpelkammer verblieben sind. Zusammengesetzte Wörter werden zerlegt und der Wortteil mit der Ausnahmeschreibung auf einen neuen Zettel geschrieben. Die Kinder sortieren diese Wörter nach folgenden Gesichtspunkten:

a) Wörter, die nicht so geschrieben werden, wie sie gesprochen werden. Hier sammeln die Kinder Wörter, die nicht den Prinzipien der Laut-Buchstaben-Zuordnung folgen. Das sind Verstöße gegen Prinzipien aus den Lernbereichen LB und LD: Wörter mit *pf*, *v*, *chs*, *ai*, *dt* und Verstöße gegen die Prinzipien aus dem Lernbereich WU: Wörter mit Lautverhärtung im Wortinneren: *b* statt [p], *d* statt [t], *g* statt [k].
b) Wörter, bei denen der lang bzw. kurz gesprochene Vokal nicht regelhaft gekennzeichnet wird. Das sind Verstöße gegen Prinzipien aus dem Lernbereich LV: *i* statt *ie*, Doppelvokal, Dehnungs-*h*.
c) Funktionswörter: Kurze Wörter (Partikel, Pronomen usw.), die nicht regelhaft geschrieben werden.
d) Fremdwörter: Wörter, die die Kinder als Fremdwörter erleben. Sonstige nicht einzuordnende Wörter.

Vorgehensweise bei langsam lernenden und Kindern mit geringer Sprachkompetenz: Hier ist es sinnvoll, immer nur einen Bereich vorzugeben. Die Kinder gehen nicht von den Rumpelkammerwörtern, sondern von den Wörtern des Modellwortschatzes aus. Wie im nächsten Kapitel beschrieben, werden die Wörter phänomenbezogen geordnet und geschrieben. In der Phase des Sammelns nutzen die Kinder dann die Wörter aus der Rumpelkammer. Die Übungen zu den Ausnahmeschreibungen sollten auf Abschreibübungen und Merkhilfen konzentriert werden. In der Regel sind die Aufgaben zum Nachdenken für diese Kinder eine Überforderung.

Aufbau der Übungen zu einzelnen Rechtschreibphänomenen

Alle Rechtschreibphänomene werden nach dem gleichen Ablaufschema bearbeitet.

■ **1. Schritt – Modellwortschatzwörter sortieren:** Aus dem Modellwortschatz Teil 3 suchen die Kinder die Wörter mit einem bestimmten Phänomen heraus. Da die Ausnahmeschreibungen nicht von der Aussprache eines Wortes erfasst werden können, hat es keinen Sinn, diese Sortieraufgabe als Partnerarbeit durchführen zu lassen. Solange der Wortschatz noch sortiert ist, können die Kinder sich beim Aussortieren der Wörter an der Numme-

Sortiertafel mit zwei Entscheidungsfeldern

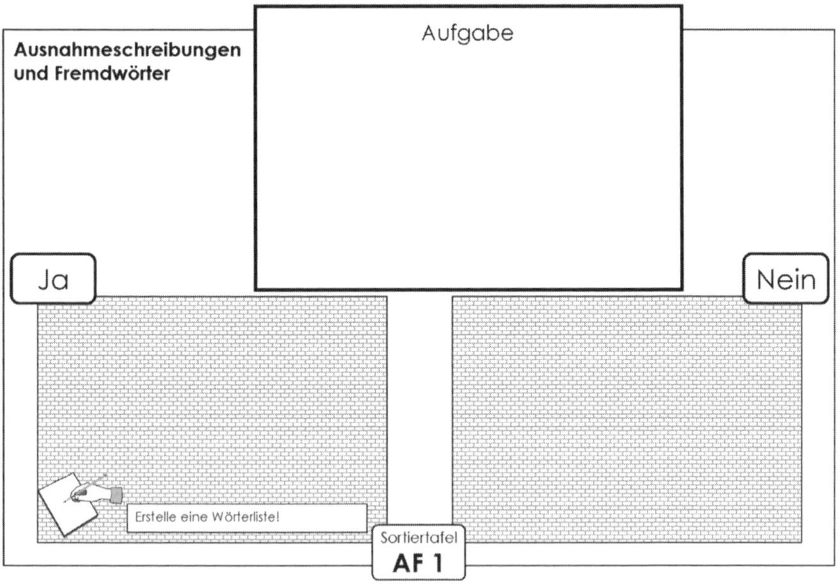

Sortiertafel mit vier Entscheidungsfeldern

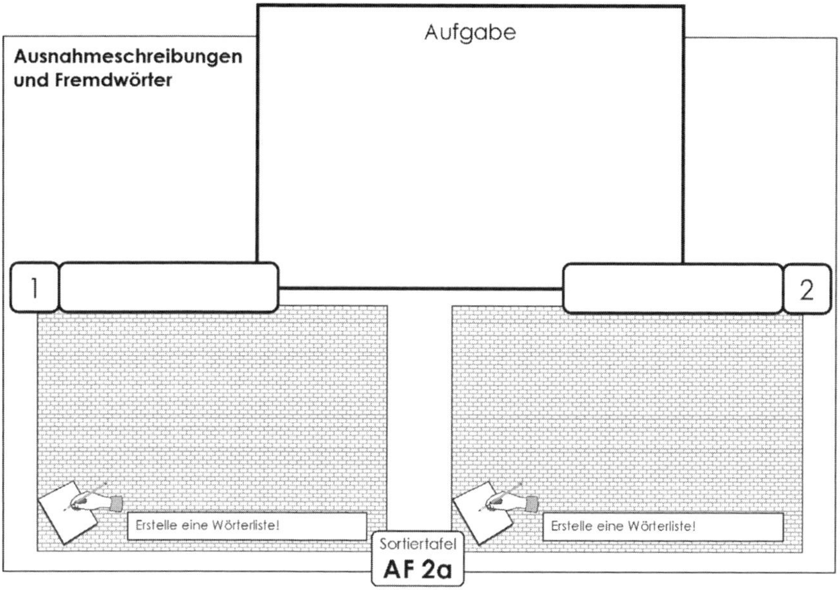

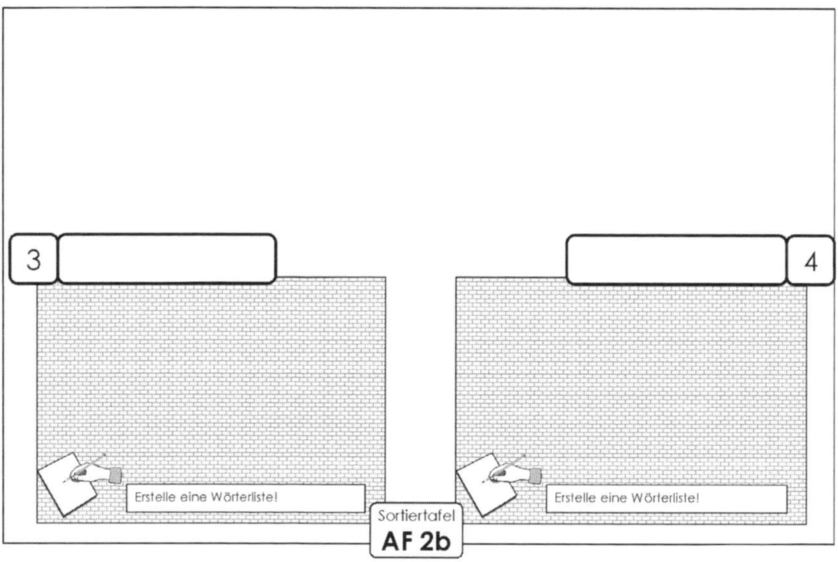

rierung der Karteikarten (siehe Rückseite der Karteikarten) orientieren (siehe hierzu auch die Übersicht S. 236 ff.).

Für die Sortieraufgaben können die Kinder Standardsortiertafeln mit zwei oder vier Auswahlfeldern verwenden. Dies ist gerade für Grundschulkinder eine Hilfe für die Strukturierung der Aufgaben.

(In den Beschreibungen zu den Sortieraufgaben werden die Sortiertafel mit einem Entscheidungsfeld als Sortiertafel 1 und die andere als Sortiertafel 2 bezeichnet.)

■ **2. Schritt – weitere Wörter sammeln:** In kleinen Gruppen suchen die Kinder weitere Wörter mit dem Phänomen. Hierzu können Wörterbücher und Wörterlisten genutzt werden. Bei manchen Phänomenen ist es auch sinnvoll, den Kindern vollständige Wörterlisten vorzugeben.

■ **3. Schritt – Wörter schreiben:** Die Wörter des Modellwortschatzes und die aussortierten Wörter aus der Rumpelkammer werden entweder als Abschreibübung oder als Partnerdiktat aufgeschrieben.

Die Kinder schreiben die Wörter und die dazugehörenden Ableitungen ab. Es ist wichtig, auch die Ableitungen aufschreiben zu lassen, damit die Kinder ein Gespür dafür bekommen, dass die Ausnahmeschreibung auch in den abgeleiteten Wörtern erhalten bleibt. Außerdem sollten die Kinder die Ausnahmeschreibung im Grundwort markieren.

Beispiele

Hai – *der Hai, die Haie*
doof – *doof, doofer, am doofsten*
leihen – *ich leihe, du leihst, er leiht*
nehmen – *ich nehme, du nimmst, er nimmt*

Das Mitsprechen wird in diesem Lernbereich weitergeführt und ergänzt durch ein „Formulieren der kritischen Stelle". Die Kinder lesen beispielsweise: *„hüpfen – mit* pf*"* und sprechen beim Schreiben: *<h ü p – f e n>*.

Beim **Partnerdiktat** gehen die Kinder analog vor. Kind 1 spricht das Grundwort und verbalisiert die kritische Stelle im Wort, Beispiele: *„Boot – mit zwei o." – „Vater – mit V am Anfang."* Oder: *„Fuchs – mit chs am Ende."* Kind 2 schreibt das Grundwort mit der Ableitung und unterstreicht die kritischen Stellen.

Damit die Kinder auch in zusammengesetzten Wörtern die Ausnahmeschreibungen erkennen, ist es sinnvoll, die Schreibaufgaben zu ergänzen. Die Kinder schreiben zu jedem Wort vier beliebige zusammengesetzte Wörter von der Rückseite der Karteikarte. Beim Partnerdiktat sucht das diktierende Kind diese Wörter aus.

Beispiele

Kind 1 diktiert	Kind 2 schreibt
*pfeifen mit **pf** am Anfang* *Anpfiff, pfiffig, Pfeifchen, Pfeifton*	*pfeifen – ich pfeife, du pfeifst, er pfeift* *Anpfiff, pfiffig, Pfeifchen, Pfeifton*
*wechseln mit **chs*** *abwechseln, Wechselgeld, Verwechslung*	*wechseln – ich wechsle, du wechselst, er wechselt* *abwechseln, Wechselgeld, Verwechslung*
*leihen – mit **h*** *Leihwagen, Leihgebühr, Verleih*	*leihen – ich leihe, du leihst, er leiht* *Leihwagen, Leihgebühr, Verleih*

■ **4. Schritt – über die Ausnahmeschreibung nachdenken:** Soweit dies möglich und sinnvoll ist, sollen die Kinder die Ordnung der Ausnahmeschreibungen und deren Begrenztheit kennen lernen. Hierfür können sie die Sortieraufgaben nutzen und mit Aufgaben zum Nachdenken ergänzen. Allerdings wird man hier unterscheiden müssen zwischen leistungsstarken Kindern einerseits bzw. langsam lernenden andererseits. Mit den verschiedenen Lerngruppen wird man ausprobieren, ob die Aufgaben zum Nachdenken angemessen sind und die Kinder weiterführen oder nicht.

Sortieren, sammeln, schreiben, nachdenken

In diesem Kapitel beschreibe ich zu den einzelnen Rechtschreibphänomenen die Wörter des Modellwortschatzes (Schritt 1 = sortieren), gebe – wenn möglich – vollständige Wörterlisten an (Schritt 2 = sammeln) und erläutere Beispielaufgaben zum Nachdenken (Schritt 4 = nachdenken). In den folgenden Übersichten (Modell-/Gebrauchswortschatz) sind die Wörter des Modellwortschatzes *kursiv* geschrieben. Die aufgeführten Wörter des Gebrauchswortschatzes beziehen sich auf eine Analyse der Wortstämme der deutschen Gegenwartssprache. Nicht aufgenommen wurden Ableitungen.

Wörter mit pf

Wörter mit *pf* am Wortanfang:

- Modellwortschatz: *pfeifen, Pfennig, Pferd, pflanzen, Pflaster, pflücken, pflügen, Pfund*
- Gebrauchswortschatz: Pfad, Pfaffe, Pfahl, Pfand, Pfanne, Pfarre, Pfau, Pfeffer, *pfeifen*, Pfeil, Pfeiler, *Pfennig*, Pferch, *Pferd*, Pfifferling, Pfingsten, Pfirsich, *Pflanze*, *Pflaster*, Pflaume, pflegen, Pflicht, Pflock, *pflücken*, *Pflug*, Pforte, Pfosten, Pfote, Pfriem, Pfropf, Pfründe, Pfuhl, pfui, *Pfund*, pfuschen, Pfütze

Wörter mit *pf* im Wortinneren:

- Modellwortschatz: *Apfel, Apfelsine, hüpfen, kämpfen, klopfen, schimpfen, stopfen*
- Gebrauchswortschatz: Ampfer, *Apfel*, empfangen, empfehlen, empfinden, Gipfel, Hopfen, *hüpfen*, impfen, *kämpfen*, Kampfer, Karpfen, Klampfe, *klopfen*, knüpfen, Krapfen, Kupfer, lüpfen, mampfen, Opfer, rümpfen, rupfen, *schimpfen*, schlüpfen, Schnepfe, schnupfen, schöpfen, schröpfen, schrumpfen, stampfen, stapfen, *stopfen*, tapfer, Tropfen, tupfen, Wipfel, Zapfen, Zipfel, zupfen
- Hierin Wörter mit *mpf*: Ampfer, impfen, *kämpfen*, Kampfer, Klampfe, mampfen, rümpfen, schrumpfen, stampfen

Wörter mit *pf* am Wortende:

- Modellwortschatz: *Knopf, Kopf, Strumpf, Sumpf, Topf, Zopf*
- Gebrauchswortschatz: Dampf, dumpf, glimpflich, *Knopf, Kopf*, Krampf, Kropf, Napf, Pfropf, Rumpf, Schopf, *Strumpf*, stumpf, *Sumpf, Topf*, Trumpf, *Zopf*
- Hierin Wörter mit *mpf*: Dampf (Dampfer), dumpf (dumpfer), glimpflich (verunglimpfen = abgeleitet von dem veralteten Verb *glimpfen = rücksichtsvoll*. Es ist nur noch gebräuchlich in *verunglimpfen = verleumden* (= nicht rücksichtsvoll sein) und *glimpflich = schonend, rücksichtsvoll, nachsichtig*), Krampf (Krämpfe), Rumpf (Rümpfe/rümpfen), Strumpf (Strümpfe), stumpf (stumpfer), Sumpf (Sümpfe), Trumpf (Trümpfe)

Dazu bieten sich folgende Aufgaben zum Nachdenken an:

> *Sprecht euch die Wörter gegenseitig vor! Bei welchen Wörtern könnt ihr das* [pf] *eindeutig hören?*
> *Zur Probe könnt ihr die Wörter einmal mit* [p] *und einmal mit* [f] *sprechen.*
> *Beispiel: Knopf – Knof – Knop, hüpfen – hüfen – hüpen*
> *In der niederdeutschen Mundart findet ihr übrigens häufig die Wörter nur mit* [p] *gesprochen.*
> *Schreibt die Wörter auf, bei denen ihr das pf nicht deutlich hören könnt!*

Wörter mit v

Wörter, die am Wortanfang mit [f] gesprochen und mit *v* geschrieben werden:

- Modellwortschatz: *Vater, Vetter, Vieh, Vogel, Volk* sowie: *viel, vier, voll, vom, von, vor, vorne*
- Gebrauchswortschatz: *Vater*, Veilchen, Veitstanz, Vernunft, Vers, Vesper, Vettel, *Vetter*, *Vieh*, Vlies, *Vogel*, Vogt, *Volk*

Wörter, die im Wortinneren mit *v* geschrieben und [f] gesprochen werden:

- Gebrauchswortschatz: Larve, Levkoje, hieven ([hi:fn] auch [hi:vn]), live (mit stummem e, daher Auslautverhärtung [v] – [f]), Frevel, Pulver ([pulfɐ] auch [pulvɐ])

Dazu bieten sich folgende Aufgaben zum Nachdenken an:

> *Wenn du die Vorsilben ver- und vor- kennst, dann brauchst du dir nur ganz wenige Wörter zu merken, bei denen wir ein* v *schreiben und ein* [f] *sprechen. Wie viele Wörter hast du schon gefunden?*
> *Kannst du herausfinden, wie der Buchstabe v in Fremdwörtern gesprochen wird? Wie sprichst du diesen Buchstaben beispielsweise in den Wörtern* Klavier *und* Violine*? Kannst du noch mehr Fremdwörter finden, die mit v geschrieben werden?*
> *Später wirst du lernen, woran du Fremdwörter erkennen kannst. Dann wird dir auch diese Schreibung keine Schwierigkeiten mehr bereiten.*

Wörter mit ai

- Modellwortschatz: *Hai*, *Kai*, *Kaiser*, *Mai*, *Mais*
- Gebrauchswortschatz: Bai, *Hai*, Hain, *Kai*, *Kaiser*, Laib, Laich, Laie, *Mai*, Maid, *Mais*, Maische, Rain, Saite, Waise

Dazu bieten sich folgende Aufgaben zum Nachdenken an:

> *Es gibt nur wenige Wörter, die mit* ai *geschrieben werden. Dies sind fast alles Fremdwörter.*
> *Kannst du herausfinden, wo die Wörter herkommen? Schau dir hierzu die Fremdwörter auf der Vorderseite der Karteikarten an!*
> *Sicherlich kennst du noch mehr Fremdwörter, die mit* ai *geschrieben werden. Viele davon werden ganz anders gesprochen. Welchen Laut sprichst zu z. B. in dem Wort Training und welchen in Mosaik, Medaille oder Portrait?*
> *Später wirst du lernen, woran du Fremdwörter erkennen kannst. Eine typische Fremdwortschreibung kennst du jetzt bereits.*

Wörter mit chs

Bei den Wörtern, die mit *chs* geschrieben werden, können wir unterscheiden zwischen den Tiernamen und Wörtern mit altem Ursprung.

- Modellwortschatz: Tiernamen: *Dachs*, *Eidechse*, *Fuchs*, *Lachs*, Luchs, *Ochse*; sonstige Wörter mit *chs*: *Achse*, *Büchse*, *sechs*, *Wachs*, *wachsen*, *wechseln*, *erwachsen*
- Gebrauchswortschatz: *Achse*, Achsel, Buchs-, *Büchse*, Deichsel, drechseln, Flachs, Flechse, Hachse, Sachs, *sechs*, *Wachs*, *wachsen*, *wechseln*/Wechsel, Weichsel, wichsen/ Wichse

Dazu bieten sich folgende Aufgaben zum Nachdenken an:

> *Es gibt nur sehr wenige Wörter, die wir mit chs schreiben. Wie viele Wörter hast du gefunden? Schau dir auf den Karteikarten die Erklärungen zu den Wörtern an! Hier ist beschrieben, warum wir in manchen Wörtern chs schreiben.*
> *In den meisten deutschen Wörtern, in denen wir* [ks] *sprechen, schreiben wir chs. Es ist daher einfacher, sich die wenigen deutschen Wörter zu merken, die mit x geschrieben werden. Einige dieser Wörter hast du im Modellwortschatz Teil 1 kennen gelernt. Suche Wörter, die mit x geschrieben werden, und schreibe sie auf! Wie viele Wörter mit x kannst du finden? Die meisten Wörter, die wir mit x schreiben, sind Fremdwörter. Diese lernst du später noch kennen.*

Wörter mit Doppelvokal

- Modellwortschatz:
  - Doppel-a: *Aal, Haar, Paar, Saal, Waage*
  - Doppel-e: *Beere, Beet, Fee, Idee, Kaffee, Klee, leer, Meer, Schnee, See, Speer, Tee, Teer*
  - Doppel-o: *Boot, doof, Moor, Moos, Zoo*
- Gebrauchswortschatz:
  - Doppelvokal-a (11): *Aal*, Aar, Aas, *Haar*, Maar, Maat, *Paar*, *Saal*, Saat, Staat, *Waage*
    Die Wörter mit Doppel-*a* haben einen sehr unterschiedlichen Hintergrund. Sie sind niederdeutschen Ursprungs *(Maat)*, Fremdwörter *(Maare, Staat)* oder altdeutsche Wörter *(Aal, Aar, Aas, Haar, Paar, Saal, Waage)*. Da Schreibungen mit Doppel-*a* in Fremdwörtern nicht vorkommen (eine solche Schreibung gibt es sonst nur noch im Finnischen), können wir dies als eine typisch deutsche Schreibung betrachten. Vermutlich ist diese Schreibung erst spät und in Anlehnung an das Doppel-*e* eingeführt worden.
  - Doppelvokal-e (18): Beelzebub, *Beere*, *Beet*, *Fee*, Geest, Heer, *Klee*, leer, Lorbeer, *Meer*, Reede, Reep, scheel, *Schnee*, *See*, Seele, *Speer*, *Teer*
    Regelhaft schreiben wir einsilbige Wörter bei lang gesprochenem [e:] mit Doppelvokal. Die einzige Ausnahme ist hier *Seele*.
  - Doppelvokal-o (6): Boot, doof, Koog, Moor, Moos, Zoo
    Die Wörter mit Doppel-o sind aus der niederdeutschen bzw. niederländischen Sprache übernommen. Ausnahme hier ist das Wort *Zoo*, eine Abkürzung des wissenschaftlichen Begriffs *Zoologie* (gr. = Tierkunde).

Dazu bieten sich folgende Aufgaben zum Nachdenken an:

> *Wie viele Silben haben die meisten Wörter mit Doppelvokal?*
> *Zu welchem Doppelvokal hast du die meisten Wörter gefunden?*
> *Prüfe, woher die Wörter mit oo kommen!*
> *Kannst du deutsche Wörter mit ii oder uu finden? Warum ist das so?*

Es gibt nur wenige deutsche Wörter aus dem Gebrauchswortschatz mit Doppelvokal: 10 Wörter mit *aa*, 19 Wörter mit *ee* und 5 Wörter mit *oo*.

Wörter mit i bei lang gesprochenem [iː]

- Modellwortschatz: *Bibel, Biber, Fibel, Igel, Tiger*
- Gebrauchswortschatz: *Bibel, Biber*, Bison, *Fibel*, Fiber, Giraffe, *Igel*, Lilie, Milan, Mine, Primel, Sigel, *Tiger*, Titel, Viper, wider, Wisent

Dazu bieten sich folgende Aufgaben zum Nachdenken an:

> *Es gibt nur wenige Tiere, die mit* ie *geschrieben werden. Welche sind das? Außer dem Wort* Fibel *sind alle Wörter, die mit langem* [iː] *gesprochen und nur mit i geschrieben werden, Fremdwörter. Später wirst du lernen, woran du Fremdwörter erkennen kannst.*

Wörter mit Dehnungs-h

- Modellwortschatz: *Mehl, wohl, kühl, Stuhl, Höhle, fehlen, fühlen, wählen, zählen, zahlen, lahm, nehmen, Bahn, Hahn, Huhn, Sohn, Zahn, zehn, ohne, Bohne, wohnen, Jahr, wahr, Ohr, Uhr, fahren, führen, rühren, kehren, lehren, Verkehr, während*
- Gebrauchswortschatz:
  - Wortstämme mit Dehnungs-*h* (100): ahnden, ähneln, ahnen, Ähre, allmählich, *Bahn*, Bahre, Bohle, *Bohne*, bohnern, bohren, Bühne, Dahlie, dehnen, Dohle, Drohne, dröhnen, Ehre, fahnden, Fahne, *fahren*, Fährte, *fehlen*, Fohlen, Föhn, *fühlen, führen*, gähnen, *Hahn, hohl*, Hohn, *Huhn*, ihm, ihn, ihr, *Jahr*, johlen, kahl, Kahn, Kehle, *kehren*, Kohl, Kohle, *kühl*, Kuhle, kühn, *lahm*, Lehm, Lehne, Lehre, *lehren*, Lohn, Mahl, mahlen, Mähne, mahnen, *Mehl*, mehr, Mohn, Mohr, Möhre, Mühle, nähren, *nehmen*, Ohm, *ohne*, Ohr, Pfahl, prahlen, Rahm, Rahmen, Rohr, Ruhm, Ruhr, *rühren*, Sahne, Sehne, sehr, Sohle, *Sohn*, Stahl, stehlen, stöhnen, Strahl, Strähne, *Stuhl*, Sühne, *Uhr*, *Wahl*, Wahn, *wahr*, wahren, Währung, wehren, *wohl, wohnen*, wühlen, *Zahl*, zahm, *Zahn, zehn*
  - Alte und selten vorkommende Wörter (18): Ahle, Ahn, buhlen, Buhne, fahl, Fehde, Föhre, gehren, hehlen, hehr, Kahm, Mahr, Mähre, Nehrung, Pfuhl, Prahm, Suhle, zehren
  - Zusammensetzungen, Grundwort kommt nicht alleine vor (30): ablehnen, Argwohn, befehlen, begehren, benehmen, bewähren, empfehlen, entbehren, erwähnen, erzählen, Fahrenheit, Gebühr, Gefahr, genehm, gewahr, gewähren, Gewahrsam, gewöhnen, Maßnahme, nachahmen, ungefähr, unternehmen, *verkehren*, vermählen, versehren, vornehm, verwahren, vorkehren, wahrnehmen, Wahrzeichen

(Das Wort *Draht* wird nicht aufgeführt, da es von *drehen* abgeleitet ist – Erhalt des Wortstamms mit dem Silben trennenden *h*.)

Übersicht – Sortierung nach Folgekonsonanten:

	L	**m**	**n**	**r**
a	Ahle, Dahlie, fahl, kahl, Mahl, mahlen, Pfahl, prahlen, Sahne, Stahl, Strahl, *Wahl*, *Zahl*	Kahm, *lahm*, nachahmen, Prahm, Rahm, Rahmen, zahm; (Maßnahme)	Ahn, ahnden, ahnen, *Bahn*, fahnden, Fahne, *Hahn*, Kahn, mahnen, Wahn, *Zahn*	Bahre, *fahren*, gewahr, *Jahr*, Mahr, *wahr*, wahren; (Fahrenheit, Gefahr, Gewahrsam, verwahren, Wahrzeichen)
ä	allmählich, vermählen; (erzählen)		ähneln, gähnen, Mähne, Strähne; (erwähnen)	Ähre, Fährte, gewähren, Mähre, nähren, Währung; (bewähren, ungefähr)
e	empfehlen, *fehlen*, hehlen, Kehle, *Mehl*, stehlen; (befehlen)	genehm, Lehm, *nehmen*; (benehmen, unternehmen, wahrnehmen)	dehnen, Lehne, lehren, Sehne, vornehm, *zehn*; (ablehnen)	begehren, Ehre, entbehren, gehren, hehr, *kehren*, *Lehre*, mehr, Nehrung, sehr, versehren, wehren, zehren; (*verkehren*, vorkehren)
i		ihm	ihn	ihr
o	Bohle, Dohle, Fohlen, *hohl*, johlen, Kohl, Kohle, Sohle, *wohl*	Ohm	*Bohne*, bohnern, Drohne, Hohn, Mohn, *ohne*, Lohn *Sohn*, *wohnen;* (Argwohn)	bohren, Mohr, *Ohr*, Rohr
ö			dröhnen, Föhn, gewöhnen, stöhnen	Föhre, Möhre
u	buhlen, Kuhle, Pfuhl, *Stuhl*, Suhle	Ruhm	Buhne, *Huhn*	Ruhr, *Uhr*
ü	*fühlen*, *kühl*, Mühle, wühlen		Bühne, kühn, Sühne	*führen*, Gebühr, *rühren*

Dazu bieten sich folgende Aufgaben zum Nachdenken an:

> *Prüfe, welche Buchstaben nach einem Dehnungs-h folgen! Schreibe auf, was du herausgefunden hast! Sortiere die Wörter danach, ob vor dem lang gesprochenen Vokal ein Konsonant oder mehrere Konsonanten stehen!*
> *Was fällt dir auf? Welche Konsonantenfolgen können vor einem lang gesprochenen Vokal mit Dehnungs-h stehen?*
> *Es gibt nur wenige Wörter, in denen auf einen einzelnen Konsonanten ein lang gesprochener Vokal ohne Dehnungs-h vor l, m, n oder r folgt. Sammle solche Wörter! Beispiele hierfür sind: Name, Same, Dame, Dom.*

Wörter mit eih

- Modellwortschatz: *Geweih, leihen, Reihe, verzeihen*
- Gebrauchswortschatz: gedeihen, *Geweih, leihen, Reihe*, Reiher, seihen, weihen, Weiher, zeihen (*verzeihen*)

Dazu bieten sich folgende Aufgaben zum Nachdenken an:

> *Nach einem Doppellaut (au, ei, eu) steht niemals ein Silben trennendes h.*
> *Die Wörter, die du hier gefunden hast, bilden die Ausnahmen. Es gibt nur 10 Wörter, die mit eih geschrieben werden. Drei davon findest du im Modellwortschatz.*
> *Schaue dir die Erklärungen zu den Wörtern an! Diese Wörter sind schon sehr alt. Wie wurden die Wörter früher geschrieben? Überlege dir einen Satz, in dem möglichst viele Wörter mit eih vorkommen! Vielleicht kannst du dir so die wenigen eih-Wörter merken.*
> *Es gibt einige wenige zusammengesetzte Wörter mit eih. Bei manchen Wörtern kannst du das Silben trennende h hörbar machen. Schwierig sind die Wörter, die du erst zerlegen musst, um das Silben trennende* h *hörbar zu machen. Welche Wörter kennst du?*
> *gedeihen (gedeihlich) – Geweih – leihen (Anleihe, ausleihen, Ausleihe, beleihen, entleihen, verleihen) – reihen (Reihe, aufreihen, einreihen) – Reiher – seihen – weihen (Weihnacht(en), Weihrauch; Kirchweih; Weihe, weihevoll; einweihen) – Weiher – zeihen (verzeihen, Verzeihung)*

Wörter mit Konsonantenverhärtung im Wort

- Modellwortschatz: *Erbse, Herbst, hübsch, Jugend, niedlich, Obst, ordnen*
- Gebrauchswortschatz:
  - Nicht ableitbare Wörter: In der deutschen Gegenwartssprache gibt es einige wenige Wörter mit Konsonantenverhärtung im Wortinneren. Diese Konsonantenverhärtung ist bei den deutschen Wörtern in der Regel auf den Wegfall eines früheren Vokals zurückzuführen: Abt, abwesend, Angst, Erbse, Griebs, Hengst, Herbst, hübsch, jeglich, jeglicher, Krebs, leugnen, Obst, ordnen, redlich, Stieglitz, unentwegt, Vogt, weidlich, widmen

- Wortzusammensetzungen: In einigen deutschen Wörtern ist die Konsonantenverhärtung im Wortinneren auf nicht mehr erkennbare Wortzusammensetzungen und Ableitungen zurückzuführen: Adler, Lebkuchen, Rebhuhn, Stegreif, ereignen, Mädchen, Magd, möglich, niedlich
- Fremdwörter: In Fremdwörtern ist die Konsonantenverhärtung im Wortinneren in der Regel auf nicht mehr erkennbare Vorsilben oder Wortzusammensetzungen zurückzuführen: Advent, Advokat, bugsieren, ignorieren, Oblate, Wodka

Dazu bieten sich folgende Aufgaben zum Nachdenken an:

> *Schau auf den Karteikarten nach, wie die Wörter früher geschrieben wurden! Kannst du erklären, warum wir im Wort einen anderen Buchstaben schreiben, als wir hören?*
> *Es gibt nur wenige Wörter, bei denen du im Wort ein* [p], [t] *oder* [k] *hörst, aber ein* b, d *oder* g *schreibst. Wenn du ein solches Wort findest, dann schreibe es auf und schlage nach, wo das Wort herkommt und wie es früher geschrieben wurde! Meist kannst du aus der Geschichte des Wortes erfahren, warum wir das Wort anders als erwartet schreiben.*

Funktionswörter

Als Funktionswörter fasse ich alle nicht bedeutungstragenden Wörter (Nomen, Adjektive, Verben, Adverbien) zusammen. Dazu gehören die Partikel, Pronomen, Artikel, Numerale und Interjektionen. Die Funktionswörter werden in der deutschen Rechtschreibung häufig „regelhaft nicht regelhaft" geschrieben. Dies betrifft Wörter wie z. B. in der Tabelle auf S. 207.

Dazu bieten sich folgende Aufgaben zum Nachdenken an:

> *Es gibt einige kurze Wörter, die weder Nomen noch Adjektive oder Verben sind. Diese Wörter haben nur im Satzzusammenhang eine Bedeutung. Daher nennen wir sie auch Funktionswörter. Viele dieser Funktionswörter werden anders geschrieben, als wir es nach den Regelungen der Rechtschreibung erwarten.*
> *Beispiele:*
> *Wir schreiben mit, müssten aber nach kurzem Vokal eigentlich schreiben *mitt.*
> *Wir schreiben und, müssten aber am Ende eigentlich ein t schreiben, da wir das Wort nicht verlängern können.*
> *Kannst du weitere Beispiele finden?*
> *Wie müssten wir eigentlich folgende Wörter schreiben:*
> *an, in, im, vor, von, mit, um, bin, sind, seid, das, er, es, wir, ihr, ihn, ihm, und, ver-, end-, weg-, warum, weshalb, was, wer, wen, wem?*

	man schreibt	**man müsste schreiben**
Pronomen	er es wir ihr ihn ihm	(eer) (ehr) ess wier ier ien iem
Konjunktionen	und	unt
Hilfsverben	bin sind seid	binn sint seit
Artikel	das	dass
Fragepronomen	was wer wen wem	wass weer (wehr) ween (wehn) weem (wehm)
Frageadverbien	warum weshalb	warumm wesshalb
Präpositionen	an in im vor von mit um	ann inn imm for fonn mitt umm
Vorsilben, Nachsilben	ver- end- weg-	fer- ent- wek-
	-in	-inn

2.9 Exkurs: Übungen mit dem Wörterbuch

Voraussetzungen und Lernziele

Vor der Benutzung eines Wörterbuches ist es wichtig, dass die Kinder ein Gespür dafür aufgebaut haben, wann es sinnvoll ist, ein Wort nachzuschlagen (siehe hierzu die Beschreibungen zu den Rumpelkammerübungen in den Anleitungen zu den Lernbereichen). Erst vor diesem Hintergrund können sie ein Wörterbuch für die Erweiterung ihrer Rechtschreibkompetenz mit Ertrag nutzen. Bei den Übungen zur Benutzung eines Wörterbuches ist auf zweierlei zu achten:

1. Das Ziel sollte den Kindern klar sein.
2. Das nachzuschlagende Wort muss für das Kind einen Sinn haben.

Wenn diese beiden Bedingungen nicht erfüllt sind, werden Wörterbuchübungen nur die Technik des Nachschlagens vermitteln. Das jedoch reicht nicht aus, um Kinder dazu zu führen, im Bedarfsfall auch wirklich ein Wort nachzuschlagen.

■ **1. Das Ziel sollte den Kindern klar sein:** Es geht bei diesen Übungen darum zu lernen, wie man ein Wort schnell (und sicher) in einem Wörterbuch findet. Daher verbieten sich hierfür vor allem Wett- und Lernspiele, da mit ihnen ein „sekundäres Ziel" (Punkte sammeln, gewinnen) eingeführt wird, wodurch das eigentliche Ziel (*Ich will Wörter richtig nachschlagen können*) in den Hintergrund tritt.

Dieses eigentliche Ziel kann ein Kind nur erreichen, wenn es die „kritischen Stellen" in einem Wort kennt. Hierfür sind vor allem die Kenntnis der Ausnahmeschreibungen und die Prinzipien der Fremdwortschreibungen wichtige Voraussetzungen.

Nur aus einer wortbezogenen Verunsicherung heraus kann man Alternativschreibungen im Wörterbuch suchen. Wenn ich ein Wort im Wörterbuch nachschlage, dann bin ich unsicher, ob das Wort mit oder ohne Dehnungs-*h,* mit *c* oder *k* am Wortanfang, mit *i* oder *y*, mit einem *e* oder Doppelvokal, mit *x* oder *chs* usw. geschrieben wird. Ohne eine solche wortbezogene Verunsicherung kann ich nie sicher sein, ob das Wort, das ich nicht finde, irgendwie anders geschrieben wird oder einfach nur in diesem „Kinderwörterbuch" fehlt.

Beispiele

Computer: Ein Kind wird zunächst **Kombjuter* (oder ähnlich) schreiben und sicher sein: *Das Wort wird so geschrieben, wie es gesprochen wird.* Erst wenn das Kind ein Gespür für Fremdwörter hat (in diesem Beispiel sind

Anhaltspunkte die Mehrsilbigkeit des Wortstamms, die Lautfolge [pj] oder auch das [k] am Wortanfang), wird es bei diesem Wort unsicher werden und das Wörterbuch zu Hilfe nehmen. Nun weiß das Kind, wenn es dieses Wort nicht unter der Sortierung <K> findet, dass es jetzt bei <C> nachschlagen muss.
erzählen: Solange das Kind die Ausnahmeschreibung des Dehnungs-*h* nicht kennt, wird es **erzälen* oder gar **erzelen* (im Lernbereich LB/LD) schreiben. Wenn das Kind Wörter mit Dehnungs-*h* kennen gelernt oder schon herausgefunden hat, dass ein Dehnungs-*h* häufig nach einfachem Konsonanten und Vokal steht, wird es bei diesem Wort aufmerksam oder unsicher sein. Es wird sich, da es schon Wörter ableiten kann (WU/WZ), möglicherweise sogar fragen, ob dieses Wort mit dem Wort *zählen* oder *Zahl* zusammenhängt.

Vor diesem Hintergrund der wortspezifischen Verunsicherung wird das Kind die Lösung überhaupt erst im Wörterbuch finden können. Wenn das Kind das Wort nicht unter der Sortierung <ERZÄL> findet, dann wird es selbstverständlich bei <ERZÄH> nachschlagen. Und wenn es auch hier das Wort nicht findet, wird es bei <ZAL> oder <ZAH> weitersuchen.

Um ein Wort, von dem ich nicht genau weiß, wie es geschrieben wird, im Wörterbuch suchen zu können, muss ich eine „Vermutung" über verschiedene mögliche Schreibungen haben (wortspezifische Verunsicherung). Hierfür brauche ich aber eine hohe Rechtschreibkompetenz. Ich muss nicht nur ein Gespür für „kritische Stellen" haben, sondern auch mögliche Alternativschreibungen kennen.

Ziel ist es weiterhin, dass die Kinder lernen, wie das benutzte Wörterbuch aufgebaut ist und welche Wörter im Wörterbuch gefunden werden können. Dies ist (wie oben beschrieben) von Wörterbuch zu Wörterbuch verschieden.

Da viele Wörter in den Wörterbüchern für Kinder nur in der Grundform zu finden sind, sollten die Kinder zuvor die Lernbereiche WU (Wörter umformen und ableiten) und WZ (Wörter zerlegen) bearbeitet haben.

Die alphabetische Orientierung unserer Buchstaben sollte den Kindern von Beginn an über das Anlautlineal (und später über die Übungen zum Lernbereich LB) vermittelt werden und zu diesem Zeitpunkt bekannt sein.

■ **2. Das nachzuschlagende Wort muss für das Kind einen Sinn haben:** Sollen die Kinder ein Wort nachschlagen, um seine Schreibung herauszubekommen, müssen Sie für die Übungen auch Wörter wählen, die rechtschriftliche Besonderheiten oder Ausnahmen beinhalten.

Sollen die Kinder ein Wort nachschlagen, um seine Bedeutung kennen zu lernen, dann sollten Sie Wörter für die Übung auswählen, die den Kindern nicht geläufig oder unbekannt sind.

Die hierbei gemachte Erfahrung führt schließlich dazu, dass die Kinder das Wörterbuch später auch von selbst nutzen. Von einem rein mechanischen Üben ist an dieser Stelle abzuraten. Die Kinder können dann zwar ein Wort nachschlagen, werden dieses Können jedoch nicht selbstständig anwenden, wodurch das eigentliche Lernziel verfehlt wird. Jede Übung zur Handhabung eines Wörterbuches muss diese beiden Ziele (Automatisierung der Handhabung eines Wörterbuches und Orientierung am Interesse der Kinder) und die hierzu gehörenden Voraussetzungen im Blick haben.

Partner- oder Kleingruppenübungen

Partner- oder Kleingruppenübungen bieten eine gute Möglichkeit, beide Ziele in einer Übung zusammenzubringen. Zum Arbeitsauftrag und zur Vorgehensweise: Jedes Kind sucht in seinem Wörterbuch (das können bei mehreren Kindern durchaus verschiedene sein) ein Wort, das mit dem bisher erworbenen Rechtschreibwissen noch nicht sicher geschrieben und hergeleitet werden kann (Rumpelkammerwort). Das Kind schreibt das gesuchte Wort auf und bildet mit diesem Wort einen Satz (durch den die Bedeutung des Wortes deutlich wird).

Reihum nennt nun jedes Kind das von ihm ausgesuchte Wort. Zur Verdeutlichung liest das Kind auch das Wort im Satzzusammenhang vor. Die anderen Kinder schlagen das Wort nach und schreiben

- das gesuchte Wort,
- die Seite/Spalte im Wörterbuch,
- das nächste Wort im Wörterbuch.

Diese sehr einfache Aufgabenstellung hat verschiedene Vorzüge:

1. Die Kinder können sich ohne große Erklärungen selbst viele Übungen zum Auffinden von Wörtern im Wörterbuch stellen. Da die Aufgabenstellung gleich bleibt, ergibt sich auch schnell eine Automatisierung.
2. In der Regel wird das Kind so vorgehen, dass es in dem Wörterbuch blättert und einige Wörter durchliest, bis es auf ein „schwieriges" Wort trifft (z. B. mit Dehnungs-*h*). Dabei muss das von dem Kind ausgesuchte Wort zwangsläufig verschiedene Kriterien erfüllen:
   - Das Wort muss dem Kind bekannt sein, sonst hat es Schwierigkeiten, mit diesem Wort einen Satz zu bilden.
   - Das Wort muss Elemente enthalten, die über den aktuellen Lernbereich hinausgehen und/oder eine Ausnahmeschreibung enthalten, oder das Wort muss ein Fremdwort sein.
3. Diese zweite Bedingung (Rumpelkammerwort) richtet die Aufmerksamkeit des Kindes auf Wörter, die es lohnt, nachzuschlagen. Um ein

„schwieriges“ Wort herauszusuchen, muss es wissen, was es schon sicher weiß und was es noch nicht weiß. Indem das Kind „schwierige“ Wörter heraussucht, wird es sein Gespür für Ausnahmeschreibungen und Fremdwörter weiterentwickeln und schärfen.

4. Zugleich sind die anderen Kinder „vorgewarnt“. Sie werden in den ausgesuchten Wörtern der Arbeitspartner eine Besonderheit oder Ausnahmeschreibung vermuten. Das stärkt ihr Gespür für „kritische Stellen“. So sammeln sie Erfahrung, bei welchen Wörtern es sich lohnt, das Wörterbuch zu benutzen. Andererseits stecken hierin Risiko und Chance zugleich. Wenn die Kinder nur Wörter mit Ausnahmeschreibungen auswählen, werden die anderen Kinder ein Gespür hierfür entwickeln und eine Ausnahmeschreibung (z. B. ein Dehnungs-*h*) vermuten und das Wort, auch ohne nachzuschlagen, während dieser Übung richtig schreiben. Daher ist es nicht verkehrt, wenn die Kinder bei dieser Aufgabenstellung immer wieder auch Wörter nennen, die keine Besonderheit oder Ausnahme enthalten. So können sich die Kinder nie ganz sicher sein, dass das Suchwort wirklich mit dem vermuteten Dehnungs-*h*, Doppelvokal oder *v* geschrieben wird. Genau dies führt zu der nun schon mehrfach beschriebenen wortbezogenen Verunsicherung.
5. Wenn die Kinder in kleinen Gruppen zusammenarbeiten, ergibt sich eine gewisse Bandbreite bei den ausgewählten Schwierigkeiten. Da die Ausnahmeschreibungen jedoch insgesamt sehr begrenzt sind, werden immer wieder gleiche Rechtschreibschwierigkeiten thematisiert. Auch dies stärkt bei den Kindern das Gespür dafür, bei welchen Wörtern sich das Nachschlagen lohnt.
6. Die Gruppenarbeit führt in der Regel dazu, dass die Kinder versuchen, „schwierige“ Wörter vorzugeben, den anderen Kindern also die Aufgabe möglichst schwierig zu gestalten. Genau hierdurch werden sie auf eine Reihe von Tücken der Wörterbucharbeit aufmerksam, z. B. dass
   - bestimmte Laute gerade am Wortanfang schwierig zu finden sind (z. B. [k] als *c* oder *ch* geschrieben),
   - abgeleitete Wörter beim Grundwort zu finden bzw. zu suchen sind,
   - zusammengesetzte Wörter beim Grundwort stehen (manchmal auch beim Bestimmungswort).
7. Gerade wenn die Kinder verschiedene Wörterbücher benutzen, erfahren sie bei dieser Übung einiges über deren Vor- und Nachteile:
   - Wörterbücher ohne Worterklärungen grenzen die Wortanzahl für die Aufgabenstellung auf jene Wörter ein, die dem Kind bereits bekannt sind. Sie sind also für die Aufgabenstellungen nicht ganz so interessant, da hier kaum „schwierige Wörter“ zu finden sind. Sie ermöglichen dem Kind auch nicht, neue Wörter kennen zu lernen.

- Wörterbücher, die auch Ableitungswörter enthalten, erschweren häufig das Suchen, da bei der Suche auf den dritten oder gar vierten Buchstaben hin differenziert werden muss. Dafür haben diese Wörterbücher den Vorteil, dass man die Suchwörter zuvor nicht abzuleiten oder zu zerlegen braucht. Aus dieser Erfahrung entwickeln die Kinder ein Gespür dafür, womit sie besser zurechtkommen, welches Wörterbuch für ihre Vorgehensweise besser geeignet ist.
- In Grundschulwörterbüchern kommen häufig gerade jene Wörter nicht vor, die zur Alltagssprache der Kinder gehören (z. B. *Handy*, *Döner*, *Inliner*, *Gameboy*, *Mountainbike*). Werden solche Wörter als Vorgabewörter ausgewählt, dann werden einige Kinder in der Gruppe das Wort nicht finden. So können sie erfahren, dass es in „Kinderwörterbüchern" zwar leichter ist, ein Wort zu finden, da diese nicht sehr umfangreich sind. Sie werden sich aber fragen, was ihnen solche Wörterbücher nützen, wenn die für sie „wichtigen" Wörter dort nicht zu finden sind. Aus dieser Erfahrung heraus werden sich einige Kinder auch an umfangreichere Wörterbücher herantrauen.

8. Das Aufschreiben der Seitenzahlen und des im Wörterbuch an nächster Stelle stehenden Wortes dient einer weiteren Erfahrung:
   - Je nachdem, wie das Wörterbuch aufgebaut ist, kann das gesuchte Wort an verschiedenen Stellen gefunden werden. Dies gilt insbesondere für abgeleitete und zusammengesetzte Wörter, die entweder beim Grundwort oder als selbstständiger Wörterbucheintrag erscheinen können. Der Austausch in der Gruppe vermittelt den Kindern ein Gespür dafür, dass sie, je nach Wörterbuch, ein Wort an verschiedenen Stellen *suchen* müssen.
   - Die Folgewörter machen darauf aufmerksam, dass der Wortschatz zwischen den einzelnen Wörterbüchern stark variiert. Diese Erfahrung können die Kinder auch dann machen, wenn die Suchwörter von allen anderen Kindern gefunden werden.
   - Das Folgewort ist zugleich eine Kontrolle dafür, ob das Kind das Suchwort tatsächlich nachgeschlagen oder einfach nur aufgeschrieben hat. Ohne das Wort nachzuschlagen, wird das Kind kaum ein passendes Folgewort aufschreiben können.

Um den Kindern Gelegenheit zu geben, die vielfältigen Erfahrungen im Umgang mit verschiedenen Wörterbüchern zu machen, ist es nicht ratsam, ständig wechselnde Übungen durchzuführen. Für die Gruppenarbeit reicht die oben beschriebene Grundübung völlig aus.

Stehen in der Klasse viele verschiedene Wörterbücher zur Verfügung, so werden die Kinder mit der Zeit selbst ihre Vorliebe für ein bestimmtes Wörterbuch entdecken. Lassen Sie die Kinder mit den verschiedenen Wörterbüchern experimentieren, bevor Sie an einem Elternabend über die Anschaffung eines Wörterbuches für jedes Kind sprechen. Die Eltern können so sehr viel gezielter ein Wörterbuch anschaffen, das von den Kindern zu Hause dann auch genutzt wird.

2.10 Lernbereich AF – Fremdwörter

Lernziele

Ein ertragreiches Arbeiten mit Fremdwörtern setzt voraus, dass die Kinder

- die Regelhaftigkeiten der deutschen Laut-Buchstaben-Zuordnungen sicher verinnerlicht haben (Rechtschreibgespür),
- die Besonderheiten bei der Kennzeichnung lang und kurz gesprochener Vokale in der deutschen Rechtschreibung kennen,
- Wörter ableiten und auf ihre Grundformen zurückführen können sowie
- ein Gespür für die wichtigsten Ausnahmeschreibungen aufgebaut haben.

Dies ist die Basis, auf der die Kinder ein sicheres Gespür für Fremdwörter entwickeln können.

Grundlegendes Ziel der Übungen mit dem Modellwortschatz ist es, dass die Kinder

1. ein Gespür für Fremdwörter bekommen, um darauf aufbauend
2. bei besonderen Lauten im Wort aufmerksam zu werden und ggf.
3. das Wort im Wörterbuch nachzuschlagen.

Ziel der Übungen mit dem Modellwortschatz ist es nicht, dass die Kinder alle vorgegebenen Fremdwörter richtig schreiben können. Die Wörter des Modellwortschatzes sollen als Prototypen für typische Fremdwortschreibungen dienen. In der Grundschule geht es um die Bildung eines grundlegenden Gespürs für Fremdwörter. In der Sekundarstufe kann hierauf aufgebaut werden. Anhand von Wörtern aus den Fachsprachen und aus der zunehmenden Kenntnis von Fremdsprachen heraus können dann Fremdwörter gruppiert und Besonderheiten in der Schreibung systematisch erschlossen werden.

Am ehesten sind Fremdwörter an der Wortlänge (mehr als zwei Silben in der Grundform) und an der Betonung (Wortende und Wortinneres bei mehr als zweisilbigen Wörtern) zu erkennen. Daher kommt dem Aufbau dieses Gespürs eine besondere Bedeutung zu.

Betrachten wir nur die Fremdwörter des Modellwortschatzes, so lässt sich von 180 Wörtern rund die Hälfte (94) aufgrund der Mehrsilbigkeit sicher als Fremdwörter erkennen.

Von den restlichen 86 Wörtern können weitere 40 Wörter durch die Betonung auf der letzten Silbe als Fremdwörter erfasst werden. Aufgrund ungewöhnlicher Lautungen ([ʧ], [tj] usw.) der Vokal- und Fremdwortendungen lassen sich weitere 20 Fremdwörter (diesmal eher kognitiv) erschließen.

Von ursprünglich 180 Fremdwörtern bleiben lediglich 26 (= 14 Prozent), die nicht auf den ersten Blick als solche zu erkennen sind und zugleich rechtschriftliche Besonderheiten aufweisen. Im Modellwortschatz sind dies: *brav*, *Bus*, *Chef*, *Chor*, *Christ*, *Clown*, *fair*, *Keks*, *Quirl*, *Quiz*, *Shop*, *Shorts*, *Thron*, *Typ*, *Camping*, *Chaos*, *clever*, *Doktor*, *Kurve*, *Mine*, *Quittung*, *Rhythmus*, *Sheriff*, *Strophe*, *surfen*, *Vase*.

Betrachtet man den gesamten Gebrauchswortschatz der deutschen Gegenwartssprache, dann liegt der Prozentsatz der Wörter, die nicht leicht als Fremdwörter zu erschließen sind und zugleich abweichende Schreibungen haben, unter acht Prozent.

Es lohnt sich daher, bei den Kindern ein grundlegendes Gespür für Fremdwörter durch Sortierübungen aufzubauen Allerdings sollten Sie bedenken, dass die Bildung dieses Gespürs für Fremdwörter viel Zeit benötigt und Sie diesen Prozess in der Grundschule lediglich in Gang setzen, aber nicht abschließen können.

Einführung

Die Schreibung der Fremdwörter in den indoeuropäischen Sprachen folgt den gleichen grundlegenden Prinzipien wie die Schreibung der deutschen Wörter. Da die Groß-/Kleinschreibung auch auf die Fremdwörter übertragen wird, gibt es zwischen den Fremdwörtern und den deutschen Rechtschreibprinzipien mehr Übereinstimmungen als Unterschiede.

Es sind vor allem einige unterschiedliche Laut-Buchstaben-Zuordnungen sowie abweichende Kennzeichnungen der lang gesprochenen Vokale, die den Kindern häufig Schwierigkeiten bereiten.

Nur wer ein treffendes Gespür dafür hat, ob ein Wort ein Fremdwort ist, kann auch sicher typische Fremdwortschreibungen anwenden oder aufmerksam werden und Fremdwörter im Wörterbuch nachschlagen.

Bei der Schreibung eines Wortes gehen die Kinder von der Sprache aus. Zunächst müssen sie daher ein Gespür dafür entwickeln, was Fremdwörter sind. Dazu richten Sie die Aufmerksamkeit der Kinder bei den Wörtern, die von der Lautung und Betonung her sicher als Fremdwörter erkannt werden können, auf die unterschiedliche Schreibung einzelner Laut-Buchstaben-Zuordnungen. Hierzu gehören z. B.:

- *c (ch)* statt *k,*
- *v* statt *w,*
- *v* statt *f* (am Wortende),
- *ai* statt *ei* oder *ä,*
- *y* statt *i* oder *ü,*
- *u* statt *ü.*

In wissenschaftlichen und religiösen Wörtern griechisch-lateinischen Ursprungs schreibt man:

- *gh* statt *g,*
- *ph* statt *f,*
- *rh* statt *r,*
- *th* statt *t.*

Ein zweites, wichtiges Feld ist die in der Regel fehlende Kennzeichnung des lang gesprochenen Vokals bei Fremdwörtern:

- kein Dehnungs-*h*
- kein *ie* (Ausnahme: die Endungen *-ie, -ier, -ieren*)
- Kennzeichnung des Langvokals durch Doppelvokal *oo* in Wörtern aus den englischen Sprachen und *ee,* insbesondere in den romanischen Sprachen.

In einem weiteren Schritt wird die Aufmerksamkeit zunächst auf typische Fremdwortendungen ausgerichtet. Typische Endungen kommen häufig vor und können daher auch leicht als Erkennungsmerkmal dienen. Zudem ergeben sich bei einige Endungen abweichende Schreibungen (z. B. *-iv*, *-ik*).

Typische Fremdwortvorsilben kommen bei weit weniger Wörtern vor, sind aber ebenso leicht zu identifizieren. Auch hier gibt es einige abweichende Schreibungen (z. B. *kilo-*, *ex-*), die bei Kindern häufig zu Verschreibungen führen.

Abschließend werden dann die in Fremdwörtern typischen, anderen Laut-Buchstaben-Zuordnungen besprochen (z. B. *y* für [y], *c* für [k]). Diese sind von Kindern im Prinzip erst dann richtig anzuwenden, wenn sie mindestens eine Fremdsprache kennen gelernt haben und Wörter in einer anderen Sprache sprechen können.

Wortschatz

Wortauswahl

Für die Vermittlung der Ausnahmeschreibungen habe ich Modellwörter zusammengestellt. Diese sind dem Modellwortschatz Teil 3 zugeordnet. Die Ausnahmeschreibungen sind nach den Lernbereichen geordnet:

- F-LB = Ausnahmen in der Laut-Buchstaben-Zuordnung
- F-LD = getrennt (nicht als Diphthonge) gesprochene Vokalfolgen
- F-W = Internationalismen
- F-WZ = typische Fremdwortendungen und -vorsilben

Bei der Auswahl der Wörter für die einzelnen Bereiche und Lernstufen habe ich versucht, Beispielwörter aufzunehmen, die Kindern bekannt sein können. Allerdings werden im Einzelfall nicht jedem Kind alle Wörter geläufig sein. Hier ist von großen individuellen Unterschieden auszugehen. Aus diesem Grund habe ich auf der Vorderseite der Karteikarte einen erklärenden Satz aufgenommen.

Soweit es möglich war, habe ich auf der Rückseite der Karteikarte eine Erklärung zu Herkunft und Bedeutung des Wortes aufgenommen. In diesen Fällen steht auf der Vorderseite der jeweiligen Karteikarte das Symbol gedruckt.

Wörter des Modellwortschatzes

Der Modellwortschatz zu den Fremdwörtern enthält 193 Wörter, die in neun Lernstufen untergliedert sind. Die Wörter sind dem Modellwortschatz Teil 3 zugeordnet und folgen auf die Ausnahmeschreibungen:

- 33 steigender Diphthong
- 34 Fremdwörter mit ch/c
- 35 Fremdwörter mit v
- 36 Fremdwörter mit y
- 37 Fremdwörter mit ph, rh, sh, th
- 38 Fremdwörter (Internationalismen)
- 39 Fremdwörter (typische Vorsilben)
- 40 Fremdwörter (typische Endungen)
- 41 Fremdwörter ohne Gruppierung

Übungsfolge

Kinder gehen beim Schreiben vom gesprochenen Wort aus. Um bei ihnen ein Gespür für Fremdwörter aufzubauen, ist es daher sinnvoll, die Kinder in einem ersten Schritt auf die wesentlichen sprachlichen Unterschiede zwischen deutschen und Fremdwörtern aufmerksam zu machen. Hierzu dienen die mit den Sortieraufgaben verbundenen Sprachübungen, die die Kinder als Partnerübungen durchführen sollen. Die wichtigsten sprachlichen Unterschiede betreffen

1. die Wortlänge (Fremdwörter sind häufiger mehrsilbig als deutsche Wortstämme),
2. die Betonung (bei Fremdwörtern liegt die Betonung häufig am Wortende oder im Wortinneren),
3. typische Fremdwortendungen und -vorsilben sowie
4. unterschiedliche Laut-Buchstaben-Zuordnungen.

Sprachübungen sind dann besonders wichtig, wenn die Kinder noch keine (oder nur eine) Fremdsprache kennen oder erlernt haben. Das grundlegende Gespür *(Das könnte ein Fremdwort sein.)* ist gegeben, wenn Kinder schon beim Sprechen merken, dass ein Wort „anders klingt". Erst dann können sie ihr Wissen um Fremdwortschreibungen einbringen oder diese Wörter im Wörterbuch nachschlagen.

Die für die Arbeit mit dem Modellwortschatz bereitgestellten Übungen sind Angebote für die Kinder, ein Gespür für Fremdwörter zu entwickeln. Ziel ist es also nicht, dass die Kinder alle Übungen bearbeiten. Vielmehr sollen die Kinder für sich eine Auswahl treffen.

Die Vorgehensweise bei der Bearbeitung der Fremdwörter entspricht weitgehend der, die ich im Kapitel 2.8 (Übungen bei den Ausnahmeschreibungen) beschrieben habe. Zunächst bestimmen die Lehrerin bzw. der Lehrer oder die Kinder ein Themenfeld. Dann suchen die Kinder hierzu passende Wörter aus den Wörterkarten des Modellwortschatzes heraus und ergänzen sie durch eigene gesammelte Wörter. Die Wörter werden abgeschrieben oder in Partnerarbeit diktiert. Zum Schluss können die Kinder die Aufgaben zum Nachdenken bearbeiten. Diese Aufgaben sind vor allem als Differenzierung für leistungsstarke und Kinder mit hoher Sprachkompetenz gedacht.

Sortieren, sammeln, schreiben, nachdenken

In diesem Kapitel bespreche ich verschiedene typische Fremdwortschreibungen. Dabei beschreibe ich zunächst in einer kurzen Einführung das rechtschriftliche Phänomen und formuliere Lernziele. Die Sortieraufgabe, das Sammeln weiterer Wörter mit dem gesuchten Rechtschreibphänomen und das Schreiben der gesammelten Wörter sind in jeder Aufgabe weitgehend gleich. Daher verzichte ich in diesem Kapitel auf eine differenzierte Beschreibung dieser Aufgabenteile. Zu den einzelnen Bereichen gebe ich jeweils einige Anregungen für die Aufgaben zum Nachdenken. Abschließend finden Sie (als Lösungshilfe für die Sortierübungen) Beispielwörter aus dem Modellwortschatz aufgelistet. Für die Sortieraufgaben können die gleichen Sortiertafeln wie bei den Ausnahmeschreibungen (siehe S. 196 f. genutzt werden.

Mehrsilbige Fremdwörter

Deutsche Grundwörter sind in der Regel ein- oder zweisilbig. Grundwörter mit mehr als zwei Silben sind in der Regel Fremdwörter. Dabei muss man jedoch bedenken, dass mehrsilbige Fremdwörter zumeist auch Vor- oder Nachsilben enthalten bzw. aus verschiedenen Wörtern zusammengesetzt sind. Das Wort *Restaurant* kann man z. B. nicht weiter zerlegen, wenngleich es auch die aus dem Lateinischen stammende Vorsilbe *re-* und die Endung *-ant* enthält. Diese Fremdwortvor- und -nachsilben sind jedoch von Kindern in der Regel nicht als solche zu erkennen und werden meist als „zum Wort(stamm) gehörend" erlebt. Daher können die Kinder bei vielen Fremdwörtern die Mehrsilbigkeit als typisches Erkennungsmerkmal nutzen.

Indem die Kinder die Wörter nach der Anzahl der Silben sortieren, sollen sie ein Gespür dafür entwickeln, dass mehrgliedrige Wörter in der Regel Fremd- oder Lehnwörter sind: Hier folgen bestimmte Laut-Buchstaben-Zuordnungen anderen Prinzipien (z. B. *y* an Stelle von *i*, *c* an Stelle von *k*).

Die Aufgabe lautet:

Sortieren:
Zerlege zusammengesetzte Wörter! Hat das Stammwort mehr als zwei Silben?
Feld „Ja": *Wörter mit mehr als zwei Silben.*
Feld „Nein": *Wörter mit einer oder zwei Silben.*

Beispiel:

Vorsilbe	Wortstamm + Endung	Silben	Feld
ver	kaufen	2	Nein
	Mathematik	4	Ja
	Kilometer (Kilo+meter)	2+2	Nein

Sammeln:
Sammle weitere nicht weiter zerlegbare Wörter mit mehr als zwei Silben!

Schreiben:
Schreibe die Wörter mit mehr als zwei Silben auf!
Unterstreiche ungewöhnliche Schreibungen!

Nachdenken:
Schau dir an, woher die Wörter kommen, die du auf dem **„Ja-Feld"** *gesammelt hast!*
Welche Wörter sind keine Fremdwörter?
Kannst du an der Anzahl der Silben des Wortstamms erkennen, ob das Wort ein Fremdwort ist? Überlege dir eine Regel!
Schau dir die Wörter an, die du auf dem **„Nein-Feld"** *gesammelt hast!*
Kannst du bei diesen Wörtern an der Anzahl der Silben des Wortstamms erkennen, ob das Wort ein Fremdwort ist?

Folgende Verteilung nach Anzahl der Silben ergibt sich im Modellwortschatz:

- **Einsilbige Fremdwörter (18):** *brav, Bus, Chef, Chip, Chor, Christ, Clown, fair, Jeans, Keks, Quirl, Quiz, Shop, Shorts, Show, Thron, Typ, Yacht*
- **Zweisilbige Fremdwörter (65):** *Advent, aktiv, Archiv, Baby, brutal, Camping, Cartoon, Chaos, checken, Chemie, City, clever, Comic, Cowboy, Curry, Dativ, Doktor, Dompteur, egal, exakt, Exil, Export, Fabrik, Hobby, Ketschup, Klavier, Klinik, komplett, Kotelett, Kritik, Kurve, Lokal, Mine, Modell, Motiv, Musik, naiv, neutral, okay, Omelett, orange, Panik, passiv, Physik, Pony, Problem, Prophet, Quartett, Quittung, Rhythmus, riskant, Sheriff, Signal, Skelett, Spion, Strophe, surfen, Tablett, Technik, Teddy, Thema, Triumph, Vase, Ventil, Vokal*
- **Dreisilbige Fremdwörter (61):** *addieren, Adjektiv, aggressiv, Alphabet, Computer, Container, Elefant, elegant, Etui, Existenz, Ferien, Gardine, Genitiv, Grammatik, Gymnastik, ideal, Ingenieur, Kabine, Kantine, Karussell, katholisch, Konsonant, Lawine, Lektion, Lineal, Linie, Maschine, Medaille, Methode, Million, Minister, Nation, negativ, objektiv, Politik, positiv, Präsident, primitiv, probieren, Professor, Pubertät, Qualität, Radio, Redakteur, relativ, Restaurant, Rosine, Ruine, sozial, speziell, Stadion, Studium, Substantiv, Telefon, Theater, Theorie, trainieren, Video, violett, zensieren, Zylinder*
- **Fremdwörter mit vier und mehr Silben (33):** *Aggression, Akkusativ, Apfelsine, Apotheke, Aquarium, Bibliothek, Diskussion, dividieren, Expedition, Experiment, Explosion, Familie, Gymnasium, Infinitiv, Installateur, Katastrophe, Kommunion, korrigieren, kritisieren, Margarine, Mathematik, national, Nominativ, Religion, reservieren, Superlativ, Thermometer, Violine; Elektrizität, Information, Konzentration, sensationell, Universität*

Da mehrsilbige Wörter (ohne Wortzusammensetzungen und Vor- und Nachsilben) in der deutschen Sprache recht selten sind, ist die Mehrsilbigkeit eines der wichtigsten Unterscheidungskriterien. Betrachten wir darüber hinaus auch noch die Betonung (siehe folgende Aufgabe), bleiben von den Fremdwörtern im Modellwortschatz nur noch wenige ein- und zweisilbige Wörter, die mit Hilfe dieser beiden Kriterien nicht eindeutig als Fremdwörter zu erkennen sind.

Betonung bei Fremdwörtern – Einführung

Das zweite wichtige Erkennungsmerkmal von Fremdwörtern (neben der Mehrgliedrigkeit) ist die von deutschen Wörtern verschiedene Betonung. Während die deutschen Wörter in der Grundform stets auf der ersten Silbe betont werden, trifft dies für die Mehrzahl der Fremdwörter nicht zu. Bei den Fremdwörtern im Modellwortschatz beispielsweise sind die Arten der Betonung folgendermaßen vertreten:

- Betonung am Wortanfang = 30 %
- Betonung im Wortinneren = 22 %
- Betonung am Wortende = 48 %

Die Kinder haben in den Lernbereichen LB und LD das deutliche Sprechen gelernt. Im Lernbereich LV haben sie die Wörter im Paarvergleich gesprochen und dabei zugleich auf die Betonung des Vokals geachtet. Im Lernbereich WZ haben sie Wörter gebildet, zerlegt und dabei immer wieder auf die Grundform zurückgeführt. All diese Kompetenzen müssen die Kinder nun einbringen, wenn sie die Betonung eines Wortes für die Entscheidung, ob dies ein Fremdwort ist oder nicht, nutzen wollen.

Die Kinder sollen lernen, Fremdwörter deutlich zu sprechen. Sie sollen ein Gespür für die betonten Silben im Wort entwickeln.

Die Aufgabe lautet:

> **Sortieren:**
> *Sprich die Wörter laut! Zerlege zusammengesetzte Wörter und betrachte das Grundwort:*
> *Welche Silbe wird betont?*
> Feld 1: *Betonung auf der ersten Silbe.*
> Feld 2: *Betonung auf einer Silbe im Wortinneren.*
> Feld 3: *Betonung auf der letzten Silbe.*
>
> **Sammeln:**
> *Sammle weitere Wörter mit der Betonung*
> *a) auf der Silbe im Wortinneren,*
> *b) auf der letzten Silbe des Wortes!*

Schreiben:
Schreibe die Wörter in getrennten Listen auf! Unterstreiche ungewöhnliche Schreibungen!

Nachdenken:
Schau dir die Wörter an, die nicht auf der ersten Silbe des Wortes betont werden (Feld 2 und 3)*!*
Welche Wörter sind keine Fremdwörter?
Kannst du an der Betonung des Grundwortes erkennen, ob das Wort ein Fremdwort ist? Überlege dir eine Regel!
Schau dir die Wörter an, die auf der ersten Silbe betont werden (Feld 1)*!*
Kannst du bei diesen Wörtern an der Betonung erkennen, ob das Wort ein Fremdwort ist?

Folgende Verteilung der Fremdwörter nach Betonung ergibt sich im Modellwortschatz:

- **Wörter mit der Betonung auf der ersten Silbe:** *Adjektiv, Aggression, Akkusativ, Baby, Camping, Chaos, checken, City, clever, Comic, Curry, Dativ, Doktor, Ferien, Genitiv, Hobby, Infinitiv, Ketschup, Klinik, Konsonant, Kurve, Lineal, Linie, Mine, negativ, Nominativ, objektiv, Panik, passiv, Pony, positiv, Quittung, Radio, relativ, Rhythmus, Sheriff, Stadion, Strophe, Studium, Substantiv, Superlativ, surfen, Technik, Teddy, Telefon, Thema, Vase, Video*
- **Wörter mit der Betonung auf der letzten Silbe:** *Advent, aggressiv, aktiv, Alphabet, Archiv, Bibliothek, brutal, Cartoon, Chemie, Diskussion, Dompteur, egal, Elefant, elegant, Elektrizität, Etui, exakt, Exil, Existenz, Expedition, Experiment, Explosion, Export, Fabrik, ideal, Information, Ingenieur, Installateur, Karussell, Klavier, Kommunion, komplett, Konzentration, Kotelett, Kritik, Lektion, Lokal, Mathematik, Million, Modell, Motiv, Musik, naiv, Nation, national, neutral, okay, Omelett, Physik, Politik, Präsident, primitiv, Problem, Prophet, Pubertät, Qualität, Quartett, Redakteur, Religion, Restaurant, riskant, sensationell, Signal, Skelett, sozial, speziell, Spion, Tablett, Theorie, Triumph, Universität, Ventil, violett, Vokal*
- **Wörter mit der Betonung einer Silbe im Wortinneren:** *Apotheke, Aquarium, Computer, Container, Familie, Grammatik, Gymnasium, Gymnastik, Kakao, Katastrophe, katholisch, Medaille, Methode, Minister, orange, Professor, Theater, Zylinder*
- **Die erste Silbe der Nachsilbe *-ieren* wird betont:** *addieren, dividieren, korrigieren, kritisieren, probieren, reservieren, trainieren, zensieren*
- **Die erste Silbe der Nachsilbe *-ine* wird betont:** *Apfelsine, Gardine, Kabine, Kantine, Lawine, Margarine, Maschine, Rosine, Ruine, Violine*

Getrennt gesprochene Vokale

Die Doppellaute (*au*, *ei* und *eu*) werden in der deutschen Hochsprache verbunden gesprochen. In Fremdwörtern dagegen überwiegt die getrennt gesprochene Aussprache von Vokalfolgen (z. B. *Ruine*, *Etui*, *Familie*). An den getrennt gesprochenen Vokalen kann man daher erkennen, dass es sich bei einem Wort um ein Lehn- oder Fremdwort handelt.

Da die Endungen *-ion*, *-tion* und *-ium* besonders häufig vorkommen, werden diese zunächst aussortiert, bevor auch andere Vokalfolgen in den Blick der Kinder gerückt werden.

Die Kinder sollen, ausgehend vom gesprochenen Wort, ein Gespür dafür entwickeln, dass gesprochene Vokalfolgen immer ein Hinweis auf ein Fremdwort sind. Ebenso verweisen die Endungen *-ium*, *-ion* und *-tion* auf Fremdwörter.

Aufgabe 1 lautet:

> **Sortieren:**
> Feld 1: *Wörter mit* -ion *am Wortende.*
> Feld 2: *Wörter mit* -tion *am Wortende.*
> Feld 3: *Wörter mit* -ium *am Wortende.*
> Feld 4: ***Weiter mit Aufgabe 2.***
>
> **Sammeln:**
> *Suche weitere Wörter mit diesen Endungen!*
>
> **Schreiben:**
> *Schreibe die gefundenen Wörter in drei Listen auf!*
> *Unterstreiche ungewöhnliche Schreibungen!*
>
> **Nachdenken:**
> *Getrennt gesprochene Vokalfolgen findest du oft am Wortende. Die Endungen -ion, -tion und -ium sind Hinweise darauf, das dieses Wort aus einer anderen Sprache zu uns gekommen ist.*
> *Sammle Wörter mit diesen Endungen!*
> *Schau auf den Karteikarten des Modellwortschatzes nach, aus welcher Sprache diese Wörter stammen.*

Aufgabe 2 lautet:

> **Sortieren:**
> *Suche Wörter, in denen zwei aufeinander folgende Vokale getrennt gesprochen werden!* Beispiel: *Famil**ie***, *Et**ui***
>
> **Sammeln:**
> *Suche weitere Wörter mit getrennt gesprochenen Vokalen!*

Schreiben:
Sortiere die gefundenen Wörter nach dem ersten Vokal! Schreibe die Wörter auf!
Unterstreiche ungewöhnliche Schreibungen!

Nachdenken:
Vokalfolgen werden in deutschen Wörtern als Doppellaut (au, ei, eu) gesprochen. Wird eine Vokalfolge getrennt gesprochen, dann ist das immer ein Hinweis auf ein Fremdwort.
Welche Vokalfolgen kannst du finden? Sammle Wörter mit getrennt gesprochenen Vokalfolgen! Sortiere diese nach dem ersten Vokal und erstelle dir Wörterlisten!
Schau auf den Karteikarten des Modellwortschatzes nach, aus welcher Sprache diese Wörter kommen!

Folgende Wörter mit getrennt gesprochenen Vokalen gibt es im Modellwortschatz:

- *Lin**ie**, Famil**ie**, Fer**ie**n, Lin**ea**l, Et**ui**, R**ui**ne, Rad**io**, Kak**ao***
- *Aquar**ium**, Gymnas**ium**, Stud**ium***
- *Diskuss**ion**, Aggress**ion**, Kommun**ion**, Mill**ion**, Relig**ion**, Sp**ion**, Stad**ion***
- *Na**tion**, Lek**tion**, Informa**tion**, Konzentra**tion***

Typische Fremdwortendungen

Die vorangegangenen Übungen (Mehrgliedrigkeit, Betonung, Vokalfolgen) führen noch nicht zur richtigen Schreibung von Fremdwörtern. Sie sind jedoch Voraussetzung dafür, dass Kinder auf unterschiedliche Schreibweisen, insbesondere bei anderen Laut-Buchstaben-Zuordnungen, aufmerksam werden. Dazu haben die Kinder bei den vorangegangenen Aufgaben diese Stellen unterstrichen.

Die folgenden Übungen greifen diese Kompetenz auf. Bewusst wird die Aufmerksamkeit zunächst auf typische Fremdwortendungen ausgerichtet, da diese sehr häufig vorkommen und auch leicht als Erkennungsmerkmal dienen können. Zudem bieten einige Endungen abweichende Schreibweisen (z. B. *-iv*, *-ik*).

Typische Fremdwortvorsilben kommen bei weit weniger Wörtern vor, sind aber ebenso leicht zu identifizieren. Auch hier gibt es einige abweichende Schreibweisen (z. B. *kilo-*, *ex-*), die häufig zu Verschreibungen führen.

Abschließend werden dann die in Fremdwörtern typischen anderen Laut-Buchstaben-Zuordnungen besprochen (z. B. *y* für [y], *c* für [k]). Diese sind für Kinder im Prinzip erst dann richtig anzuwenden, wenn sie mindestens eine Fremdsprache kennen gelernt haben und Wörter in einer anderen Sprache sprechen können.

Die Vorgehensweise bei diesen Übungen ist die gleiche wie bei den vorangegangenen Übungen: Zunächst werden die Wörter mit den entsprechenden Endungen sortiert, dann weitere Wörter gesammelt und geschrieben. Die darauf folgenden Aufgaben zum Nachdenken sollen vor allem sprachlich begabten und leistungsstarken Kindern einen weiteren Lernanreiz bieten und typische Fremdwortschreibungen bewusst machen. In den folgenden Kapiteln beschränke ich mich auf eine kurze Beschreibung und Beispiele für diese Aufgaben zum Nachdenken.

Die Endungen *-ie, -ier, -iere, -ieren*
Einige der wenigen regelhaften Schreibungen mit *ie* in Fremdwörtern sind die Endungen *-ie*, *-ier*, *-iere* und *-ieren*.

Die Endung *-ie* (getrennt gesprochen) ist meist aus dem Lateinischen (*-ia*) abgeleitet und wird zur Kennzeichnung weiblicher Substantive gebraucht (z. B. *Bakterie*, *Folie*, *Lilie*, *Materie*). Da hier die Vokale getrennt gesprochen werden, sind diese Wörter leicht als Fremdwörter zu bestimmen.

Die Endung *-ie* (lang gesprochenes [iː]) ist aus griechischen oder lateinischen Wörtern *(-ia)* abgeleitet und meist über das Französische *(-ie)* in unsere Sprache gekommen (z. B. *Akademie*, *Batterie*, *Chemie*, *Utopie*). Da die Betonung auf der letzten Silbe liegt, sind diese Wörter leicht als Fremdwörter zu bestimmen.

Die Endung *-ier* ist vornehmlich in Wörtern zu finden, die aus dem Französischen *(-ier)*, Italienischen *(-iere)* oder Lateinischen *(-iarius)* entlehnt sind. Die französischen Wörter werden meist mit der Betonung auf dem [eː] und mit stummem *r* gesprochen (z. B. *Atelier*, *Dossier*, *Kollier*) und sind daher leicht als Fremdwörter zu erkennen. Die aus dem Italienischen abgeleiteten Wörter werden meist mit lang gesprochenem [iː] und dem Murmellaut [ɐ] (wie die deutsche Endung *er*) gesprochen (z. B. *Barbier*, *Furnier*, *Klavier*, *Kurier*) und sind nur durch die Endsilbenbetonung als Fremdwörter zu identifizieren.

Die Endung *-iere* ist meist in französischen Wörtern *(-iere)* bei weiblichen Substantiven zu finden (z. B. *Barriere*, *Karriere*, *Premiere*, *Voliere*). Die Betonung auf der vorletzten Silbe zeichnet diese Wörter als Fremdwörter aus. Auch an der Vokalfolge [i][e] (wie unser lang gesprochenes *ä*) sind diese Wörter leicht als Fremdwörter zu erkennen.

Die Endung *-ieren* ist bei Verben mit französischer *(-er)* oder deutscher *(-en)* Herkunft zu finden. Die Endung *-ieren* wurde zunächst an Wörter angehängt, die aus romanischen Sprachen übernommen wurden. Allerdings gibt es diese Endung weder in der französischen noch in der italienischen oder spanischen Sprache. In der französischen Sprache entspricht die Endung *-ieren* der Endung *-er* mit stummem [r], im Italienischen meist der Endung *-ere* oder *-are*.

Beispiele

adoptieren – frz. adopter, it. adottare, lat. adoptare,
explodieren – frz. exploser, it. explodere, lat. explodere.

Die Endung *-ieren* ist eine „typisch deutsche" Fremdwortendung, die später auch bei einigen deutschen Verbableitungen angewendet wurde (z. B. *blockieren, buchstabieren, gruppieren, halbieren*). Kinder, die für sich bereits verinnerlicht haben, dass in Fremdwörtern kein *ie* geschrieben wird, haben mit dieser Schreibweise gelegentlich Schwierigkeiten. Da die Endung *-ieren* in Fremdwörtern sehr produktiv ist und häufig vorkommt, ist es sinnvoll, diese Endung differenziert zu üben.

Die Aufgaben zum Nachdenken lauten:

> *Finde heraus, aus welchem Land die Wörter mit der Endung* -ieren *kommen! Nutze hierzu die Rückseite der Karteikarte und die Übersetzungen auf der Vorderseite!*
> *Gibt es unter den Wörtern mit der Endung* -ieren *Nomen und Adjektive? Schreibe auf, was du herausgefunden hast!*
> *Aus vielen Wörtern mit der Endung* -ieren *lassen sich Nomen bilden. Welche Nomenendungen findest du am häufigsten? Schreibe Wörterlisten mit den beiden häufigsten Nomenendungen!* Beispiel: *aktivieren – Aktivierung*

Obwohl alle Wörter mit der Endung *-ieren* aus einer romanischen Sprache (Lateinisch, Französisch, Italienisch) abgeleitet sind, werden bei den Nomen „typisch deutsche" Endungen (z. B. *-ung*) übernommen. *Oft musst du ein Wort in die Adjektiv- oder Verbform überführen, um herauszufinden, dass hier ein Fremdwort vorliegt.*

Da die Endung *-ieren* sehr produktiv ist, sind hier weitere Beispielaufgaben aufgeführt:

- *Gibt es zu dem Wort mit der Endung -ieren ein Nomen mit der Endung -ion?*
- *Gibt es zu dem Wort mit der Endung -ieren ein Nomen mit der Endung -ung?*
- *Gibt es zu dem Wort mit der Endung -ieren ein Adjektiv mit der Endung -abel?*
- *Gibt es zu dem Wort mit der Endung -ieren ein Adjektiv mit der Endung -iv?*
- *Gibt es zu dem Wort mit der Endung -ieren ein Adjektiv mit der Endung -iert?*
- *Gibt es zu dem Wort mit der Endung -ieren ein Adjektiv mit der Endung -isch?*

Die Endungen *-ik, -isch*

Die Fremdwortendung *-ik* kommt in einigen wenigen Adjektiven vor, die aus der französischen *(-ique)* oder lateinischen *(-icus)* Sprache abgeleitet sind. Gebräuchlich sind lediglich *antik, publik (magnifik).*

In den überwiegenden Fällen kennzeichnet die Endung *-ik* weibliche Substantive, die aus der französischen *(-ique)*, lateinischen *(-ica)* oder griechischen *(-iké)* Sprache übernommen wurden:

- Bezeichnung von Fachgebieten: *Mathematik, Informatik, Physik*
- Bezeichnung von Oberbegriffen und Kollektiva: *Katholik, Methodik, Politik*

Von wenigen Ausnahmen abgesehen wird die Endung mit kurzem [i] gesprochen (außer *Musik, antik*). Die Fremdwortendung *-ik* bietet zwei Besonderheiten:

1. Bei dieser Endung wird der kurz gesprochene Vokal nicht, wie es in der deutschen Schreibung zu erwarten wäre, mit *ck* verschriftet.
2. Gehen die Kinder von der Lautung aus, ist leicht eine Verwechslung mit der Adjektivendung *-ig* möglich. Die Fremdwörter mit der Endung *-ik* sind aber in der Mehrzahl Nomen. Daher sind sie durch die Bestimmung der Wortart und durch Verlängern leicht von der Adjektivendung *-ig* zu unterscheiden.

Zu den Nomen mit der Endung *-ik* gibt es häufig Adjektive, die im Deutschen mit der Endung *-isch* belegt sind, z. B.: *grammatisch, klinisch, kritisch, mathematisch, musisch, panisch, politisch, technisch.*

Daher ist es sinnvoll, die Kinder solche Ableitungen mit *-isch* bilden zu lassen und ein Gespür für den Zusammenhang zwischen der Nomen- und der Adjektivendung aufzubauen.

Bei Adjektivableitungen von Fremdwörtern kommt die Endung *-isch* sehr häufig vor *(Adjektiv – adjektivisch, Klinik – klinisch).* Auch in deutschen Wörtern ist dies eine sehr produktive Adjektivendung *(heidnisch, diebisch, hämisch, französisch).* In verschiedenen Regionalsprachen und in der Aussprache von Kindern kann es leicht zu Verwechslungen mit *-ig* und *-ich* kommen. Im Lernbereich WU (Umformungen und Ableitungen) haben die Kinder gelernt, sich die Schreibweise über das Verlängern (bei Adjektiven über den Komparativ) zu erschließen. Diese Kompetenz wird bei den Fremdwortendungen wieder aufgegriffen.

Von der Endung *-isch* muss die Buchstabenfolge *isch* am Wortende unterschieden werden, die bei einigen Wörtern vorkommt: *Fisch, frisch, Tisch – Eibisch, Fetisch, Harnisch, Haschisch.*

Für die Rechtschreibung ist dies jedoch unerheblich, weil sich hieraus keine besonderen Schwierigkeiten ergeben. Außerdem kann, wie bereits im Lernbereich WZ (Wortbildung, Wörter zerlegen) besprochen, durch Weglassen der Endung überprüft werden, ob es sich um eine Nachsilbe handelt oder nicht.

Die Aufgaben zum Nachdenken lauten:

- *Sammle Wörter mit der Endung -ik! Schlage Wörter, die du nicht kennst, im Wörterbuch nach oder schau auf die Karteikartenrückseite!*
- *Bestimme die Wortart der aussortierten Wörter mit der Endung -ik! Was fällt dir auf?*
- *Schreibe einige Wörter mit der Endung -ig auf! Bestimme die Wortart! Was fällt dir auf?*
- *Wie kannst du sicher herausfinden, ob ein Wort mit -ik oder -ig geschrieben wird, wenn du am Ende* [ik] *hörst?*
- *Schau dir auf der Rückseite der Karteikarten an, aus welcher Sprache wir die Wörter mit der Endung -ik übernommen haben!*
- *Schau dir auf der Vorderseite der Karteikarten an, wie die Wörter in anderen Sprachen geschrieben werden! Schreibe auf, was dir aufgefallen ist!*
- *Zu vielen Fremdwörtern mit der Endung -ik gibt es Adjektive mit der Endung -isch. Die Endung -isch kommt jedoch nicht nur bei Fremdwörtern vor. Suche Wörter mit der Adjektivendung -isch und schreibe einige von ihnen auf!*

Die Endung *-iv*

Die Fremdwortendung *-iv* kommt in Wörtern vor, die aus der französischen (*-if* bzw. *-ive*) oder lateinischen *(-ivus)* Sprache abgeleitet sind.

Im Französischen wird diese Endung meist *-if* geschrieben *(adjectif, motif, primitif, relatif)*. Im Deutschen werden die Ableitungen dieser Wörter mit [v] gesprochen. Nach den Regeln der Morphemkonstanz und Auslautverhärtung setzte sich in der deutschen Schreibweise die für Fremdwörter gebräuchliche *v*-Schreibung durch. Für Kinder gibt es zwei Schwierigkeiten:

1. Der lang gesprochene Laut [iː] wird in diesen Wörtern, wie in Fremdwörtern üblich, nur mit *i* verschriftet, also ohne Dehnungskennzeichen.
2. Der auslautende Laut [f] wird mit *v* verschriftet und kann nur durch die Verlängerung des Wortes als [v] hörbar gemacht werden (Auslautverhärtung).

Die Endung [if] – mit der Buchstabenfolge *ief* geschrieben – kommt nur in sehr wenigen Wortstämmen vor. Deutsche Wörter sind: *Brief, Mief, schief, tief (er lief, rief, schlief)*.

Ebenso selten ist in Fremdwörtern die Schreibung *if*. Sie betrifft lediglich folgende Wörter: *Aperitif* (frz. aperitif; Plural: Aperitifs; keine Ableitung, die ein [v] hörbar werden lässt); *Kalif* (arab. halifa); *Tarif* (arab. ta'rif, it. tariffa); *Scherif*, auch: *Scharif* (arab. šarīf; Titel für die Nachkommen des Propheten Mohammed).

Da die „deutsche" Schreibweise *-iv* in Fremdwörtern sehr regelhaft ist, ist es sinnvoll, sie den Kindern an einigen Beispielen zu vermitteln. In Fachbegriffen der Sprachwissenschaft und Grammatik kommt diese Endung ebenfalls sehr häufig vor, sodass die Kinder hiermit immer wieder konfrontiert werden. Auch aus diesem Grund ist die Vermittlung dieser Endung bedeutsam.

Die Aufgaben zum Nachdenken lauten:

> *Sammle Wörter mit der Endung -iv! Schlage Wörter, die du nicht kennst, im Wörterbuch nach oder schau auf die Karteikartenrückseite!*
>
> - *Schau dir auf der Rückseite der Karteikarten an, aus welcher Sprache wir die Wörter mit der Endung -iv übernommen haben! Schau dir auf der Vorderseite der Karteikarten an, wie die Wörter in anderen Sprachen geschrieben werden! Schreibe auf, was dir aufgefallen ist!*
> - *Zu vielen Fremdwörtern mit der Endung -iv gibt es Verben mit der Endung -ieren und Nomen mit der Endung -ion. Suche zu Wörtern mit der Endung -iv Nomen mit der Endung -ion und Verben mit der Endung -ieren!*

Die Endung *-ine*

Die Fremdwortendung *-ine* kommt in weiblichen Substantiven vor, die aus dem Französischen *(-ine)*, Italienischen *(-ina, -ino)* oder direkt aus der lateinischen Sprache abgeleitet sind.

Die Wortendung *-ine* birgt für Kinder oft eine ganz besondere Schwierigkeit. In der Regel wird der lang gesprochene Laut [i:] mit *ie* verschriftet. Die Lautfolge [i:ne] haben die Kinder an einigen wenigen deutschen Wörtern kennen gelernt: *Biene*, *Miene*, *Schiene*.

Diese Klanganalogie übertragen einige Kinder nun auch auf die Fremdwortendung *-ine*.

Wie die Kinder schon im Lernbereich WZ (Wortbildung, Wörter zusammensetzen und zerlegen) erfahren haben, können sie Nachsilben von gleich lautenden Buchstabenfolgen am Wortende durch die Weglassprobe bestimmen. Beispiele: *Masch(ine)*, *Pral(ine)*, *Viol(ine)*. Bei diesen Wörtern bleibt mindestens eine Silbe übrig. Im Gegensatz hierzu ergeben die Wortreste bei der Weglassprobe für die deutschen Wörter keine Silbe *(B(iene), M(iene), Sch(iene))*. Es bleibt nur ein Buchstabe bzw. eine Buchstabengruppe übrig.

Es ist wichtig, Kindern, die die Endung *-ine* mit *ie* schreiben, diese Lautfolge am Wortende an ausgewählten, häufig vorkommenden Wörtern als typische Fremdwortendung bekannt zu machen.

Die Aufgaben zum Nachdenken lauten:

> *Sammle Wörter mit der Endung -ine! Schlage Wörter, die du nicht kennst, im Wörterbuch nach oder schau auf die Karteikartenrückseite!*
>
> - *Schau dir auf der Rückseite der Karteikarten an, aus welcher Sprache wir die Wörter mit der Endung -ine übernommen haben! Schau dir auf der Vorderseite der Karteikarten an, wie die Wörter in anderen Sprachen geschrieben werden! Schreibe auf, was dir aufgefallen ist!*
> - *Bestimme die Wortart und das Geschlecht! Schreibe auf, was dir aufgefallen ist!*
> - *Es gibt drei Wörter, die mit der Lautfolge* [iːne] *enden und mit der Buchstabenfolge* iene *geschrieben werden: Biene, Miene, Schiene.*

Weitere Fremdwortendungen *-al, -ant, -ell, -eur, -ett, -il, -ität*

Es gibt eine Vielzahl weiterer Nachsilben, die für Fremdwörter typisch und für die Wortbildung zum Teil hochinteressant sind. Wie intensiv diese Nachsilben bearbeitet werden, hängt von dem Interesse der Kinder ab.

Die Aufgaben zum Nachdenken lauten:

> *Sammle Wörter mit der Endung -al (-ant, -ell, -eur, -ett, -il, -ität)! Schlage Wörter, die du nicht kennst, im Wörterbuch nach oder schau auf die Karteikartenrückseite!*
>
> - *Finde heraus, aus welchem Land die Wörter mit der ausgewählten Endung kommen! Nutze hierzu die Rückseite und die Übersetzungen auf der Vorderseite der Karteikarte! Kann die Endung einem bestimmten Land oder einer Sprachengruppe zugeordnet werden? Schreibe auf, was du herausgefunden hast!*
> - *Bestimme die Wortart und das Geschlecht! Schreibe auf, was dir aufgefallen ist!*

Häufige Vorsilben und Wortzusammensetzungen

Die Vorsilbe *ex-*

Die Fremdwortvorsilbe *ex-* ist von der gleich lautenden lateinischen (bzw. griechischen) Vorsilbe *ex-* übernommen worden und bedeutet *aus, weg, ehemalig*.

Der Gegensatz zu *ex-* wird häufig mit *im-*, *in-* oder *en-* gebildet: *Export – Import, explodieren – implodieren, extern – intern, extensiv – intensiv, exogen – endogen, Exklave – Enklave.*

Vor Konsonanten wird die Vorsilbe *ex-* gelegentlich auf *e-* reduziert *(evakuieren, evaluieren)*, vor *f* allerdings wird sie zu *ef* angeglichen *(effektiv)*.

Die Fremdwortvorsilbe *ex-* wird auch bei einigen deutschen Wörtern in der Bedeutung *vorbei* angewendet *(Exfreund, Exmann, Exweltmeister)*.

Die Aufgaben zum Nachdenken lauten:

> *Sammle Wörter mit der Vorsilbe ex-! Schlage Wörter, die du nicht kennst, im Wörterbuch nach oder schau auf die Karteikartenrückseite!*
>
> - *Finde heraus, aus welchem Land die Wörter mit der Vorsilbe ex- kommen! Nutze hierzu die Rückseite und die Übersetzungen auf der Vorderseite der Karteikarte! Schreibe auf, was du herausgefunden hast!*
> - *Welche Bedeutung hat die Vorsilbe ex-? Schreibe auf, was dir aufgefallen ist!*
> - *Die Vorsilbe ex- wird auch bei einigen deutschen Wörtern verwendet, z. B.* Exfreund. *Welche Bedeutung hat die Vorsilbe hier? Suche weitere Wörter mit dieser Bedeutung der Vorsilbe!*

Zusammensetzungen mit der Präposition *inter*

Die aus dem Lateinischen stammende Präposition *inter* hat die Bedeutung *zwischen*. Sie wird zum Vergleich gleichartiger Dinge oder Prozesse, zeitlich und im übertragenen Sinne gebraucht.

Die Aufgaben zum Nachdenken lauten:

> *Sammle Wörter, in denen das Fremdwort* inter *vorkommt! Schlage Wörter, die du nicht kennst, im Wörterbuch nach oder schau auf die Karteikartenrückseite!*
>
> - *Finde heraus, aus welchem Land die Wörter mit der Präposition inter kommen! Nutze hierzu die Rückseite und die Übersetzungen auf der Vorderseite der Karteikarte! Schreibe auf, was du herausgefunden hast!*
> - *Welche Bedeutung hat die Präposition inter? Schreibe auf, was dir aufgefallen ist!*

Zusammensetzungen mit dem Wort *Kilo*

Das Fremdwort *Kilo* ist für Kinder gelegentlich schwierig, weil hier das lang gesprochene [iː] nur mit einfachem *i* geschrieben wird. Wörter aus dem **Gebrauchswortschatz** der deutschen Gegenwartssprache:

- Kilobyte = 1024 Byte – Einheit für Speicherkapazität des Computers
- Kilogramm = 1000 Gramm – Maßeinheit des Gewichts
- Kilohertz = 1000 Hertz – Einheit der Frequenz (Schwingung pro Sekunde)
- Kilokalorie = 1000 Kalorien – Maßeinheit für den Energieumsatz
- Kiloliter = 1000 Liter – Maßeinheit für Flüssigkeiten
- Kilometer = 1000 Meter – Maßeinheit für Entfernungen
- Kilopond = 1000 Pond – Maßeinheit für die Kraft
- Kilotonne = 1000 Tonnen – Maßeinheit des Gewichts
- Kilovolt = 1000 Volt – Maßeinheit für die elektrische Spannung
- Kilowatt = 1000 Watt – Maßeinheit der elektrischen Leistung

Die Aufgaben zum Nachdenken lauten:

> *Sammle Wörter, in denen das Fremdwort Kilo vorkommt! Schlage Wörter, die du nicht kennst, im Wörterbuch nach oder schau auf die Karteikartenrückseite!*
>
> - *Finde heraus, was das Wort Kilo bedeutet! Schreibe die Bedeutung der zusammengesetzten Wörter auf!*
> - *Bei* einem *zusammengesetzten Wort mit dem Wort Kilo entspricht die Maßeinheit nicht 1000. Finde heraus, welche Maßeinheit dies ist!*

Typische Laut-Buchstaben-Zuordnungen in Fremdwörtern

In anderen Sprachen werden einige Laute anderen Buchstaben zugeordnet. Ein Kind kann nur dann solche anderen Schreibungen berücksichtigen, wenn es das gesprochene Wort als Fremdwort erkennt und weiß, wie in einer anderen Sprache Laute und Buchstaben zugeordnet werden. In den folgenden Aufgaben sind für Fremdwörter typische Laut-Buchstaben-Zuordnungen zusammengestellt. Die ersten Übungen (siehe S. 217 ff.) dienen dazu, ein Gespür für Fremdwörter aufzubauen. Die darauf folgenden Übungen (ab S. 223) haben zum Ziel, dass die Kinder typische Endungen und Vorsilben in Fremdwörtern erkennen und korrekt schreiben lernen. Wenn ein Kind anhand der Wortlänge, der Betonung, bestimmter Endungen oder Vorsilben ein Wort als ein Fremdwort erkennen kann, wird es auch typische Andersschreibungen bestimmter Laute sicher einsetzen können. Typische und häufig vorkommende Fremdwortschreibungen:

- Wörter mit *c*
- Wörter mit *ch*
- Wörter mit *v*
- Wörter mit *y*
- Wörter mit *ph*
- Wörter mit *th*
- Wörter mit *sh*

Die Aufgabenstellung kann für diese typischen Laut-Buchstaben-Zuordnungen in Fremdwörtern nach gleich bleibendem Muster erfolgen.

Die Aufgaben zum Nachdenken lauten:

> *Sammle Wörter mit dem Buchstaben* c*! Schlage Wörter, die du nicht kennst, im Wörterbuch nach oder schau auf die Karteikartenrückseite!*
>
> - *Schau dir jedes einzelne Wort an! Gibt es außer der Schreibweise* c *noch andere Hinweise, an denen du erkennen kannst, dass dies ein Fremdwort ist?*
> - *Finde heraus, aus welcher Sprache die Wörter kommen! Nutze hierzu die Übersetzungen auf der Vorderseite und die Hinweise auf der Karteikartenrückseite! Schreibe auf, was du herausgefunden hast!*

3 Wörterlisten zum Modellwortschatz

Die Karteikarten des Modellwortschatzes und die Zusatzmaterialien sind erhältlich im „Colli-Online-Shop“ unter: www.rechtschreib-werkstatt.de.

Modellwortschatz Teil 1

LB = Laut-Buchstaben-Zuordnung:

1. Einfache Vokal-Konsonant-Folgen	
1	gut
2	Hut
3	Mut
4	Wut
5	Not
6	rot
7	tot
8	Oma
9	Opa
10	rosa
11	Rose
12	Dose
13	Hose
14	Hase
15	Nase
16	Name
17	Boden
18	baden
19	Laden
20	Faden
21	malen
22	sagen
23	Wagen
24	jagen
25	reden
26	Regen
27	fegen
28	legen
29	lesen
30	leben
31	geben
32	heben
33	haben
34	holen
35	beten
36	raten
37	rufen
38	Ofen
39	Esel
40	Tafel
41	Nagel
42	Kugel
43	Foto
44	Monat
45	Beruf

2. Umlaute ö, ü	
46	böse
47	lösen
48	hören
49	mögen
50	Möwe
51	müde
52	üben
53	lügen
54	Süden
55	Tüte
56	Hügel
57	Zügel

3. Diphthonge – au, ei, eu	
58	Auge
59	Auto
60	Baum
61	Raum
62	Maus
63	Haus
64	Haut
65	laut
66	kaufen
67	laufen
68	saufen
69	raufen
70	rauben
71	Pause
72	Taube
73	faul
74	genau
75	Eis
76	Bein
77	fein
78	rein
79	Wein
80	heil
81	teilen
82	Seil
83	weit
84	Zeit
85	Seife
86	Seite
87	leise
88	weinen
89	zeigen
90	leiden
91	reisen
92	reiten
93	bereit
94	einsam
95	gemein
96	heiraten
97	neu
98	Heu
99	Eule
100	Beule
101	Beute
102	Leute
103	heute
104	heulen
105	Teufel

4. Sch/sch	
106	Schaf
107	schön
108	Schaum
109	Schere
110	Schule
111	Scheune
112	scheinen
113	mischen
114	wischen
115	waschen
116	naschen
117	Tasche
118	Tisch

119 Fisch
120 rasch

5. Konsonantenfolge – Silbenfuge

121 Ende
122 finden
123 binden
124 senden
125 selten
126 halten
127 helfen
128 melden
129 folgen
130 Wolke
131 Lampe
132 Tante
133 Mantel
134 Osten
135 Westen
136 Kasten
137 pusten
138 wünschen

6. Konsonantenfolge – Wortanfang

139 blau
140 bleiben
141 Blume
142 Blut
143 Flasche
144 Fleisch
145 glauben
146 klagen
147 kleben
148 klein
149 Plan
150 schlafen
151 schlagen
152 schlau
153 schneiden
154 braun
155 breit
156 bremsen
157 Brot
158 fragen
159 Frau
160 frei
161 frisch
162 grau
163 greifen
164 grün
165 schreiben
166 Schrift
167 tragen
168 Traum
169 treten
170 zwei

7. Konsonantenfolge – Wortende

171 oft
172 Heft
173 Luft
174 Saft
175 Kraft
176 alt
177 kalt
178 Welt
179 bunt
180 *Elefant*
181 Ast
182 Gast
183 Faust
184 fest
185 Rest
186 Lust
187 Post
188 Film
189 handeln
190 falsch
191 Mensch

8. -er am Wortende, einschließlich -ern

192 Eimer
193 Leiter
194 Kater
195 mager
196 Schüler
197 sauber
198 sicher
199 Feder
200 Puder
201 Bruder
202 Wunder
203 *Mörder*
204 *Körper*
205 Tochter
206 Panter
207 Winter
208 Meister
209 Schwester
210 rudern
211 schleudern
212 wandern
213 zaubern
214 Eltern
215 Hintern
216 flüstern
217 gestern
218 Ostern
219 *fordern*

9. sp, st am Wortanfang

220 sparen
221 Spaten
222 Spinat
223 Spule
224 Sprudel
225 *Sport*
226 *stark*
227 steigen
228 Stein
229 Stift
230 stören
231 Stunde
232 *Sturm*
233 Strafe
234 streiten

10. ch

235 frech
236 echt
237 schlecht
238 brechen
239 sprechen
240 stechen
241 rechnen
242 gleich
243 reich
244 weich
245 leicht
246 reichen
247 schleichen
248 streichen
249 leuchten
250 Licht
251 Gesicht
252 richten
253 Geschichte
254 Milch
255 Küche
256 Bach
257 Fach
258 schwach
259 Nacht
260 Sache
261 lachen
262 machen
263 wachen
264 Bauch
265 Rauch
266 brauchen
267 tauchen
268 hoch
269 Loch
270 Woche
271 kochen
272 Knochen
273 Buch
274 Tuch
275 suchen

11. ng, nk

276 Angel
277 fangen
278 lang
279 eng
280 streng
281 Finger
282 bringen
283 singen
284 springen
285 jung
286 Junge
287 Hunger
288 Bank
289 danken
290 tanken
291 krank

292 schlank
293 Schrank
294 denken
295 schenken
296 trinken
297 links
298 Onkel
299 Punkt

12. Besonderheiten: qu, x, z

300 bequem
301 Qualm
302 *Quadrat*
303 Qual
304 *Quark*
305 quer
306 Axt
307 boxen
308 *extra*
309 Hexe
310 Mixer
311 *Taxi*
312 Text
313 ganz
314 *Herz*
315 Holz
316 Salz
317 *schwarz*
318 stolz
319 *stürzen*
320 tanzen

Modellwortschatz Teil 2

LD = Durchgliederung:

13. Diphthonge + Vokal

321 bauen
322 hauen
323 kauen
324 Mauer
325 sauer
326 schauen
327 Feuer
328 teuer
329 Steuer
330 freuen
331 scheuern
332 feiern
333 Schleier
334 schreien

14. Silben trennendes h

335 mähen
336 drehen
337 gehen
338 sehen
339 stehen
340 wehen
341 Zehe
342 Drohen
343 Ruhe
344 Truhe
345 blühen

15. Schwierige Konsonantenfolgen

346 Angst
347 Arzt
348 deutsch
349 ernst
350 Fenster
351 Gespenst
352 Hamster
353 Hengst
354 Kunst
355 Papst
356 Quatsch
357 rutschen
358 selbst
359 zuerst

16. Vokalisches r

360 Arm
361 Bart
362 Farbe
363 Garten
364 hart
365 Karte
366 parken
367 scharf
368 warm
369 warten
370 fern
371 lernen
372 merken
373 werden
374 werfen
375 Wert
376 Birne
377 Kirche
378 Kirsche
379 Schirm
380 wirken
381 Wirt
382 Dorf
383 Form
384 Morgen
385 Norden
386 normal
387 Ort
388 sorgen
389 Wort
390 Durst
391 kurz
392 Turm
393 turnen
394 Wurst
395 bürsten
396 dürfen

Vokalisches r am Wortende

397 Natur
398 Schnur
399 schwer
400 Tür

LV = lang und kurz gesprochene Vokale:

17. lang gesprochener Vokal [ɛː]

401 Bär
402 spät
403 Käse
404 Träne
405 Jäger
406 Käfer
407 Schäfer
408 nähen
409 schälen
410 nämlich

18. ß nach lang gesprochenem Vokal

411 Fuß
412 süß
413 groß
414 Spaß
415 stoßen
416 Straße
417 grüßen
418 heiß
419 weiß
420 beißen
421 reißen
422 schmeißen
423 draußen

19. Wörter mit ie

424 Brief
425 Tief
426 Schief
427 Tier
428 schieben
429 lieben
430 liegen
431 biegen
432 fliegen
433 fließen
434 gießen
435 schließen
436 fliehen
437 ziehen
438 Frieden
439 frieren
440 schmieren
441 bieten
442 kriechen
443 spielen
444 wieder
445 Beispiel

20. Wörter mit Doppelkonsonanten

446 Affe
447 Waffe
448 schaffen
449 Ball
450 Stall
451 alle
452 fallen
453 Kamm
454 Stamm
455 sammeln
456 Mann
457 nass
458 Klasse
459 Wasser
460 fassen
461 lassen
462 passen
463 glatt
464 satt
465 Blatt
466 knabbern
467 schnappen
468 treffen
469 hell
470 schnell
471 Quelle
472 stellen
473 brennen
474 kennen
475 nennen
476 rennen
477 schleppen
478 Herr
479 Messer
480 essen
481 fressen
482 messen
483 nett
484 Bett
485 Brett
486 fett
487 klettern
488 Schiff
489 schlimm
490 Himmel
491 Stimme
492 Zimmer
493 schwimmen
494 Sinn
495 tippen
496 kippen
497 Wissen
498 bitter
499 Gewitter
500 bitten
501 offen
502 hoffen
503 toll
504 Wolle
505 rollen
506 sollen
507 wollen
508 Sommer
509 Trommel
510 kommen
511 Sonne
512 können
513 stoppen
514 Schloss
515 Gott
516 dumm
517 krumm
518 dünn
519 müssen
520 kaputt
521 Butter
522 Mutter
523 füttern

21. Wörter mit ck oder tz

524 Sack
525 nackt
526 Jacke
527 backen
528 packen
529 Dreck
530 Fleck
531 Schreck
532 Ecke
533 Decke
534 lecker
535 dick
536 schicken
537 Stock
538 trocknen
539 gucken
540 spucken
541 schlucken
542 Glück
543 Stück
544 zurück
545 Rücken
546 drücken
547 Platz
548 Satz
549 Katze
550 kratzen
551 jetzt
552 setzen
553 Witz
554 Spitze
555 sitzen
556 plötzlich
557 Schmutz
558 putzen
559 benutzen
560 Mütze

WU = Ableitungen und Wortumformungen:

22. Wörter mit Auslautverhärtung

561 gelb
562 blöd
563 wild
564 rund
565 blind
566 blond
567 fremd
568 gesund
569 klug
570 Dieb
571 Stab
572 Rad
573 Kleid
574 Abend
575 Feind
576 Freund
577 Grund
578 Hund
579 Mund
580 Kind
581 Wind
582 Band
583 Hand
584 Land
585 Wand
586 Strand
587 Mond
588 Hemd
589 Bild
590 Geld
591 Wald
592 Tag

593 Berg
594 Krieg
595 Glas
596 Gras
597 Hals
598 billig
599 wenig
600 fleißig
601 traurig
602 schwierig
603 fähig
604 ruhig

605 fertig
606 richtig
607 tüchtig
608 wichtig

23. Wörter mit Silben trennendem h

609 roh
610 froh
611 Floh
612 früh

613 Kuh
614 Schuh
615 nah
616 Reh
617 Geweih

24. Wörter mit schwierigen Rückführungen

618 ändern
619 Ärger
620 Geländer

621 hängen
622 Lärm
623 Mädchen
624 März
625 Gebäude
626 Geräusch
627 häufig
628 Säule
629 täuschen
630 genug
631 Gold
632 Sand

WZ = zusammengesetzte Wörter:

25. Schwer zurückführbare Zusammensetzungen

633 eigentlich
634 Nachbar
635 Sonntag
636 Dienstag
637 Frühstück

638 Brombeere
639 Himbeere
640 rückwärts

Modellwortschatz Teil 3

A = Ausnahmeschreibungen:

26. Wörter mit pf

641 pfeifen
642 Pfennig
643 Pferd
644 pflanzen
645 Pflaster
646 pflücken
647 pflügen
648 Pfund
649 Apfel
650 Knopf
651 Kopf
652 Topf
653 Zopf
654 klopfen
655 stopfen
656 hüpfen
657 kämpfen
658 schimpfen
659 Sumpf
660 Strumpf

27. Wörter mit v

661 Vater
662 Vetter
663 Vieh
664 Vogel
665 Volk
666 viel
667 vier
668 voll
669 vom
670 von
671 vor
672 vorne

28. Wörter mit ai, chs, dt

673 Dachs
674 Lachs
675 Fuchs
676 Ochse
677 Eidechse
678 sechs
679 Wachs
680 Achse
681 Büchse
682 wachsen
683 wechseln
684 Hai
685 Kai
686 Mai
687 Mais
688 Kaiser
689 Stadt

29. Wörter mit Doppelvokal

690 Aal
691 Haar
692 Paar
693 Saal
694 Waage
695 Fee
696 Klee
697 See
698 Tee
699 Schnee
700 Idee
701 leer
702 Meer
703 Speer
704 Teer
705 Beet
706 Beere
707 Kaffee
708 Boot
709 doof
710 Moor
711 Moos
712 Zoo

30. Wörter mit i bei lang gesprochenem [iː]

713 Bibel
714 Biber
715 Fibel
716 Igel
717 Tiger

31. Wörter mit Silben trennendem h

718 leihen
719 Reihe
720 verzeihen

Wörter mit Dehnungs-h

721 Mehl
722 wohl
723 kühl
724 Stuhl
725 Höhle
726 fehlen
727 fühlen
728 wählen
729 zählen
730 zahlen
731 lahm
732 nehmen
733 Bahn
734 Hahn
735 Huhn
736 Sohn
737 Zahn
738 zehn
739 ohne
740 Bohne
741 wohnen
742 Jahr
743 wahr
744 Ohr
745 Uhr
746 fahren
747 führen
748 rühren
749 kehren
750 lehren
751 Verkehr
752 während

32. Wörter mit Auslautverhärtung im Wortinneren

753 Erbse
754 Herbst
755 hübsch
756 Jugend
757 niedlich
758 Obst
759 ordnen
760 Urlaub

F = Fremdwörter:

33. Steigender Diphthong

761 Linie
762 Familie
763 Ferien
764 Lineal
765 Etui
766 Ruine
767 Radio
768 Kakao
769 Aquarium
770 Gymnasium
771 Studium

34. Fremdwörter mit ch/c

772 Christ
773 Chor
774 Chaos
775 Chef
776 Chemie
777 checken
778 Camping
779 Cartoon
780 Clown
781 Computer
782 Comic
783 clever
784 Container
785 Curry

35. Fremdwörter mit v

786 Advent
787 Klavier
788 Kurve
789 Vase
790 Ventil
791 Video
792 Vokal

36. Fremdwörter mit y

793 Baby
794 City
795 Hobby
796 Pony
797 Teddy
798 Okay
799 Cowboy
800 Typ
801 Zylinder
802 Yacht

37. Fremdwörter mit ph, rh, sh, th

803 Alphabet
804 Katastrophe
805 Physik
806 Prophet
807 Strophe
808 Triumph
809 Rhein
810 Rhythmus
811 Rhön
812 Sheriff
813 Shop
814 Shorts
815 Show
816 T-Shirt
817 Apotheke
818 Bibliothek
819 katholisch
820 Methode
821 Theater
822 Thema
823 Theorie
824 Thermometer
825 Thron

38. Fremdwörter (Internationalismen)

826 CD-ROM
827 Chip
828 Doktor
829 Jeans
830 Minister
831 Präsident
832 Professor
833 surfen
834 Telefon

39. Fremdwörter (typische Vorsilben)

835 exakt
836 Exil
837 Existenz
838 Expedition
839 Experiment
840 Explosion
841 Export
842 Intercity
843 Interesse
844 international
845 Internet
846 Interview
847 Kilogramm
848 Kilometer
849 Kilobyte
850 Kilowatt

40. Fremdwörter (typische Endungen)

851 brutal
852 egal
853 ideal
854 Lokal
855 national
856 neutral
857 Signal

858 sozial
859 Elefant
860 elegant
861 interessant
862 Konsonant
863 Restaurant
864 riskant
865 Karussell
866 Modell
867 sensationell
868 speziell
869 Dompteur
870 Ingenieur
871 Installateur
872 Redakteur
873 komplett
874 Kotelett
875 Quartett
876 Skelett
877 Tablett
878 violett
879 Omelett
880 addieren
881 dividieren
882 korrigieren
883 kritisieren

884 probieren
885 reservieren
886 trainieren
887 zensieren
888 Diskussion
889 Aggression
890 Kommunion
891 Million
892 Religion
893 Spion
894 Stadion
895 Nation
896 Lektion
897 Information
898 Konzentration
899 Apfelsine
900 Gardine
901 Kabine
902 Kantine
903 Lawine
904 Margarine
905 Maschine
906 Mine
907 Rosine

908 Violine
909 aggressiv
910 aktiv
911 Archiv
912 Motiv
913 naiv
914 negativ
915 objektiv
916 passiv
917 positiv
918 primitiv
919 relativ
920 Adjektiv
921 Akkusativ
922 Dativ
923 Genitiv
924 Infinitiv
925 Nominativ
926 Substantiv
927 Superlativ
928 Fabrik
929 Grammatik
930 Gymnastik
931 Klinik
932 Kritik
933 Mathematik

934 Musik
935 Panik
936 Politik
937 Technik
938 Elektrizität
939 Pubertät
940 Qualität
941 Universität

41. Fremdwörter ohne Gruppierung

942 Bus
943 Keks
944 Problem
945 orange
946 brav
947 Quirl
948 Quiz
949 Quittung
950 Ketschup
951 Medaille
952 fair
953 Handy

Stichwortverzeichnis